中国蜂业经济研究（第五卷）

高芸 等 著

中国农业科学技术出版社

图书在版编目（CIP）数据

中国蜂业经济研究．第五卷／高芸等著．--北京：中国农业科学技术出版社，2025.2．--ISBN 978-7-5116-7317-6

Ⅰ．F326.3

中国国家版本馆 CIP 数据核字第 20253T9V00 号

责任编辑　崔改泵
责任校对　李向荣
责任印制　姜义伟　王思文

出 版 者	中国农业科学技术出版社
	北京市中关村南大街 12 号　　邮编：100081
电　　话	（010）82109194（编辑室）　　（010）82106624（发行部）
	（010）82109709（读者服务部）
网　　址	https://castp.caas.cn
经 销 者	各地新华书店
印 刷 者	北京虎彩文化传播有限公司
开　　本	170 mm×240 mm　1/16
印　　张	12.5
字　　数	230 千字
版　　次	2025 年 2 月第 1 版　2025 年 2 月第 1 次印刷
定　　价	60.00 元

◆版权所有・翻印必究◆

《中国蜂业经济研究（第五卷）》
著作人员名单

蜂产业经济岗位科学家：
高　芸　中国农业科学院农业经济与发展研究所　研究员

主要成员：
赵芝俊　中国农业科学院农业经济与发展研究所　研究员
张社梅　四川农业大学管理学院　教授
毛小报　浙江省农业科学院农村发展研究所　副研究员
李敬锁　青岛农业大学经济管理学院　教授
刘　剑　中国农业科学院农业经济与发展研究所　助理研究员
李瑞珍　中国农业科学院蜜蜂研究所　副研究员
候煜庐　中国农业科学院农业信息研究所　助理研究员
王　瑾　浙江省农业科学院农村发展研究所　助理研究员
张　柳　浙江省农业科学院农村发展研究所　助理研究员
张洪瑞　青岛农业大学经济管理学　讲师
陈永朋　中国农业科学院农业经济与发展研究所　硕士研究生
谢崇鑫　中国农业科学院农业经济与发展研究所　硕士研究生
方柯钰　四川农业大学管理学院　硕士研究生
王　舒　四川农业大学管理学院　硕士研究生
莫经梅　四川农业大学管理学院　博士研究生
孙亚辉　青岛东域盐碱地稻作改良研究所　硕士研究生
顾志敏　四川农业大学管理学院　硕士研究生
刘　丰　四川农业大学管理学院　本科生

前　言

我国蜂业经济研究起步较晚，研究基础薄弱，缺乏蜂群数量、从业人员和蜜源植物等产业基础数据的常态化统计，也没有从事蜂业经济研究的专业研究队伍。自2009年蜂产业经济岗位在农业部、财政部"现代农业产业技术体系建设专项"——蜂产业技术体系立项，蜂业经济研究进入了系统、全面推进期，逐步发展为以中国农业科学院农业经济与发展研究所为依托单位、农业专业院校与省级农科院为子课题承担单位的国家级蜂业经济研究团队，并开展了国内外蜂业发展政策、蜜蜂授粉经济价值评估、蜂业生产要素变化及经济效益评价、蜂产品市场趋势、蜂农转地行为分析等研究，建立了蜂农固定观察点、蜂蜜贸易与市场价格数据库。按照"现代农业产业技术体系建设专项"的要求，蜂业经济研究团队注重收集、分析国内外蜂产业发展战略和政策导向、产品市场与供需形势变化、生产模式改进、科研方向与技术动态等。近年来，蜂业经济研究团队针对不同生产区域和不同作物，开展了蜜蜂授粉和成熟蜜生产技术推广情况调研，在四川省邛崃市创建了蜜蜂科技小院，在浙江省和吉林省开展了蜜蜂种业育繁推体系调研。总体来看，蜂业经济研究团队瞄准促进蜂业科技服务蜂业经济发展的目标，积极探索种植业与蜂业耦合发展模式，既注重本学科的理论补充、改进和拓展方法，也注重蜂业经济学科与相关自然科学学科的交叉与相互促进。

本书按照《中国蜂业经济研究》前四卷的编撰理念，在蜂业经济研究团队最新发表的论文中，挑选整理了 18 篇论文，分为宏观篇、产业篇、授粉篇和技术篇 4 个部分。其中，宏观篇介绍中国蜂产业竞争力评价、全球蜂蜜贸易及消费市场、国内外蜂业政策和蜂农转地行为等；产业篇介绍麦卢卡蜂蜜公用品牌的创建、蜂业数字化发展实践、蜂业科技小院建设、进口蜂蜜市场特征以及典型地区养蜂成本收益及产业发展情况；授粉篇介绍蜂业经济团队开展的油菜和猕猴桃采用蜜蜂授粉的微观和宏观收益调查，以及蜂农对农药危害的感知及影响研究；技术篇聚焦当前养蜂业多箱体成熟蜜生产技术推广情况、蜂业良种繁育与推广体系，以及蜜源植物变化。

本书顺利出版得益于蜂业经济研究团队所有成员的辛勤付出，也感谢蜂业经济研究团队的创立人——中国农业科学院农业经济与发展研究所赵芝俊研究员坚持倡导开展一线实地调研发现问题，用规范的经济学理论和方法开展研究，不为"做文章"而做学问的理念，确保团队致力于务实、致用的应用经济研究。

国家蜂产业技术体系经济岗位科学家　高　芸

2024 年 11 月

目 录

宏 观 篇

中国蜂产业国际竞争力及影响因素研究
　　——基于产业内外部效应的视角………… 陈永朋，赵芝俊，高　芸（3）
全球蜂蜜贸易分析及未来展望 …… 高　芸，刘　剑，赵芝俊，张　鸢（20）
美、德、中三国蜜蜂授粉实施状况比较与启示
　　…………………………………………… 方柯钰，孙战利，张社梅（30）
中国蜂农的养蜂行为呈现空间收缩特征
　　………………………… 侯煜庐，赵芝俊，董海宾，麻吉亮，高　芸（42）

产 业 篇

农产品区域公用品牌创建与维护机制研究
　　——新西兰麦卢卡蜂蜜案例的经验与启示
　　………………………………… 高　芸，赵芝俊，张　鸢，谢崇鑫（61）
浙江省蜂业数字化发展的实践与思考
　　……………………………… 毛小报，王　煜，王　瑾，蔡日旋（78）
科技小院实践产教融合之路
　　——以四川邛崃蜜蜂科技小院为例 …… 王　舒，莫经梅，张社梅（85）
杭州市进口蜂蜜市场特征及价格行为分析 …………… 毛小报，李爱芝（91）
山东省蜜蜂养殖收益的影响因素分析
　　——基于养殖成本的视角 …… 孙亚辉，赵芝俊，孔　晨，李敬锁（103）
舟曲县中蜂产业发展现状及建议 …………… 李瑞珍，张文秋，谢文闻（110）

授 粉 篇

蜜蜂授粉在油菜生产中的作用研究 ……………………… 李瑞珍，严定春（121）

猕猴桃在不同授粉方式下的成本收益分析
………………………… 顾志敏，王腕艺，郝贝航，高　芸，张社梅（131）
蜂农对农药危害的感知及其影响因素研究
　　——基于全国7个省份问卷调查………………刘　丰，张社梅（139）
我国蜜蜂授粉产业发展研究………张洪瑞，辛德树，李敬锁，赵芝俊（153）

技 术 篇

强群多箱体成熟蜜生产技术经济评价及推广研究
　　——以密云区荆条成熟蜜生产为例
………………………… 高　芸，李瑞珍，赵芝俊，刘　剑（163）
浙江蜜蜂良种繁育与推广体系研究
　　——基于对种蜂场的调研分析………………张　柳，毛小报（171）
浙江省蜜蜂种业发展现状及对策研究………………王　瑾，毛小报（177）
浙江省主要蜜源植物发展变化调查及动因分析
………………………………… 王　瑾，毛小报　毛晓红（183）

宏观篇

中国蜂产业国际竞争力及影响因素研究
——基于产业内外部效应的视角

陈永朋[1]，赵芝俊[2]，高芸[2]

(1. 北京师范大学环境学院　北京　100085；
2. 中国农业科学院农业经济与发展研究所　北京　100081)

摘要：天然蜂蜜是中国蜂产业生产、消费和出口环节的重要产品。本文基于2009—2021年的 UN Comtrade 数据库中的天然蜂蜜贸易数据，运用国际市场份额、贸易竞争力指数、显示性比较优势指数以及进出口价格比等指标，全面评估了中国蜂产业的国际竞争力。此外，本文还从产业外部性的角度，对蜜蜂授粉产业的国际竞争力进行了评估。研究采用双重钻石模型理论框架，深入探讨了影响竞争力的内外部因素。结果显示，尽管中国蜂蜜在国际市场上占有较高份额，但面临质量和技术壁垒挑战，其显示性竞争优势有所减弱。相反，新西兰因高品质产品和强大的品牌竞争力成为主要竞争国。中国的蜂产业依赖传统小规模生产，生产模式相对粗放，制约了生产效率和品质提升。研究还发现，蜂业与农业的协同发展是潜在的增长点，尤其是在蜜蜂授粉服务方面，中国展现出显著的国际竞争力。建议中国蜂产业通过科技创新、产业结构优化、品牌建设及人才培养等措施，提升其在全球市场的竞争力。

关键词：天然蜂蜜；蜂产业；国际竞争力；影响因素；钻石模型

全球市场中，天然蜂蜜的总贸易额达到26.9亿美元。其中，新西兰、中国、阿根廷、印度和巴西是主要出口国，而美国、德国、日本、法国和英国

基金项目：国家现代农业产业技术体系专项资金（CARS-44-KXJ18）；北京师范大学博一学科交叉基金项目（BNUXKJC2116）
作者简介：陈永朋，博士研究生，主要从事蜂业经济、环境经济政策研究，E-mail：chenyp@mail.bnu.edu.cn
通信作者：高芸，博士，研究员，研究生导师，主要从事农业经济理论与政策研究，E-mail：gaoyun02@caas.cn

则是最大的进口国。2021年全球天然蜂蜜出口额前十的国家为新西兰、中国、阿根廷、巴西、德国、乌克兰、印度、西班牙、匈牙利和墨西哥，占全球天然蜂蜜出口总量的70.35%，出口贸易具有较强的代表性。同年，中国的蜂蜜进口量同比增长11.6%，达到0.48万t，而出口量增长10.6%，达到14.6万t。中国主要从新西兰、俄罗斯和泰国进口中高端产品，尤其是新西兰的麦卢卡蜂蜜，其进口量占总进口量的46%。中国在蜂群数量、蜂蜜产量、从业人数和出口量等方面均居世界前列[1]，是名副其实的蜂蜜出口大国，主要出口市场包括英国、日本和比利时等国。

尽管中国的天然蜂产量在2009—2016年间持续增长，2016—2017年间达到生产峰值，年产量超过54万t，但近年来产量略有下降，维持在约45万t的水平。2021年，中国蜂蜜产量高达48.60万t，而表观需求量仅为33.15万t，供过于求的矛盾日益突出。这一矛盾不仅威胁到蜂产业的健康和可持续发展，也暴露了中国蜂蜜在国际市场的竞争不足。扩大蜂蜜国际出口是解决国内蜂蜜产能过剩的有效途径[2]。然而，受到贸易保护主义的影响，一些国家设置技术贸易壁垒，中止进口中国蜂蜜，中国蜂蜜的对外出口面临挑战[3]。为此，需要制定提升策略，增强国际市场竞争力，以促使中国从蜂蜜生产大国迈向强国。

蜂产业国际竞争力的研究主要从测评和影响因素两个维度展开。在蜂产业竞争力测评方面，多数研究通过分析国际市场占有率、贸易竞争力指数和显示性比较优势指数、进出口价格比等指标来评价产业竞争力[3-6]。早期，李海燕和吴杰[7]运用市场占有率、显示性比较优势指数展示了1985—2006年中国蜂蜜贸易竞争力的变化，并指出中国加入WTO后蜂蜜竞争力有所提升，超越加拿大但低于阿根廷。自2012年起，蜂蜜显示性比较优势指数新西兰反超阿根廷，中国蜂产业国际竞争力逐渐减弱[4]。同样，应瑞瑶和周力[8]研究中美蜂蜜的双边贸易，发现我国蜂蜜竞争力优势体现在低廉的出口价格，而蜂蜜质量不具优势。

在蜂产业国际竞争力方面，学者主要利用波特的"钻石模型"[9]、因子分析法[10]、恒定市场份额模型[11]等对天然蜂蜜贸易的影响因素进行分析，主要包括国内生产与国外需求标准不协调，以及出口市场面临严重的"绿色"贸易壁垒等。丁丽芸[12]从技术壁垒对我国蜂蜜出口影响的角度进行了实证分析。结果显示，蜂蜜出口遭遇技术壁垒后，中国蜂蜜国际竞争力由强变弱，且蜂产品质量和附加值不具备明显优势。在经济全球化和国内国际双循环背景下，黄祖辉等[13]提出的双重双钻石模型综合考量了国内和国际因素、物质要素和人力因素，以全面评估国际竞争力的影响因素。

学界就蜂产业国际竞争力的探讨已经取得了丰硕成果，主要集中在蜂蜜产品的国际竞争力上。实际上，蜂产业是一项典型的外部性产业，不仅提供蜂蜜、蜂蜡、蜂王浆和蜂胶等重要的蜂产品，还通过蜂农放蜂过程中蜜蜂所提供的"授粉服务"直接影响农作物的产量和品质，这对农业生产力、维持食品供应链的稳定性和粮食安全极其重要。然而，有关蜂产业国际竞争力的分析尚未考虑蜜蜂授粉的外部性。因此，本研究从产业内外部性视角出发，结合国际比较和时间序列分析，衡量主要蜂蜜出口国蜂蜜产品及蜜蜂授粉的国际竞争力，并采用扩展后的双重钻石模型，综合考虑物质资源和人力资源的作用，深入分析影响国际竞争力的内部动因，为我国蜂产业国际竞争力的提升提供决策参考。

1 数据来源与研究方法

1.1 数据来源

本研究综合运用了来自联合国商品贸易统计数据库（UN Comtrade）和联合国粮食及农业组织数据库（FAO）的数据，涵盖 2009—2021 年间全球天然蜂蜜的进出口数据（HS：040900）、作物产量、蜂群数量、蜂蜜消费量等信息。国家现代农业产业（蜂）技术体系所进行的长达 15 年的跟踪调查，提供了涵盖全国 12 个省份蜂农的深入微观数据[14]，为本研究深化中国蜂产业国际竞争力影响因素的认识提供了独特的视角和宝贵的数据支持。

1.2 产业内视角产品国际竞争力测度

为全面评估蜂蜜产品的国际市场表现，本研究综合采用国际市场占有率（International Market Share，IMS）、贸易竞争力指数（Trade Coefficient，TC）、显示性比较优势指数（Revealed Comparative Advantage Index，RCA）及进出口价格比等多个指标。这些指标从不同角度衡量国际竞争力，例如，市场占有率反映市场占有能力，而显示性比较优势指数揭示相对比较优势，贸易竞争力指数和进出口价格比则从贸易平衡和价格竞争力角度进行分析，旨在提供一个多维度、全面的分析视角。指标的选取遵循了指标的全面性、跨时间跨国家的可比性、指标的科学性与适用性原则，确保分析的有效性和实用性。

（1）用国际市场占有率（IMS）来衡量特定产品或产业开拓国际市场的能力。该指标数值越高，产品竞争力越强。计算方法为：

$$\text{IMS}_{ik} = \frac{X_{ik}}{X_{wk}} \tag{1}$$

式中：IMS_{ik} 为 i 国 k 产品的国际市场占有率；X_{ik} 为 i 国 k 产品的出口额；X_{wk} 为全球 k 产品的出口额。

（2）贸易竞争力指数（TC）表示一国某一产品的净出口额占其进出口总额的比重。该指数因能够摒除通货膨胀、货币政策等宏观经济因素的扰动，具有明显的优势。计算方法为：

$$TC_{ik} = \frac{X_{ik} - M_{ik}}{X_{ik} + M_{ik}} \qquad (2)$$

式中：TC_{ik} 为 i 国 k 产品的贸易竞争力指数；X_{ik} 为 i 国 k 产品的出口额；M_{ik} 为 i 国 k 产品的进口额。其中，分子 $X_{ik}-M_{ik}$ 为 i 国 k 产品的净出口额；分母 $X_{ik}+M_{ik}$ 为 i 国 k 产品的进出口总额。该指标介于 -1 至 1 之间，反映产品竞争力由弱到强的变化。

（3）显示性比较优势指数（RCA）描述一个国家某种产品占其出口总值的份额与世界该种产品占世界出口总额的比率。计算方法为：

$$RCA_{ik} = \frac{X_{ik}/X_{it}}{X_{wk}/X_{wt}} \qquad (3)$$

式中：RCA_{ik} 为 i 国 k 产品的显示性比较优势指数；X_{ik} 为 i 国 k 产品的出口额；X_{it} 为 i 国全部产品的出口额；X_{wk} 为世界上第 k 种产品的出口总额；X_{wt} 为世界所有产品的出口总额。当 $RCA_{ik}>1$ 时，说明 i 国 k 产品具有显示性比较优势，数值越大，国际竞争力越强；当 $RCA_{ik}<1$ 时，表示 i 国 k 产品的竞争力较弱。

与传统的测算方法不同，对比较优势波动的测算可以用如下公式（4）改进，改进方法克服了比较优势大于 1 时，差距过于明显的缺陷，显示性对称比较优势指数（Revealed Symmetrical Comparative Advantage，RSCA）的计算结果可分为 6 个水平，具体见表 1。

$$RSCA = (RCA - 1) / (RCA + 1) \qquad (4)$$

表1 RSCA 类别和范围

优势类别	范围
绝对优势	0.85≤RSCA≤1.00
较强优势	0.50≤RSCA<0.85
微弱优势	0≤RSCA<0.50
微弱劣势	-0.50≤RSCA<0
明显劣势	-0.85≤RSCA<-0.50
完全劣势	-1.00≤RSCA<-0.85

(4) 进出口价格比是衡量进出口贸易价格变化的一个综合指标，反映出某一产品质量附加价值的差异。计算方法为：

$$P_{ik} = \frac{\text{Pe}_{ik}}{\text{Pm}_{ik}} \tag{5}$$

式中：P_{ik} 为 i 国 k 产品的进出口价格指数；Pe_{ik} 为 i 国 k 产品的出口价格；Pm_{ik} 为 i 国 k 产品的进口价格。

1.3 产业外部性视角蜜蜂授粉产业国际竞争力测度

从蜂产业外部性视角，测度蜜蜂授粉的外部经济价值遵循依赖性、可测量性和代表性的原则。考虑 FAO 数据可获得性，本研究选 54 种蜜蜂授粉依赖作物，采用依赖蜜蜂授粉作物的总产量和蜜蜂授粉对总产量的贡献值两个核心指标进行衡量。蜜蜂授粉作物总产量是指所有依赖蜜蜂授粉的作物在某个国家或地区的年产量总和，它反映了蜜蜂授粉在整体农业生产中的作用。而蜜蜂授粉对产量的贡献值（Pollination Contribution，PC）则是一个更为精确的度量，用以评估蜜蜂授粉在增加特定农作物产量方面所发挥的作用。两个指标值越大，说明蜜蜂授粉服务的竞争力越强。

蜜蜂授粉的依赖度（Di）用来衡量作物生产对传粉者的依赖程度[15]，即传粉对总产量的产品贡献（表2），计算方法为：

$$D_i = 1 - \frac{Y_{iex}}{Y_{io}} \tag{6}$$

式中：D_i 为 i 作物的蜜蜂授粉依赖度；Y_{io} 表示开放传粉条件下第 i 种作物产品的产量，Y_{iex} 表示排除传粉昆虫条件下第 i 种作物产品的产量。

基于这些参数，蜜蜂授粉对产量的贡献值计算方法为：

表2　54种作物的蜜蜂授粉依赖系数与依赖度水平

依赖度系数	依赖度水平	作物
0.05	低	豆、亚麻籽、葡萄、柠檬和酸橙、生菜和菊苣、橄榄、橙子、其他绿色豆类、番木瓜、胡椒、薄荷、红花籽、甜菜、甜土豆、橘子、柑橘、瓯柑、西红柿
0.25	中	栗子、咖啡、红醋栗、茄子、无花果、奥克拉、梨子、油菜籽或菜籽、棉籽、芝麻籽
0.65	中高	蓝莓、樱桃、蔓越莓、黄瓜和小黄瓜、芒果、番石榴、柚子
0.95	必要	杏子、苹果、鳄梨、荞麦、卷心菜、胡萝卜和萝卜、花椰菜和西兰花、奇异果、洋葱、桃子和油桃、李子和黑刺李、草莓、南瓜、西葫芦和葫芦、向日葵、西瓜

$$PC_x = \sum_{i=1}^{I}(V_{ix} \times D_i) \tag{7}$$

式中：PC_x 为蜜蜂授粉对 x 国产量的贡献值；V_{ix} 为蜜源作物 i 在 x 国的产量。

1.4 国际竞争力影响因素分析

迈克尔·波特（Michael Porter）的钻石模型是分析国家或地区产业国际竞争力影响因素的一个重要理论框架，广泛用于国际经济学研究中[16-17]。钻石模型主张一个国家产业的竞争力是由四个基本要素（生产要素、需求条件、相关与支持性产业、企业战略与结构和同业竞争）、两个辅助要素（政府和机会）构成[18]。这些要素共同作用，形成了一个促进或阻碍该产业国际竞争力的动态系统。

近年来全球国际贸易经历了重大变革[19]，促使波特的钻石模型发展为更为复杂的双重双钻石模型（图1），以适应全球化的新环境[20-21]。该模型不仅融合了国内外市场因素，还特别强调了人力资源的重要性，使其非常适合分析全球化背景下的蜂产业。双重双钻石模型通过全面考察生产能力、市场需求及相关行业支持，特别适用于出口导向型的蜂产业。此外，它还帮助中国蜂产业在国内大循环主导下，更有效地融入国际市场，并响应国际市场的变化和挑战，支持中国在"双循环"新发展格局下的战略调整[22]。这一模型的应用不仅有助于提升蜂产业的国际竞争力，也为理解和应对全球贸易动态提供了宝贵的视角和工具。

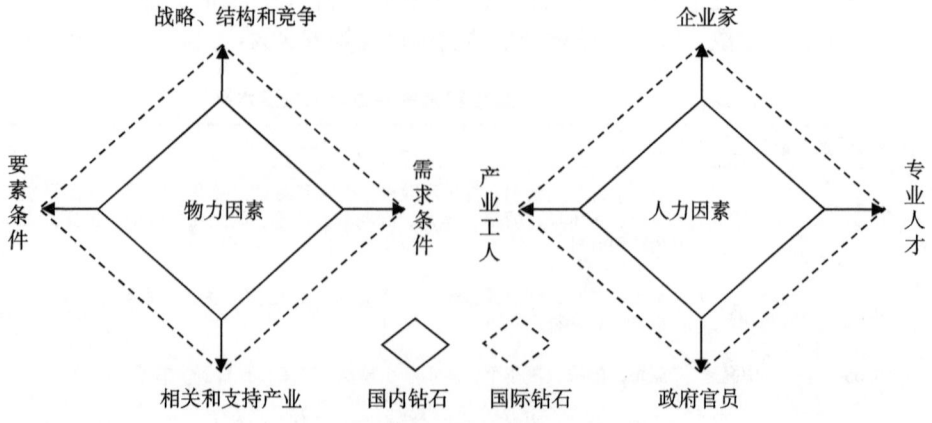

图1 双重双钻石模型理论示意图

2 结果与分析

2.1 中国蜂产业国际竞争力的测度与国际比较

2.1.1 蜂蜜国际市场份额的动态分析

2009—2021年,中国、新西兰、阿根廷的蜂蜜国际市场占有率表现出竞争激烈的态势。其间,中国的蜂蜜市场占有率高于其他国家,平均维持在11%以上(图2)。中国蜂蜜的国际市场占有率首先呈现出增长趋势,达到2010年的12%以上,并持续保持全球领先位置至2016年。然而,自2016年起,由于面对海外贸易壁垒和国内生产方式的局限,中国蜂蜜的市场占有率开始下滑。阿根廷蜂蜜在2009年和2011年处于领先地位,其产品主要受益于有机和无污染标签的优势,但之后市场份额持续下降。相比之下,新西兰的蜂蜜市场占有率自2017年起接近中国,并在2020年后超过中国,稳定在20%以上,主要得益于麦卢卡蜂蜜的市场推广。其他国家如德国、墨西哥、巴西、印度、西班牙和匈牙利的国际市场占有率处于中间水平,平均维持在4%以上。

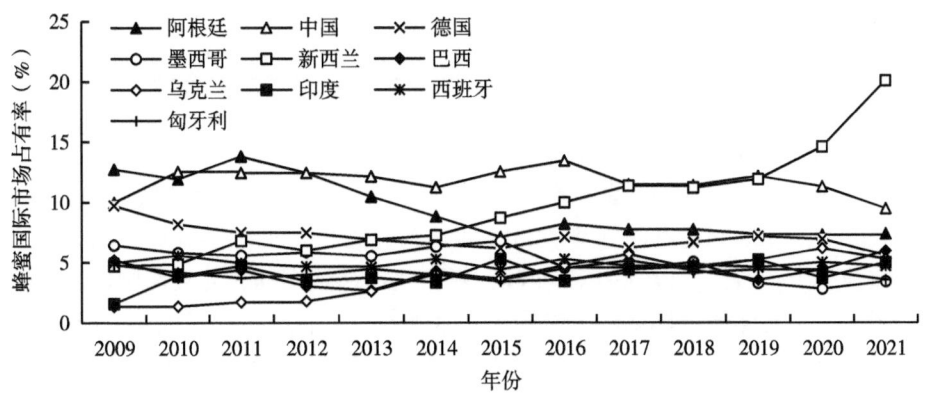

图2 各国蜂蜜国际市场占有率

2.1.2 全球蜂蜜出口市场的贸易竞争力分析

根据TC指数,阿根廷、墨西哥、新西兰、巴西、乌克兰、印度和匈牙利的蜂蜜贸易表现出强竞争力。与此相反,从2009—2021年,中国的TC指数从0.919降至0.424,显示中国蜂产业的竞争优势大幅下降(表3)。这一变化可能与持续至2015年的质量问题("褐虾事件"余波)[23]有关,导致中国蜂蜜在国际市场上的声誉和需求减少。德国的天然蜂蜜贸易竞争指数在过去几十年里一直为负数，而西班牙在 2009 年后的大部分年份中竞争指数在 0.16 至 0.36 之间，说明德国和西班牙的国际竞争力处于较低水平。

表3 主要出口国天然蜂蜜贸易竞争指数比较

年份	阿根廷	中国	德国	墨西哥	新西兰	巴西	乌克兰	印度	西班牙	匈牙利
2009	0.999	0.919	-0.388	1.000	0.974	1.000	0.991	0.726	0.258	0.999
2010	0.990	0.900	-0.414	0.991	0.995	1.000	0.971	0.863	0.362	0.990
2011	0.997	0.880	-0.399	0.999	0.979	1.000	0.999	0.958	0.271	0.997
2012	0.996	0.783	-0.384	0.999	0.982	1.000	0.985	0.923	0.250	0.996
2013	0.999	0.703	-0.405	1.000	0.993	1.000	0.997	0.969	0.272	0.999
2014	0.999	0.632	-0.361	1.000	0.993	1.000	0.995	0.953	0.328	0.999
2015	0.998	0.588	-0.391	1.000	0.992	1.000	0.998	0.971	0.160	0.998
2016	1.000	0.583	-0.283	1.000	0.979	0.996	0.994	0.969	0.245	1.000
2017	0.997	0.495	-0.332	1.000	0.989	0.998	0.998	0.954	0.178	0.997
2018	0.999	0.561	-0.339	1.000	0.997	1.000	0.999	0.960	0.213	0.999
2019	0.997	0.470	-0.249	0.999	0.987	1.000	0.999	0.974	0.213	0.997
2020	1.000	0.481	-0.296	0.999	0.999	1.000	0.996	0.953	0.259	1.000
2021	1.000	0.424	-0.372	1.000	0.998	0.997	0.998	0.954	0.213	1.000
平均	0.998	0.648	-0.355	0.999	0.989	0.999	0.994	0.933	0.248	0.939

2.1.3 RSCA 指数对比揭示的竞争力趋势

新西兰和阿根廷的蜂蜜表现出稳定的竞争优势，RSCA 指数接近1，表现出难以被其他国家超越的强势。2012 年之前，阿根廷的蜂蜜显示性比较优势指数稍高于新西兰，但自 2012 年起，新西兰反超阿根廷，并且两国之间差距逐年扩大。同样地，乌克兰、匈牙利国际竞争力也表现出较强优势。相对地，中国 2009—2021 年的 RSCA 指数整体呈现下降趋势，特别是自 2014 年以后（除 2016 年外）几乎全部为负值，反映出中国蜂蜜的国际竞争力明显减弱（表4）。这可能的原因是在 2013 年，美国对中国蜂蜜发起了反倾销调查，也为其他国家对中国蜂蜜采取了类似的反倾销措施开了先例。

表4 主要出口国天然蜂蜜显示性比较优势指数

年份	阿根廷	中国	德国	墨西哥	新西兰	巴西	乌克兰	印度	西班牙	匈牙利
2009	0.93	0.02	0.04	0.56	0.92	0.62	0.62	0.06	0.47	0.76
2010	0.93	0.10	-0.01	0.50	0.92	0.48	0.61	0.46	0.55	0.74

(续表)

年份	阿根廷	中国	德国	墨西哥	新西兰	巴西	乌克兰	印度	西班牙	匈牙利
2011	0.94	0.09	-0.04	0.49	0.93	0.52	0.64	0.48	0.50	0.72
2012	0.93	0.05	-0.01	0.49	0.93	0.40	0.66	0.37	0.49	0.75
2013	0.93	0.02	-0.06	0.46	0.94	0.37	0.77	0.35	0.47	0.77
2014	0.92	-0.05	-0.10	0.50	0.94	0.57	0.87	0.33	0.52	0.74
2015	0.91	-0.05	-0.13	0.49	0.95	0.52	0.88	0.53	0.45	0.70
2016	0.92	0.01	-0.08	0.32	0.96	0.60	0.91	0.36	0.50	0.69
2017	0.92	-0.05	-0.14	0.31	0.96	0.62	0.92	0.45	0.45	0.73
2018	0.92	-0.06	-0.09	0.37	0.96	0.57	0.90	0.47	0.46	0.73
2019	0.91	-0.06	-0.06	0.13	0.96	0.49	0.90	0.50	0.43	0.74
2020	0.92	-0.15	-0.08	0.07	0.97	0.56	0.91	0.39	0.45	0.72
2021	0.90	-0.26	-0.17	0.18	0.97	0.63	0.89	0.45	0.43	0.68
平均	0.92	-0.03	-0.07	0.38	0.95	0.53	0.81	0.40	0.48	0.73

2.1.4 蜂蜜进出口价格对比分析

德国、新西兰、巴西和匈牙利的蜂蜜贸易显示出口价格高于进口价格，这表明这些国家在国际市场上具有价格竞争优势。自2013年和2015年起，西班牙、阿根廷的进出口价格比开始降低至小于1的水平，说明其在国际市场上的竞争优势不再显著（表5）。与此形成对比的是，中国的蜂蜜2021年进口单价21.88美元/kg，出口单价1.78美元/kg，进口单价比出口单价高出约11.29倍。进出口价格比自2009年的0.80降至2021年的0.08，说明中国蜂蜜在国际市场上的价格竞争力不断减弱，主要由于国内市场对外国高品质蜂蜜的高需求与国际市场对中国蜂蜜质量标准疑虑的影响。

表5 主要出口国天然蜂蜜进出口单价比较

年份	阿根廷	中国	德国	墨西哥	新西兰	巴西	乌克兰	印度	西班牙	匈牙利
2009	1.07	0.80	1.56	0.39	0.62	1.02	0.03	0.86	1.38	1.62
2010	1.05	0.41	1.60	0.99	1.63	1.02	0.04	1.03	1.91	1.76
2011	1.03	0.39	1.68	0.15	0.79	1.00	0.04	0.40	1.40	1.91
2012	0.91	0.25	1.70	0.10	1.29	1.02	0.04	0.23	1.28	1.77
2013	1.11	0.22	1.66	0.15	1.78	1.00	0.07	0.60	0.69	1.77
2014	1.17	0.20	1.58	0.24	1.55	1.01	0.07	0.55	0.87	1.83
2015	0.91	0.17	1.46	0.33	1.38	0.98	0.01	0.40	0.94	1.41

(续表)

年份	阿根廷	中国	德国	墨西哥	新西兰	巴西	乌克兰	印度	西班牙	匈牙利
2016	0.56	0.18	1.78	0.29	1.18	0.98	1.15	0.65	0.30	1.73
2017	0.77	0.13	1.64	0.82	1.59	1.04	0.00	0.70	0.28	1.86
2018	0.75	0.11	1.70	0.34	2.29	1.08	0.15	0.66	0.45	1.86
2019	0.66	0.11	1.73	0.34	0.87	1.04	0.14	0.66	0.39	1.84
2020	0.54	0.09	1.67	0.30	0.87	0.99	0.03	0.90	0.27	1.91
2021	0.50	0.08	1.24	0.26	2.49	1.11	0.75	1.22	0.38	1.71
平均	0.85	0.24	1.61	0.36	1.41	1.02	0.19	0.68	0.81	1.77

2.2 基于产业外部性视角的中国蜂产业国际竞争力的测度与国际比较

蜜蜂作为授粉昆虫，在全球农业生产中的作用至关重要。2021年，中国的蜜蜂授粉作物总产量达到了6.40亿t，其中蜜蜂直接贡献的产量高达3.10亿t。印度和巴西也是蜜蜂授粉作物的主要生产国。印度依赖蜜蜂授粉作物的总产量为1.91亿t，其中蜜蜂的贡献为0.83亿t；巴西的相应数字为1.81亿t的总产量和0.60亿t的蜜蜂贡献。相较之下，新西兰虽然在总产量上较低，仅为0.023亿t，但其蜜蜂授粉贡献值达到了0.017亿t，贡献率高达73.69%，表明新西兰的农业对蜜蜂授粉的依赖程度极高（表6）。

表6 2021年各国蜜蜂授粉作物总产量以及蜜蜂授粉对总产量的贡献值 （亿t）

国家	阿根廷	巴西	中国	德国	匈牙利	印度	墨西哥	新西兰	西班牙	乌克兰
蜜蜂授粉作物总产量	0.58	1.81	6.40	0.42	0.03	1.91	0.31	0.023	0.40	0.29
蜜蜂授粉对总产量贡献值	0.20	0.60	3.10	0.08	0.01	0.83	0.11	0.017	0.10	0.10

中国蜜蜂产业的国际竞争力不仅体现在其庞大的蜜蜂授粉贡献和经济价值上，更在于其创新的生产模式和对外部效应的有效利用。中国的"移动授粉服务"模式通过调度蜂群至授粉需求量大的区域，不仅提高了作物授粉效率和产量，而且降低了季节性和地域性限制。此外，随着设施农业的增加，尤其是在温室和控制环境农业中，对精确和可控的授粉服务的需求不断增加，这不仅提高了作物产量和质量，还增强了农业的整体效率和经济回报。

2.3 中国蜂产业国际竞争力的影响因素分析

依托双重钻石模型,本研究从生产、需求、相关产业与支持产业、企业战略、产业相关人员等要素出发,识别出影响中国蜂产业国际竞争力的内在动因,对提升中国蜂产业国际竞争力有重要的意义。

2.3.1 生产要素对蜂产业发展的基础性支持

生产要素(原材料、劳动力和资本)构成了中国蜂产业国际竞争力的基础。中国拥有约万种蜜源植物,覆盖面积达 0.37 亿 hm^2,可容纳约 1 500 万群蜜蜂。在油菜、洋槐等 40 多种商品蜜品种的基础上,中国利用其多样的蜜蜂品种和广阔的地理纬度优势,实现了全年持续的花期(表7)。得益于丰富的劳动力和技术投资,中国在国际市场上占据了显著的地位。相比之下,阿根廷和巴西虽有丰富的蜜源,但劳动力成本高于中国;欧洲国家如德国和西班牙则依靠高技能劳动力和先进技术提升竞争力;新西兰则因其纯净环境和独特的麦卢卡蜂蜜而在蜂蜜质量控制和品牌建设上投入巨大。

在生产效率方面,中国的蜂业以小规模家庭经营为主,这虽然使蜂蜜生产广泛分布,但整体生产效率不高。相比之下,新西兰的蜂业采用集中化和规模化生产模式,尤其在麦卢卡蜂蜜生产上表现出更高的效率。德国和其他欧洲国家通过技术创新,如自动化蜂巢管理,有效提高了生产效率。此外,中国已建立了较为严格的蜂蜜质量检测体系,包括水分、糖分、抗生素残留等多项指标。尽管如此,与国际标准相比,中国的检测标准还有进一步提升的空间。新西兰在蜂蜜质量控制方面实施了极其严格的标准,通过独特的麦卢卡因子(UMF)和 MGO 含量标准来确保其蜂蜜的真实性和高品质,从而保持了其产品在国际市场上的高端定位和竞争优势。

表7 中国、阿根廷、新西兰养蜂生产要素对比

国家	纬度范围	花期	劳动力成本	蜜蜂种类及特色
中国	3°~53°N	全年	低	中华蜜蜂、意大利蜜蜂,特色为花蜜种类多
新西兰	34°~47°S	春季和夏季	高	意大利蜜蜂,特色为生产高品质麦卢卡蜂蜜
阿根廷	22°~54°S	春季和夏季	低	意大利蜜蜂,特色为蓟蜜、紫荆蜜和含羞草蜜

2.3.2 市场需求驱动的产业创新与进步

市场需求是影响中国蜂产业国际竞争力的关键因素。随着全球对健康天然产品需求的增长,蜂蜜市场需求不断扩大,全球蜂蜜消费量从 2010 年的

157.07万t增加到2020年的177.87万t,促使中国蜂业在产品和生产技术方面不断创新。在制药和化妆品行业中,蜂蜜的天然抗菌、抗炎及保湿特性也得到了广泛应用,满足了市场对多样化和高品质产品的需求。此外,欧洲市场蜂蜜需求稳定,为中国蜂蜜国际市场提供了持续的发展机会。

2.3.3 相关与支持性产业的协同效应

相关和支持性产业的发展对提高蜂产业的竞争优势具有积极作用。蜜蜂授粉产业中,中国尽管拥有丰富的蜜源资源,但用于作物授粉的蜂群比例不到5%[24],远低于农业发达国家的50%以上,显示出该产业的发展潜力尚未充分发挥[25-26]。目前全国现代设施种植面积达到266.67万hm^2,尤其是温室种植,为蜜蜂授粉提供了更稳定和高效的条件,极大地促进了蜜蜂授粉服务的发展。目前,蜜蜂授粉技术已在蓝莓和草莓种植上显示出显著效果,促进了产业的整体发展。在保健品产业方面,蜂蜜逐渐向中高端保健品转型,尽管目前市场潜力巨大,但蜂蜜在保健品市场的主导地位尚弱。食品饮料加工业中,蜂蜜作为天然甜味剂在无糖、低糖趋势驱动下受到欢迎,推动了蜂蜜行业的发展,但缺乏产品创新。

2.3.4 企业战略与产业结构的优化需求

良性的企业竞争是增强蜂蜜产品国际竞争力的关键,但目前中国蜂蜜产业主要依靠小规模家庭生产,导致产品质量参差不齐。中国的蜂产品企业虽众多,规模较大的仅300余家,年销售收入过亿元的仅约20家[27],且缺乏具有约束力的全国性行业协会来引导产业发展。在品牌建设方面,中国蜂蜜缺乏统一的品牌和高认知度的消费品牌,多以品种命名[28],如百花蜜、枣花蜜等,与国际品牌接轨尚需努力。

国际上,新西兰通过融合小规模进行规模化经营,有效地激发了内部良性竞争,增强了蜂蜜产业的竞争优势。新西兰以麦卢卡因子作为卖点[29],成功打造"麦卢卡"品牌,成为其对外贸易的象征,并在全球范围内推广了其独特性和稀缺性。这一成功案例表明,中国在打造具有国际影响力的蜂蜜品牌方面仍具有较大的提升空间。

2.3.5 产业工人与产业发展的挑战

全国蜂农固定观察点数据显示,中国蜂业面临从业人员老龄化、接班人短缺以及产业活力不足的挑战。从业人员平均年龄高达49岁,其中超过60岁者占43%,30岁以下者不足5%。超过80%的蜂农具有初中及以下学历,难以掌握先进技术,但部分经验丰富的转地蜂农凭借实践中积累的知识和技能,展现出对环境变化的高度适应性和良好的技术应用能力。这些蜂农能够灵活应对花期和环境条件的变化,表现出行业中的专业性和先进的操作技巧。

相较之下，阿根廷和新西兰实行蜂农注册制度以提高养蜂质量和监管。阿根廷蜂农注册3.3万人，其中70%拥有不少于500个蜂箱。新西兰约有1万名养蜂者，共管理6.3万个养蜂场，大部分从事商业或半商业活动，平均每人管理513个蜂箱。而德国超半数养蜂人拥有高等学历，促进了技术和创新的应用，其养蜂场规模平均达到200箱以上，有些甚至高达3 000余箱[30]，这与中国平均每人61箱的规模形成鲜明对比。这些国际实例表明，提高教育水平和采用现代化管理策略是推动蜂业发展和提升竞争力的关键因素。

2.3.6　专业人才对竞争力的长期影响

专业人才对于蜂产业的国际竞争力具有长期和高层次的影响。在中国，蜂产业科学研究机构和教育资源相对不足，仅有6家专业研究机构和2所开设蜂学专业的高校，共72名专家（中国畜牧业协会蜂业分会）从事相关研究，导致专业人才短缺成为限制其国际竞争力的一个主要因素。

相比之下，新西兰的蜂蜜行业展现出卓越的国际竞争力，这不仅体现在产品品质和创新上，也得益于其庞大的专业人才和科研团队。例如，ApiNZ（Apiculture New Zealand）和UMF（Unique Mānuka Factor）蜂蜜协会包含了从业余到商业化养蜂者，及涉及生产研发、标准制定、销售、安全监管和人员培训等多个方面的专业人员。这些组织通过提供技术支持和培训，有效推动了蜂业的可持续发展和国际竞争力的提升。因此，新西兰的养蜂业不仅在全球市场中占有重要地位，其专业人才的广泛覆盖也是其成功的关键因素之一。

2.3.7　企业家精神与创新能力的重要性

企业家精神和创新能力是推动蜂产业现代化和国际化发展的关键。尽管2021年中国在世界500强企业中有143家上榜，蜂产业中尚无以蜂产品为主的企业，显示出其发展和扩张的巨大潜力尚未被充分挖掘。截至2022年，中国蜜蜂养殖相关企业已超过6万家，但相较于其他畜牧业，这一数据反映出蜂产业的投资和关注度较低。

在技术创新方面，中国蜂产业已取得一定进展，特别是在自动化和智能化设备的开发上。AI智能蜂箱的推出显著提升了蜂群管理效率，实现了蜂群健康和生产环境的精确控制。此外，自动化饲喂和病虫害管理系统的开发减少了人工操作需求，增强了生产可持续性。尽管在脱蜂和取蜜方面实现了半机械化，与其他蜂业发达国家相比，中国蜂产业的机械化和自动化程度仍有较大提升空间。因此，中国蜂产业急需更多具有前瞻性和创新精神的企业家来推动技术升级和市场扩展。

2.3.8　政府政策对产业发展的支持

政府政策是推动产业发展与提升国际竞争力的关键。自2010年起，中国陆续推出《蜜蜂授粉技术规程》《全国养蜂业"十二五"发展规划》等政策，设定了养蜂业发展方向，并与国际标准对接。此外，调整的食品安全标准和修订的《动物性食品中兽药最高残留限量》提高了产品安全性和市场竞争力。新版《中华人民共和国畜牧法》加强了对蜂业的支持，推广蜂授粉技术，推动蜂业国际化和在全球市场的地位提升。

近年来，政府支持由现金补贴转为提供蜂机具和蜂箱等具体措施，增强蜂农的灵活性和便利性。政策的针对性改进，如从"黄箱"升级至环保的"绿箱"，提升了设备的现代化和环保标准，增强了蜂业的竞争力，更好地适应市场需求和国际环境。

3 结论与建议

3.1 结论

（1）中国蜂蜜虽然以其庞大的产量在国际市场上曾占据领先地位，但近年来因品质和贸易技术壁垒的问题，出口价格较低，导致其显示性竞争优势大幅减弱。与此同时，新西兰凭借高品质产品和强大的品牌影响力，正在成为一个竞争力极强的国家。

（2）从产业外部性视角来看，中国的农业依赖于蜜蜂授粉作物产量巨大，蜜蜂对农业生产的直接贡献显著，预示着蜂业与农业的协同发展将成为农业经济的新增长点。

（3）中国的蜂产业不仅拥有丰富的蜜源植物和多样的蜜蜂品种，还具备巨大的生产规模和全年持续的生产能力，这些因素为其在国际市场上奠定了基础优势。然而，该产业主要依赖传统的家庭小规模生产模式，限制了生产效率和产品质量的提升，影响了其国际品牌形象和市场认可度。此外，蜂农的教育水平普遍较低，缺乏专业人才和系统的技术培训，这也是制约其国际竞争力的关键因素。

3.2 建议

（1）加强科研投入，促进技术创新。政府应与企业合作建立专门的蜂产业科研中心，专注于蜜蜂健康管理、病虫害防治和新产品开发等关键技术的研究。此外，建议建立与国外领先的蜂业研究机构的合作框架，引入国际先进的养蜂技术和管理经验。政府还应提供科研资金支持，通过财政补助、税收优惠等措施激励科技创新和知识产权的生成与保护。

（2）优化产业结构，实现规模化生产。鼓励蜂农通过合作社或加入大型蜂产品企业，实现生产的规模化和集约化，这有助于提升生产效率和确保产品质量的统一。各级农业部门通过提供技术和财政支持，帮助小型蜂农升级设备和改善生产条件。同时，推动蜂产品的多样化开发，扩大市场需求，包括蜂花粉、蜂王浆等高附加值产品的研发和推广。

（3）建设品牌，扩大国际市场影响力。支持蜂产业企业在国际展会和贸易会上展示高品质的蜂产品，增强品牌的国际知名度。利用数字营销工具，如社交媒体和电商平台，积极推广中国蜂蜜的独特优势和健康益处，塑造国际化的品牌形象。同时，通过设立国际标准和质量认证系统，增强国际消费者的信任度。

（4）推进产业现代化，引入先进技术。采用自动化养蜂设备和智能化管理系统，提升养蜂的效率和降低劳动强度。同时，推广生态农业中的蜜蜂授粉技术应用，提高农作物的产量和质量，实现生态与经济的双赢。此外，加强生产过程中的环境保护措施，确保可持续发展。

（5）培养专业人才，加强国际交流。与高等院校合作开设蜂业相关课程，培养科研和管理专业人才。为蜂农提供持续培训，提升技术和创新能力。实施人才引进计划，吸引国内外顶尖蜂业专家，通过国际研讨会和交流活动增强行业全球竞争力。

参考文献

[1] 高芸，赵芝俊．我国养蜂业发展的战略定位与对策建议：基于产业内外部效应的视角［J］．农业现代化研究，2021，42（3）：390-397.

[2] 黄国星，戴永务，欧阳友全，等．基于双重双钻石模型的中国茶产业国际竞争力研究［J］．农业现代化研究，2022，43（5）：823-833.

[3] 徐浩，赵景峰．新贸易保护主义对我国的影响与对策［J］．宏观经济管理，2022（3）：77-82.

[4] 陈永朋，赵芝俊，罗慧．我国天然蜂蜜出口国际竞争力分析［J］．江苏农业科学，2020，48（23）：298-303.

[5] 刁青云，王允中，黄宇，等．世界主要生产国蜂蜜出口国际竞争力比较分析［J］．世界农业，2011（10）：52-56.

[6] 李瑞珍，刘世丽，吴杰，等．世界蜂产品生产与贸易状况分析［J］．江苏农业科学，2017，45（20）：322-327.

[7] 李海燕，吴杰．我国蜂蜜贸易国际竞争力的比较分析［J］．国际贸易问题，2009（10）：26-31.

[8] 应瑞瑶，周力．我国蜂蜜出口美国的区域显示性对称比较优势分析［J］．国际贸易问题，2005（8）：41-46.

［9］ 王啸雨，戴永务．基于"钻石模型"的中国蜂蜜产业国际竞争力提升策略的分析［J］．中国林业经济，2020（6）：42-46．

［10］ 盘和林，何敏红．中国蜂蜜出口的国际竞争力分析［J］．统计与决策，2013（5）：136-138．

［11］ 徐国钧，顾国达，李建琴．基于CMS模型的中国蜂蜜出口贸易研究［J］．中国蜂业，2015，66（7）：13-19．

［12］ 丁丽芸．技术壁垒影响下我国蜂蜜国际竞争力的演变［J］．价格月刊，2013（3）：76-80．

［13］ 黄祖辉，王鑫鑫，宋海英．浙江省农产品国际竞争力的影响因素：基于双钻石模型的对比分析［J］．浙江社会科学，2010（9）：19-27，125-126．

［14］ 陈永朋，罗慧，赵芝俊．技术进步视角下小农户与现代农业有机衔接的实证研究：基于全国微观固定观察点336户蜂农面板数据［J］．浙江农业学报，2022，34（2）：409-418．

［15］ Klein A M, Vaissière B E, Cane J H, et al. Importance of pollinators in changing landscapes for world crops［J］. Proceedings Biological Sciences, 2007, 274（1608）：303-313.

［16］ 王雄伟．基于钻石模型的中药材产业发展研究［J］．生产力研究，2020（6）：77-79，131．

［17］ Constantin M, Sacală M D, Dinu M H, et al. Vegetable trade flows and chain competitiveness linkage analysis based on spatial panel econometric modelling and porter's diamond model［J］. Agronomy, 2022, 12（2）：411.

［18］ Xu Y. The economic analysis on the competitiveness of small towns with sports characteristics under the guidance of "diamond model" theory［J］. Discrete Dynamics in Nature and Society, 2021：4331641.

［19］ 李丹，吕鑫萌．贸易成本、统一大市场和畅通国际国内双循环［J］．中国特色社会主义研究，2023，14（1）：81-93．

［20］ Kharub M, Sharma R. Comparative analyses of competitive advantage using Porter diamond model（the case of MSMEs in Himachal Pradesh）［J］. Competitiveness Review: An International Business Journal, 2017, 27（2）：132-160.

［21］ 路华，王世成．基于双重双钻石模型的中国鞋业竞争力分析［J］．中国皮革，2018，47（7）：53-62．

［22］ 郑磊．内外"双循环"新发展阶段我国全球价值链提升路径探讨［J］．商业经济研究，2022（2）：189-192．

［23］ 徐国钧，郭智勇，温佳豪，等．中国蜂蜜在国际市场的定价话语权：基于国际市场势力的实证分析［J］．世界农业，2019（3）：77-83，103，116．

［24］ 陈玛琳，赵芝俊，席桂萍．中国蜂产业发展现状及前景分析［J］．浙江农业学报，2014，26（3）：825-829．

［25］ 陈永朋，赵芝俊，毛显强．以市场化促进蜜蜂授粉产业发展：美国经验与中国

路径 [J]. 中国蜂业, 2023, 74 (4): 57-63.

[26] Zhang S M, Ma J L, Zhang L, et al. Does adoption of honeybee pollination promote the economic value of kiwifruit farmers? Evidence from China [J]. International Journal of Environmental Research and Public Health, 2022, 19 (14): 8305.

[27] 杨磊, 曾志将, 彭文君. 2022 年我国蜂产业现状、发展趋势与建议 [J]. 中国畜牧杂志, 2023, 59 (3): 342-347.

[28] 林可全, 丁丽芸. 中国蜂蜜产业国际竞争力的 ISCP 范式研究 [J]. 国际经贸探索, 2014, 30 (4): 44-53.

[29] 刘芮芮, 史晶亮, 黄渝岚, 等. 蜂蜜抑菌作用的研究进展及其遏制细菌耐药性的潜力 [J]. 生态毒理学报, 2022, 17 (3): 19-34.

[30] 张社梅, 孙战利. 德国特色农业产业发展对中国的启示: 以蜂产业为例 [J]. 浙江农业学报, 2016, 28 (11): 1954-1961.

全球蜂蜜贸易分析及未来展望

高芸，刘剑，赵芝俊，张鸾

(中国农业科学院农业经济与发展研究所 北京 100081)

摘要：随着人民生活水平的提高和国力的提升，中国由世界主要蜂蜜生产国和出口国发展成为生产、消费和贸易大国，蜂蜜贸易额长期位居世界前列。近年来，全球蜂蜜产量平稳上升，高出口单价国家贸易额快速增加，蜂蜜贸易伙伴关系较为稳定。2017—2021年，中国蜂蜜出口均价为世界贸易均价的44%，出口方式以大包装蜂蜜为主。2021年中国蜂蜜进出口额分列全球第四位和第二位。从当前主要出口目的国集中度来看，出口较为平稳。2022年全球蜂蜜贸易额可能出现下行苗头，乌克兰出口供给缺口将由亚洲主产国补充，中国蜂蜜出口将保持平稳或小幅攀升。2010年后中国进口蜂蜜单价急剧攀升，但近5年蜂蜜进口量仅占国内蜂蜜年消费量的0.8%~1.6%，不会对国产蜂蜜价格造成冲击。从长远来看，中国蜂蜜产业亟待建立消费者认可的分级分类标准，并以官方标准为蜂蜜质量背书，营造优质优价的差异化市场竞争环境。

关键词：蜂蜜贸易；进出口；价格；展望

0 引言

蜂蜜是我国传统的出口创汇产品，蜂蜜出口额和出口量稳居世界前列，但出口单价长期低于国际市场同期平均水平，影响了出口品牌声誉和质量口碑。2020年，新西兰凭借其全球贸易均价8倍的高出口单价，以我国出口量约10%的贸易规模，首次超过我国成为全球第一大蜂蜜出口国。我国蜂蜜出口单价不仅与新西兰、德国、加拿大等以生产成熟、高品质蜂蜜的出口国的

基金项目：国家现代农业产业技术体系专项资金（CARS-44-KXJ18）
作者简介：高芸，E-mail：gaoyun02@caas.cn
通信作者：赵芝俊，E-mail：zhaozhijun@caas.cn

蜂蜜单价差距大，与世界其他主要蜂蜜出口国，如阿根廷、墨西哥和巴西相比，价差也在逐年拉大。随着农产品市场开放程度不断提升，我国蜂蜜进口规模持续扩大，进口均价保持高位运行，与出口单价持续下降形成鲜明对比。我国蜂蜜进口量从2000年的371.9 t上升到2021年的4 809 t，进口额从56.7万美元增长至1亿美元以上，进口量和进口额年均增长率分别高达12.96%和28.24%。

众所周知，依靠价格优势，主要以大包装原料蜜的方式出口会导致蜂蜜出口面临其他国家反倾销指控的风险。我国蜂蜜出口单价走低至何种程度会引发反倾销指控或者逐步形成稳定的低价蜂蜜供应格局，蜂蜜进口单价和进口额是否还会继续走高，并对国内蜂蜜市场产生影响，这些已成为业界高度关注的问题，本研究利用联合国商品贸易统计数据库（UN Comtrade）数据和中国海关蜂蜜贸易数据对全球蜂蜜贸易情况及产品特征进行统计分析，并结合国家蜂产业技术体系经济岗位课题组蜂蜜市场价格调查数据，分析贸易变化背后的主导因素，对全球蜂蜜贸易趋势进行展望，并提出应对措施和建议。

1 全球蜂蜜贸易形势

1.1 全球蜂蜜产量平稳上升，贸易量增加

近年来，全球蜂群总数稳定在9 000万群以上，印度蜂群存量超过1 000万群，其次为中国921.6万群、土耳其817.9万群、伊朗714万群、埃塞俄比亚698.6万群、坦桑尼亚300.3万群、阿根廷298.3万群、俄罗斯298.3万群。此外，美国、乌克兰、韩国、墨西哥的蜂群数量也较多。然而，其中只有少数国家实现了蜂产品的规模化、专业化生产。2015—2018年为全球蜂蜜产出高峰期，总产量超过了180万t，2019年以后下降至170万t。我国蜂蜜产量约占全球产量的1/4[1]，年产量超过5万t的国家还有土耳其、伊朗、阿根廷、乌克兰、美国、俄罗斯、印度、墨西哥和巴西。从近10年的蜂蜜生产情况看，中国在2016—2017年为生产阶段性高点，年产量超过50万t，近年小幅下降，保持在45万t左右的水平。同期，土耳其、乌克兰、美国、阿根廷、印度、墨西哥、加拿大、西班牙蜂蜜生产也都出现了波动或下滑的趋势，新西兰、巴西和伊朗则出现了明显的产量攀升迹象。其中，新西兰和巴西蜂蜜产量近5年平均增长率分别为7.4%和3.6%，远高于同期全球产量0.07%的增长水平。由于各国养蜂模式不同，单群蜂蜜产量差异较大。

我国单群蜂蜜产量近年保持在 49 kg，巴西、加拿大单群蜂蜜产量接近或高于 50 kg，新西兰单群产量上升较快，从 2018 年的 22.7 kg 上升至 2020 年的 31.1 kg[2]，墨西哥、乌克兰、阿根廷、美国、俄罗斯单群在 22.9~25.8 kg 的范围波动（图1）。

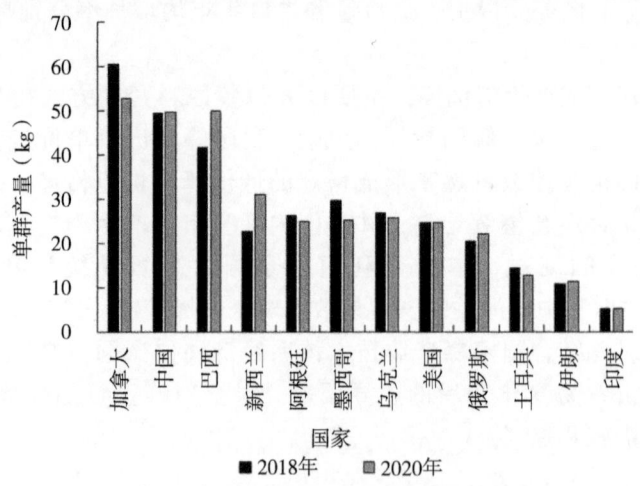

图 1 2018 年和 2020 年世界蜂蜜主产国单群产量
数据来源：联合国粮食及农业组织数据库（FAOSTATA）

20 世纪末世界蜂蜜出口保持平稳态势，出口量在 26.89 万~31.43 万 t 波动，出口额在 1996 年达到阶段性高点，为 5.07 亿美元。2010 年至今，全球蜂蜜供给充足且产量较为稳定，蜂蜜贸易持续攀升，2020 年出口量达到 69.4 万 t，占当年世界蜂蜜总产量的 39.2%；出口额除 2019 年跌至 10.9 亿美元外，近期其余年份均保持 20 亿美元以上的规模。全球主要蜂蜜出口国有新西兰、中国、阿根廷、德国、乌克兰、西班牙[3]，2020 年这 6 个国家的蜂蜜出口额占全球蜂蜜出口总额的 51.5%，出口量为 51.0%。

1.2 高出口单价国家贸易额快速增加

蜂蜜是劳动密集型和资源密集型产品，蜂产品生产不仅依赖于当地的气候、植被条件，也取决于农户的养殖习惯。发达国家因劳动力成本高，其蜂蜜生产不具备竞争优势。随着人们对蜂蜜品质的关注，特别是蜂蜜的保健价值和医用功效逐步被发现，一些具有良好产业基础和植被条件的国家采取了不同的产业发展策略。例如，为遏制养蜂人和蜂群持续下降的趋势，德国政府倡导市民在庭院养蜂，推广小型固定或移动蜂房，大约 80% 的养蜂人养殖规模为 10~20 群；规模化蜂场雇佣移民作为季节性工人，以降低成本。巴伐利亚州、巴登-沃尔滕堡州、黑森州和莱茵兰帕拉蒂纳州成为德国蜂蜜生产的主要地区，德国国产蜂蜜价格为 8~14 美元/kg，最为著名的是黑森林蜂蜜，而进口蜂蜜价格较低，为 1~1.5 美元/kg。西班牙政府对养殖规模超过 100 群的蜂农发放昆虫作物授粉补贴，每箱蜜蜂每年补贴 10 美元，补贴上限为 500 群，此项政策刺激了蜂业快速发展，使西班牙成为欧盟注册养蜂人数最多的国家。鳄梨、栗子、橙花、迷迭香和百里香是西班牙当地的特色蜜源。新西兰以麦卢卡因子（MGO，甲基乙二醛）作为营销卖点，开展了品牌建设。新西兰初级产业部通过监控麦卢卡植被情况，建立了蜂群承载控制指标，使用科学方法规划养蜂业分布，2017 年建立了区分单花麦卢卡和多花麦卢卡（除麦卢卡之外含有其他蜜源花蜜）蜂蜜的理化指标体系，实施全程可追溯管理[4-5]。

通过各种扶持政策、产品分级和出口推介，新西兰、德国、加拿大、西班牙等国的蜂蜜出口单价上涨较快（表1）。2014 年新西兰蜂蜜出口额位列全球第四位，占全球蜂蜜出口总额的 6.3%，2020 年占 14.6%，位列全球第一位。德国、西班牙、澳大利亚、加拿大也凭借其蜂蜜价格高于世界出口均价的优势，近年来出口额均有不同程度的提升。

表1 2014 年和 2020 年世界高单价蜂蜜出口国贸易额变化

出口国	年份	高于全球均价比例（%）	出口单价（美元/t）	贸易额占比（%）
新西兰	2014	782.8	17 696.9	7.9
	2020	696.7	25 703.8	14.6
德国	2014	204.8	6 110.8	7.1
	2020	57.3	5 075.4	7.0
西班牙	2014	130.1	4 612.1	5.7
	2020	23.3	3 978.2	5.0
加拿大	2014	142.6	4 862.7	2.2
	2020	17.9	3 802.6	1.6
比利时	2014	75.8	3 523.9	3.4
	2020	17.9	3 802.3	1.7

数据来源：UN Comtrade。

1.3 蜂蜜贸易伙伴关系较为稳定

世界各国蜂蜜贸易往来密切，蜂蜜进出口总体呈增长趋势。2020年全球范围内蜂蜜进口居前3名的地区依次为北美（占35.4%）、欧盟（占31%）、亚洲（占13.3%），澳洲占1.9%。世界主要蜂蜜进口国是美国、德国、日本、法国、英国、沙特阿拉伯和中国（表2）。2020年美国蜂蜜进口量达19.66万t，占世界蜂蜜进口总量的29.2%，进口额占20.0%。近年来，德国蜂蜜进口量较为稳定，2020年为9.46万t，进口额和进口量占比保持在11%~14%。日本作为亚洲最大的蜂蜜进口国，在2015年之后每年的进口量保持在4万~5万t的水平，2020年进口额占全球的7.9%。沙特阿拉伯蜂蜜进口量在近10年保持在全球第8名至第12名，2020年进口蜂蜜2.35万t，进口额占4.8%。我国则因超高的进口单价，用不到10年的时间，蜂蜜进口额全球排名从2012年的第14名快速上升，并在近2年保持在全球第4位至第6位，2020年蜂蜜进口单价为同期世界蜂蜜贸易均价的5.6倍。

由于蜂蜜不便于运输，主要产出国蜂蜜的质地、蜜源、产出时间和风味等存在显著差异，加之贸易壁垒、消费偏好等因素，全球已经形成了较为稳定的蜂蜜贸易伙伴关系（表3）。例如：中国蜂蜜出口目的国为日本、英国和比利时，对这3个国家的蜂蜜出口额占出口总额的六成左右；阿根廷由于地理和品质优势，其蜂蜜占据了美国、德国和日本这3个最重要的蜂蜜消费市场；德国蜂蜜主要出口到临近的欧亚地区，包括沙特阿拉伯、荷兰、法国和瑞士；根据主要蜂蜜出口国市场集中度变化测算，新西兰蜂蜜出口的主要市场仍为中国、美国、日本、英国、澳大利亚，2014年和2020年新西兰蜂蜜出口到以上5个国家的出口集中度之和分别为62%和70%。从进口渠道来看，美国蜂蜜主要来自南美洲的阿根廷和巴西，以及亚洲的越南和印度；德国进口蜂蜜来源地最广，南美洲、大洋洲、亚洲、欧洲具有一定占比；日本进口蜂蜜主要来自中国，近年来新西兰的占比有所上升；沙特阿拉伯是德国蜂蜜的主要出口目的地，蜂蜜来源较为广泛，包括也门、新西兰、巴基斯坦、中国、印度等。总体来看，阿根廷对美国、中国对日本的蜂蜜出口集中度较高，日本对中国、英国对新西兰、中国对新西兰的蜂蜜进口集中度较高。

表 2 2014 年和 2020 年世界主要蜂蜜进口国市场集中度变化情况

进口国	2014 年 进口市场				小计	2020 年 进口市场				小计
美国	阿根廷（26%）	越南（22%）	巴西（13%）		61%	巴西（16%）	越南（15%）			53%
德国	墨西哥（17%）	乌克兰（8%）	西班牙（7%）		32%	阿根廷（12%）	墨西哥（11%）			35%
日本	中国（53%）	加拿大（12%）	阿根廷（10%）		75%	新西兰（24%）	加拿大（10%）			76%
英国	中国（29%）	新西兰（24%）	墨西哥（9%）		62%	中国（32%）	波兰（9%）			75%
沙特阿拉伯	德国（23%）	墨西哥（20%）	巴基斯坦（10%）		53%	也门（14%）	新西兰（12%）			46%
中国	新西兰（60%）	澳大利亚（8%）	德国（5%）		73%	澳大利亚（13%）	泰国（2%）			91%

数据来源：UN Comtrade。

表 3 2014 年和 2020 年世界主要蜂蜜出口国市场集中度变化情况

出口国	2014 年 出口市场				小计	2020 年 出口市场				小计
新西兰	英国（18%）	中国（15%）	澳大利亚（15%）		48%	美国（15%）	中国（19%）	日本（14%）		48%
中国	日本（23%）	比利时（18%）	英国（14%）		55%	英国（25%）	日本（30%）	比利时（8%）		63%
阿根廷	美国（66%）	德国（11%）	日本（5%）		82%	德国（22%）	美国（54%）	日本（7%）		83%
德国	沙特阿拉伯（14%）	荷兰（13%）	法国（11%）		38%	沙特阿拉伯（13%）	法国（13%）	瑞士（11%）		37%

数据来源：UN Comtrade。

2 2022年蜂蜜贸易展望

2.1 全球蜂蜜贸易额可能出现下行苗头，总体供给平稳

蜂蜜贸易一直保持上升趋势，但受全球经济下行、地区冲突及政治不稳定因素影响，未来蜂蜜贸易显露出下行苗头。近年来，全球蜂蜜贸易额上涨的主要贡献来自新西兰、澳大利亚麦卢卡蜂蜜品牌和保健功效的溢价效应，新西兰和澳大利亚蜂蜜出口平均价格分别由 2014 年的 17 697 美元/t 和 6 125 美元/t 上涨到 2021 年的 27 062 美元/t 和 8 999 美元/t，推动了全球贸易额攀升。同时，这两国与全球贸易均价差距持续扩大，增加了出口额下降的风险。亚洲和非洲蜂群数量近年保持增长态势，同时亚洲作为世界主要的蜂蜜出口地区，中国、印度、缅甸、越南、泰国等主要出口国的蜂蜜生产能力持续提升，且这些国家的蜂蜜出口价格低于世界贸易均价，在很大程度上满足了市场的大包装蜂蜜需求，保障了蜂蜜供需平稳，将在一定程度上抑制高出口单价国家蜂蜜贸易额的继续攀升。

2.2 乌克兰出口供给缺口将由亚洲主产国补充

俄罗斯和乌克兰是世界主要的蜂蜜生产国，两国蜂蜜产量约占全球产量的 7%，其中乌克兰蜂蜜出口量占全球贸易量的 9%~11%。2022 年初开始的俄乌冲突将导致乌克兰蜂蜜绝产。2020 年乌克兰蜂蜜出口均价为全球贸易均价的 47%，其大包装、低单价特征与中国、越南等亚洲蜂蜜主要出口国出口特征类似。乌克兰蜂蜜主要出口目的国德国、波兰、比利时、法国等极有可能增加从中国和印度的蜂蜜进口，美国则可能会增加自越南和泰国的进口，以弥补国内需求。同时，受俄乌冲突影响，其周边国家白俄罗斯、波兰、土耳其、罗马尼亚、匈牙利、俄罗斯的蜂群数量和蜂蜜产业也会受到一定影响。

2.3 中国蜂蜜出口将保持平稳或小幅攀升

我国是蜂蜜出口大国，1996 年蜂蜜出口额就超过 1 亿美元，当时占世界蜂蜜贸易量的 40%~50%。我国蜂蜜在 2002 年遭受了欧洲禁运和 2009 年美国蜂蜜反倾销税的两次重创后退出北美市场，逐步恢复了欧洲市场，拓展了阿联酋、沙特阿拉伯等新兴市场。由于出口蜂蜜利润下滑，出口蜂蜜品质与国内市场销售的蜂蜜有一定差异，主要出口省份由浙江、湖北、山东逐步转变为安徽和浙江，两个省份 2021 年的蜂蜜出口量和出口额占我国蜂蜜出口量和

出口额的比例之和分别为43%和46%。近5年（2017—2021年）我国蜂蜜出口均价为世界贸易均价的44%，出口方式以大包装蜂蜜为主。基于贸易理论，低价大规模出口可能导致其他国家反倾销指控的风险，但从目前主要出口目的国集中度来看，我国蜂蜜出口市场均保持稳定，年际波动不大。未来，我国蜂蜜出口将保持稳定或小幅攀升态势。

2.4 进口蜂蜜价格水平仍将高于国产蜂蜜

国家蜂产业技术体系经济岗位课题组在2011年开始进行北京市蜂蜜产品价格调查，2013年调研城市增加到北京、杭州、青岛、郑州、成都共5个城市的48个超市、商场内的蜂产品专柜及蜂产品专卖店的纯蜂蜜，即产品标签上书写为单花种或多花种蜂蜜，不添加果葡糖浆、牛磺酸、矿物质等添加剂的蜂蜜。2017年又增加了福州的8个超市和专卖店。由于近年来网店、蜂农直销、微信等销售方式兴起，2021年的调查增加了天猫和京东旗舰店的价格数据。每年搜集蜂蜜价格数据1 300~1 500条。

调查数据显示，2019年后进口蜂蜜价格出现了小幅下降，其中麦卢卡蜂蜜维持在1 800元/kg的高位，其他进口蜂蜜2021年均价为305.2元/kg；国产蜂蜜价格2019年也出现了小幅下滑，2020年和2021年与进口非麦卢卡蜂蜜的价差分别为254.6元/kg和210.8元/kg（图2）。由于进口蜂蜜总量较少，我国主要采用需求确认、强化质量和保健功效宣传的营销策略，未来进口蜂蜜价格仍将保持高于国产蜂蜜的水平。

3 蜂蜜市场值得关注的问题及对策

3.1 国外出口商利用各种手段培养和强化消费偏好

随着人民生活水平的提高，我国已由世界主要蜂蜜生产国和出口国发展成为蜂蜜生产、消费和贸易大国。进口蜂蜜数量和种类丰富，不仅包括具有良好口碑的新西兰麦卢卡蜂蜜、德国黑森林蜂蜜、美国三叶草蜂蜜，还有许多由中国蜂产或土畜产品贸易公司代理的国外蜂蜜产品。由于规模体量大，我国逐步成为各国蜂蜜竞争的重要市场。目前，世界各国的蜂蜜产品标准或法规均依据欧盟2001/110/EC标准和2001年国际食品法典委员会（CAC）的蜂蜜标准设定[6]，部分指标根据本国主要产品种类、产地气候特征和环境、生产和加工流程、检测技术的可操作性和客观性进行微调，总体差别不大[7]。但多数国外出口商利用其不同于我国国产蜂蜜的质量标准和理化指标，开展

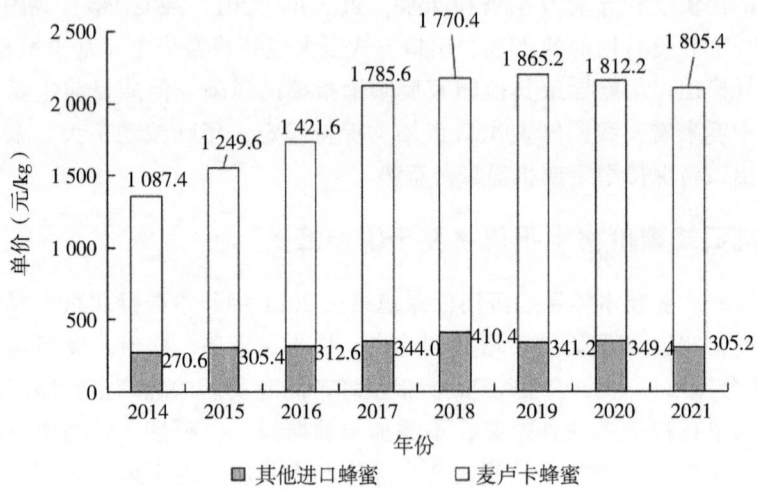

图 2　2014—2021 年中国市场麦卢卡蜂蜜与其他进口蜂蜜单价对比
数据来源：课题组调查

保健功能和产品特性宣传，借助销售地点、柜台、产地、蜜源等因素让消费者建立进口蜂蜜"高品质""保健功能"的心理"预设"，培养和强化消费偏好[8]。

3.2　进口蜂蜜对国内市场冲击有限，但占据了高端消费市场

我国蜂蜜进口量和进口额逐年增加，2021 年进口量为 4 809 t，仅占我国蜂蜜消费量的 1.6%。虽然数量占比不足以造成对国内蜂蜜市场的冲击，但进口蜂蜜的营销策略强化了其高品质和保健功效，与我国国产蜂蜜的消费定位差异明显。根据调查，进口蜂蜜主要销售地点为国内高档商场和超市，一些商场设置了进口品的独立柜台和售卖区域[8]，主要的进口蜂蜜品牌都在京东、天猫等大型电商设有旗舰店。进口蜂蜜的销售目标人群为一、二线城市白领及老年人，瞄准了我国人口老龄化和居民人均医疗保健支出持续提高的商业机会，占据了高端消费市场。近年来，微店、线上销售为蜂农、合作社、企业开辟了多元销售渠道，有利于培养固定消费群体、建立优质优价体系，但企业和进口商的营销活动在资金和专业销售渠道支撑下更为系统、有效。根据调查，近年来进口蜂蜜的理化指标检测有所强化，如一款新西兰麦卢卡蜂蜜产品以往仅使用 MGO（甲基乙二醛）和 UMF（独特麦卢卡因子）中的某一种检测标准，而 2021 年一种产品同时使用了 2 种检测标准。此外，多数进口蜂蜜保质期由最多 3 年延长至 5 年，有效应对了新冠疫情导致进口通关时间较长导致货架期缩短的情况。

3.3 中国蜂蜜分级分类亟待实施

2015年9月中国蜂产品协会发布了《中国蜂产品协会团体标准蜂蜜》[9]（以下简称为"团体标准"）并于2016年3月实施，针对市场的"指标蜜"和"浓缩蜜"设定了理化要求，目的就是要开展市场细分前提下的有针对性的营销策略，通过标准化、可追溯、认证等途径传递更多有关生产环境、蜜源、生产方式的信息，将产品差异转化为比较优势，培育和提高蜂蜜的竞争优势。由于企业会员自愿采用"团体标准"，且缺乏市场宣传和消费者认可，目前仅有十几家企业采用了该标准。从长远来看，我国蜂蜜亟待建立消费者认可的分级分类标准，并通过大众接受的官方标准为蜂蜜质量背书，只有这样才能实现优质优价的差异化市场竞争。

参考文献

[1] 李瑞珍，方兵兵，刘世丽. 世界蜂蜜生产、贸易与消费发展态势分析 [J]. 中国食物与营养，2021，27（8）：15-20.

[2] Ministry for Primary Industries. 2020 Apiculture Monitoring Programme [R]. New Zealand Government，2020.

[3] 高芸，赵芝俊. 我国蜂蜜生产与市场的竞争优势 [R]. 中国农业科学院农业经济与发展研究所研究简报，2019年第2期（总第342期）.

[4] Ministry for Primary Industries. Criteria for Identifying Manuka Honey [R]. New Zealand Government，2017.

[5] Ministry for Primary Industries. General Export Requirements for Bee Products [EB/OL]. (2021-10-27) [2022-4-13]. https：// www.mpi.govt.nz/dmsdocument/26500-Animal-Products-Noti-ce-General-Export-Requirements-for-Bee-Products.

[6] 周金慧，杨术鹏，李熠. 现阶段我国优质蜂蜜产品技术标准的探讨 [J]. 中国蜂业，2018（11）：14-17.

[7] 李坤威，张剑，沈克强，等. 国内外蜂蜜标准对比分析 [J]. 标准科学，2015（4）：67-69.

[8] 高芸，赵芝俊. 进口蜂蜜对我国蜂产品市场的影响 [J]. 浙江农业学报，2020，32（11）：2088-2093.

[9] 杨寒冰. 中国蜂产品协会发布我国蜂业首部团体标准 [J]. 中国蜂业，2015，66（11）：19.

美、德、中三国蜜蜂授粉实施状况比较与启示

方柯钰[1]，孙战利[2]，张社梅[1,3]

(1. 四川农业大学管理学院　成都　611130；2. 德国转型经济农业发展研究所　哈勒　06120；3. 四川省农村发展研究中心　成都　611130)

摘要：蜜蜂授粉是多种虫媒农作物生长过程的必经环节，对于实现农业增产增收、保障食物安全、维护生态系统平衡均有十分重要的意义。本文从蜂产业发展情况、蜜蜂授粉主要做法以及相关政策三个角度，对比分析并评价美、德、中三国的蜜蜂授粉产业发展情况，总结出我国蜜蜂授粉产业发展的启示。研究认为：我国对蜜蜂授粉的需求空间很大，但认识不足，蜜蜂授粉市场的形成需要从转变农民生产意识、加强对蜜蜂授粉和配套技术的研究、增加与授粉相关的农业补贴等方面共同入手。

关键词：蜜蜂授粉；授粉方式；比较分析

自然界85%的开花植物、90%的果树需要靠蜜蜂授粉[1]。除了获得蜂蜜等直接可利用产品外，蜜蜂授粉更多的价值来源于其对农业生产起到的促进作用。与人工授粉相比，蜜蜂授粉能够提高授粉效率、改善果实品质、提高种子后代活力、保障农产品安全等，是实现绿色农业与循环农业的一个重要途径。中国是世界上生物多样性最丰富的国家之一，被子植物的种类占全球数量的10%以上，对蜜蜂授粉功能的利用也具有悠久的历史。然而，中国对授粉生态学的系统研究开始于20世纪70年代，与西方相比起步较晚，虽然近年来发展迅速，但在研究方向上的创新较少，蜜蜂授粉技术的普及程度低[2]。随着中国农业种植结构向规模化、专业化的趋势转变，许多经济作物

基金项目：国家蜂产业技术体系项目（CARS-44-KXJ18）
作者简介：方柯钰，硕士研究生，主要从事农业经济管理研究，E-mail：13684460242@163.com
通信作者：张社梅，博士，研究员，博士生导师，主要从事农业技术经济研究，E-mail：zhangshemei@163.com

如苹果、猕猴桃、梨等的种植面积不断上升,授粉需求增加。人工授粉不仅成本高效率低,而且容易因为授粉不均导致畸果率高,影响产品品质。因此,研究蜜蜂授粉对保护生态平衡、提升农产品质量、促进农业供给侧结构性改革都有十分重要的意义。

在西方发达国家,人们对蜜蜂授粉的研究和利用起步早,对蜜蜂重要性的认识较为充分,配套的授粉技术与蜂具的发展也走在世界前列。美国是世界上最典型的蜜蜂为农作物授粉的国家,包括食品作物、纤维作物和种子作物在内的90余种作物需要依靠蜜蜂授粉,每年授粉价值在150亿~200亿美元[3]。养蜂业在德国更是具有悠久的历史,是一项传统特色饲养业,养殖技术先进,全国高度重视蜜蜂养殖和授粉事业,虽然产业规模不大,但具有严格的法律规范以及成熟的市场。美、德两国的蜜蜂产业在技术传播、功能拓展、有偿授粉等方面都有诸多经验,对于推进我国蜜蜂授粉产业的发展有积极的借鉴意义。

1 美国蜜蜂授粉发展状况

1.1 美国蜂产业基本情况

美国蜂业市场形成于20世纪60年代,蜜蜂最早从欧洲引入,并逐步发展到目前规模庞大且效益良好的产业。有评估数据显示,1989年蜜蜂授粉给美国农业生产增加了约93亿美元的价值,到2003年这个数据增至约153亿美元[4]。作为世界蜂蜜生产大国,美国蜂产业具有机械化、标准化程度高、从业人员专业化等特点。

美国养蜂普遍采用多箱体蜂箱养蜂,一般每群有7个箱体,其中两三个育虫箱,四五个贮蜜继箱,以生产成熟蜜为主。蜂箱的运输和取蜜全面机械化,劳动生产率很高,一人可以饲养1 000群以上。美国职业养蜂人居多,他们养蜂的主要收益是在农作物开花期间为各种作物提供有偿授粉,上一种作物授粉结束后立即转入下一个作物授粉[4],除此之外他们也从事蜂蜜生产、蜂王及笼蜂生产。美国主要的蜂农组织包括美国养蜂联盟(American Beekeeping Federation,ABF)和美国蜂蜜生产者协会(American Honey Producers Association,AHPA)等,这些组织的存在,主要是为了保障蜂农权益、保证蜂蜜品质安全、促进人与自然的和谐。

1.2 蜜蜂授粉的主要做法

现代农业中大量化肥农药的施用以及单一作物的种植模式,导致野生授粉昆虫的无偿授粉难以满足规模化农业生产的需要，再加上美国农场大多地广人稀，劳动力成本高，高度商业化的人工饲养蜜蜂有偿授粉产业因此应运而生。美国蜜蜂授粉采用的模式主要是在花开期由转地蜂场提供服务，这样能够保证有大量充足的蜂群在酿蜜过程中授粉。以杏树为例，1 hm² 的杏树通常需要放置 3~5 群蜜蜂[5]。春季，大部分蜂场会为加州的杏树提供授粉服务，然后不断向北迁移继续授粉或进行产蜜。到了冬季，养蜂人一般将蜂群运转到气候相对温暖的南方，从而让蜂群安全过冬并繁育。一些蜂场会在佛罗里达为黄瓜和南瓜提供授粉服务，或者在佛罗里达、得克萨斯和加利福尼亚州的柑橘园采收蜂蜜。美国蜂农收入的 90% 都来源于转地放蜂提供授粉服务，生产的蜂蜜只是养蜂业的副产品。随着对蜜蜂授粉需求的不断增加，市场上出现了许多蜂业公司、中间商等专业机构，他们主要负责联系蜂农与种植业主，为其拟订合作方案以及对授粉过程进行监督和协调。

1.3 政策导向

美国种植业对蜜蜂授粉的需求非常大。首先，为了鼓励蜂产业的发展，美国从 1950 年开始对蜂产业实行抵押贷款的价格支持政策，蜂农可以用蜂蜜作为抵押品，以当年蜂蜜平均价格的 60%~90% 从政府得到贷款，或是提供给商品信贷公司收购[6]。以杏仁产业为例，美国的杏仁全部产自西海岸的加利福尼亚州，产量占全世界的 82%。加州杏仁种植规模大，并且已发展出世界上规模最大和商业化程度最高的蜜蜂授粉基地[4]。如果没有蜜蜂授粉，杏仁的产量和种植者的收入都将受到严重威胁。其次，美国十分重视蜜蜂等授粉昆虫的保护，几乎所有州都有关于蜜蜂和养蜂的法律。美国养蜂人认为，好的养蜂管理要求蜂群没有病虫害，且蜂箱内有足够的空间让蜂群发展。所以，他们在利用杀虫剂控制病害时，更加倾向于选择低毒高效的药物，而且蜂药销售企业也尽可能向养蜂人提供对蜜蜂和人体安全无害的产品。最后，美国也十分重视对蜂产业和授粉的科研项目支持。位于马里兰州贝尔茨维尔（Beltsville）市的美国农业部蜜蜂实验室是联邦政府的第一个蜜蜂研究室，距今已有 100 多年历史，专门致力于蜜蜂病虫害防治研究以及对各地送检的蜜蜂进行疾病诊断。美国前总统奥巴马也于 2014 年特别设立了授粉昆虫健康项目，致力于调查美国境内蜜蜂和其他授粉昆虫的损失情况，并加以有效保护。

2 德国蜜蜂授粉状况

2.1 德国蜂产业基本情况

德国养蜂业具有悠久的历史,在经历了20世纪的繁荣期后,随着德国三次产业结构的调整和农业经营方式的转变,养蜂业曾一度出现萎缩,但近年来随着整个欧盟对蜜蜂减少和环境问题的高度关注,德国养蜂业又有了新的进展。德国是世界蜂蜜消费第一大国,人均年消费量约为1 250 g,但蜂蜜自给率不足25%,蜂产业需求缺口较大[7]。根据FAO的贸易统计数据,2009—2013年,德国蜂蜜平均年产量为20 000 t,但年平均消费量却达到167 200 t,蜂蜜进口量仅次于美国,位列第二位[8]。

德国养蜂人员主要分为职业养蜂人员和业余养蜂人员,但是与美国不同的是,德国养蜂人员中占比最大的是业余养蜂人员,职业养蜂人员占比不到1/10,但专业蜂场饲养规模较大,总量占全国的45%以上。德国养蜂人员受教育程度普遍较高,大学以上文化程度的从业者占比超过50%。除了养蜂人员外,德国的蜂产业科技体系发展完善,包括蜂业研究所、协会、大学、公司在内的机构形成了联系紧密的信息网络,有利于蜂产业间人才、信息等的流动和交流。此外,德国主要的养蜂专业期刊有《ADIZ》《DieBiene》《Deutsches Bienen Journal》《Imkerei TechnikVerlag》4种。

2.2 蜜蜂授粉的主要做法

与美国相同,欧洲的养蜂生产主要也是用于为农作物授粉,德国全国仅果树一项,每年就要投入约30万群蜜蜂来进行授粉[9]。德国十分重视蜜蜂的授粉功能和生态贡献,"花带计划"就是其中的一个重要表现。花带种植最早是为了解决单一作物面积太大,缺乏生物多样性的问题,后来为了保护蜜蜂,又鼓励在花带中加入蜜源植物。蜂农们依照成型时间的长短对蜜源带进行管理,并运用混作、轮作、休耕等多种手段,既能保证蜜源植物生长旺盛花期延长,还能留存土壤肥力提高蜂蜜品质。随着互联网的发展,德国的有偿授粉产业也引入了共享经济的模式。网络平台(如BEEsharing)等为蜂农和种植户提供了信息交流的平台,双方可以根据自己的实际情况在网站上寻求专业咨询,还可以在网络上对自己需要的服务进行选择,由网站来筛选匹配合适的蜂农和种植户。与传统授粉方式相比,网络手段的引进扩大了蜂群的授粉范围,通过建立长期可靠的合作方式,产量的增长最多可高达60%。

2.3 政策导向

德国非常重视蜜蜂授粉，相关法律法规对蜂产品的规定十分详细和严格。欧盟颁布的 2001/110/EC 和 2014/63/EU 这两个指令是目前欧盟成员国共同遵守的蜂蜜和蜂花粉质量标准[10]。德国对蜂产业的管理在遵循欧盟共同调控的基础上，条件还要再苛刻。如欧盟对蜂蜜含水量的要求是不超过 20%[11]，德国的规定则是要再低 2 个百分点，而国内该项指标在收购环节一般都在 36% 以上[7]。2018 年 4 月，德国支持欧盟的决议，全面禁止在大田种植中使用对蜜蜂有害的新烟碱类杀虫剂，并规定使用过烟碱类杀虫剂的植物或其种子不得再作为蜜源植物进行栽培。同年，德国农业部（BMEL）还规定，农户需要将自己 5% 的可耕种土地作为生态保护重点区域，为保护蜜蜂和其他授粉昆虫，农户可选择将该区域作为种植开花植物的休耕区或种植串叶松香草（*Silphium perfoliatum* L.）[12]。在如此严格的行业规范下，德国也制定有详尽的养蜂农业补贴政策，每年花费约 320 万欧元专项资金用于对蜂农的技术培训、蜜蜂病虫害防治、蜂房的补充、蜂产品检验、产品开发以及市场发掘等，以确保从事蜂产业的农民能有良好的收益[12]。同时，多样的奖励政策也能鼓励农民采取更绿色、生态的种养手段，如种植蜜源植物、参与"花带计划"、减少农药化肥的使用等。

除严格的行业规范及先进的技术开发外，德国各类蜜蜂机构团体也会积极开展多种多样的活动，将蜂产业相关内容融入到教育和生活中。近年来有关团体提出"蜜蜂保护倡议"，通过开展丰富多样的科普教育活动提倡城镇养蜂和休闲养蜂，不仅让青少年从小深入了解蜜蜂知识，而且激发了全民对养蜂事业的热爱，使得近几年德国养蜂人员，尤其是青年蜂农，有明显回升的态势。

3 中国蜜蜂授粉状况

3.1 中国蜂产业基本情况

我国是世界第一养蜂大国，但专业授粉的蜂群数量却很少，不足蜂群总数的 5%[13]。在我国，蜜蜂授粉的经济价值与环境价值还未得到政府和民众的充分认可，蜜蜂授粉相关的产业链尚未形成，基础研究薄弱。目前，我国蜂产业主要是以家庭、个体为养蜂主体，以获得蜂蜜为主要目的，生产规模较小，分散经营，机械化程度低。蜂农的文化程度和组织化程度低，蜂产品从业人员的流动率较高,单个蜂农对新技术的接受度低,导致其抵御自然和市场双重风险的能力较弱。以上情况不仅严重影响我国有偿授粉产业的发展,还导致我国生产的蜂产品质量参差不齐、产品种类单一,精深加工发展滞后,蜂产业整体产业链条较短,我国出口的蜂蜜在国际市场中难以占据有利地位。据了解,2014年德国蜂蜜出口价格平均为6 110美元/t,是中国2 000美元/t的3倍多[14]。而我国从国际市场中进口的蜂产品普遍价格较高,我国蜂产业发展目前还有很大的进步空间。

3.2 蜜蜂授粉的主要做法

我国虽然是一个养蜂大国,我国农民在蜜蜂授粉的问题上还比较保守,大部分种植者对蜜蜂授粉的增产性持怀疑态度,而相信这一说法的人很多也只是依靠野生授粉昆虫授粉和养蜂人在生产蜂产品时的随机授粉,鲜少有人愿意租蜂授粉,有偿授粉收入占养蜂收入的比例很低,甚至是没有。在农业生产中,草莓等设施作物的蜜蜂授粉比例较高;非蜜源露天作物,如苹果、梨等仍以人工辅助授粉为主,且授粉成本涨幅巨大(表1),对农民增收有很大影响。我国目前转地蜂群的数量占总蜂群数的一半左右,但转地的过程缺乏统一指导,全凭蜂农的经验决定放蜂路线和养蜂点,养蜂和授粉过程的协作性差,效率低下。

表1 苹果与三大粮食作物的平均人工授粉成本　　　单位:元/亩

年份	苹果	三大粮食作物
2000	446.41	126.25
2005	604.67	151.37
2010	1 707.20	226.90
2015	3 253.80	447.21
2016	3 369.15	441.78
2017	3 110.96	428.83

数据来源:全国农产品成本收益年鉴。

随着人们对蜜蜂授粉重要性的认识,一些地区也开始尝试蜜蜂授粉技术产业化发展模式。如蜂产业发展较好的浙江省就是利用便利的地理条件,通过"合作社+企业+协会"的中介模式推广蜜蜂授粉并取得了较大成效;以国家蜜蜂授粉专项计划和国家蜂产业技术体系等为平台的授粉网络模式,科研单位牵头带动示范县与示范基地等通过技术委托合同来达到蜜蜂授粉的目的;科技公司与生产营销企业结合的科研生产联合体模式,主要是通过对授粉技术和授粉专业蜂具的研发和推广来达到目的[14]。

3.3 政策导向

对我国蜂产业的发展现状和特点，2010年原农业部陆续出台《关于加快蜜蜂授粉技术推广促进养蜂业持续健康发展的意见》《蜜蜂授粉技术规程（试行）》两个文件，明确指出发展养蜂业是促进农民增收和作物增产的重要手段，并且对授粉蜂群的获得、运输、组织配置、管理等多方面内容提供了详尽的操作程序和要求，对加快推进我国蜜蜂授粉的产业化发展有重大意义。除此以外，我国各地区政府也制定有一些养蜂业的扶持政策，如北京市怀柔区2011年颁布的《蜂产业发展扶持政策》，浙江省对转地放蜂蜂农实施的太阳能设备购置补贴等。

与精准扶贫工作紧密结合是我国蜂产业发展的重要特色。精准扶贫要求运用科学有效程序对扶贫对象实施精确识别、精确帮扶与精确管理，而中国重点扶贫地区与现有中蜂养殖地的重合度非常高，贫困地区普遍生态环境好、蜜源和蜜蜂的质量高，很有发展潜力。并且养蜂不占地，不争粮，不会污染环境，经济效益好，符合2016年5月国家九部委联合印发的《贫困地区发展特色产业促进精准脱贫指导意见》中提到的"发展特色产业是提高贫困地区自我发展能力的根本举措"。目前"中蜂+"扶贫已成为我国产业扶贫的一种重要模式，如四川省平武县的"中蜂+中药材""中蜂+经济水果"模式。

4 三国蜜蜂授粉状况的比较和评价

尽管美、德、中三国在授粉产业的历史沿革和发展模式上不尽相同，但都是世界上重要的养蜂国家，也分别代表了一种典型的授粉产业发展模式（表2）。采用综合评价法对三国授粉产业的产业规模、发展情况以及授粉模式等进行对比，能够帮助我国从业者认识世界蜜蜂授粉产业的发展形势，厘清我国在发展中所存在的问题，为发展我国蜜蜂授粉产业提供一些借鉴。

表2 美、德、中三国蜜蜂授粉情况比较

项目	美国	德国	中国
产业规模	产业规模大，集约化、系统化、科技化	历史悠久，组织化程度高，但产业逐渐萎缩，向多功能发展	养蜂规模大，但个体分散经营，产业正处于上升期
蜂蜜进出口状况	进口量世界第一位	进口量世界第二位，出口量不大	出口量世界第一位，但出口市场份额世界第二位

(续表)

项目	美国	德国	中国
从业人员	职业和业余养蜂人两类	职业和业余养蜂人两类，从业人员受教育水平高，职业养蜂人占比不到5%	以家庭为单位的农户个体经营，以职业养蜂为主
授粉主体	职业养蜂人蜂群	业余养蜂人的蜂群进行授粉	蜂农
授粉作物	果树、油菜等	作物、水果等	油菜、水果、山花等
授粉方式	有偿授粉为主	无偿授粉为主	无偿授粉、人工授粉为主，有偿授粉较少
政策导向	注重动物福利和科学研究，授粉昆虫健康项目	注重生态效益、花带计划、关于授粉的补贴详尽	行业规范偏多，直接支持政策较少
产业特点	机械化程度高，蜂蜜产品纯度高	科技体系完善，重视产业融合与生态效益	"中蜂+"产业扶贫模式

4.1 三国蜜蜂授粉情况比较

4.1.1 相同点

首先，三国的蜜蜂养殖规模和蜂产业从业人员数量在本国农业中所占的比重都很大。虽然三国开展蜜蜂有偿授粉的时间有差异，但授粉作物类型大致是一样的，主要是油菜和常见的蔬菜水果等，农产品对蜜蜂授粉的依赖性都很高。其次，由于在不同程度上受到了 CCD 的影响，三国都需要通过推广有偿授粉来提高蜜蜂数量，维持生态平衡。虽然中国的有偿蜜蜂授粉发展起步较晚，但也像美国与德国一样在发展中探索出了适合自己的产业发展模式，相关帮扶政策和市场都在逐渐完善。

4.1.2 差异点

蜜蜂授粉产业规模化程度不同。美、德两国的蜂产业规模化程度高，从业人员的组织化程度和受教育程度高，有偿授粉已形成了完整的产业链，各主体间联系紧密，相关技术和蜂具设施都很齐全。其中美国更注重大型集约化发展，授粉效率高，德国的经营规模相对较小但专业化程度高。而我国的有偿授粉服务还处于探索阶段，农民还未意识到蜜蜂授粉的生态效益和经济效益，授粉服务市场中仍然是人工授粉占据主导地位，蜂农和种植户间链接松散。并且在对蜜蜂授粉技术的研究以及蜂群管理方面，我国也明显落后于美、德两国。

对蜜蜂授粉的重视程度不同。德国对蜜蜂授粉的重视不仅局限于农作物生产，在对蜂群的管理以及蜜源植物带的规划中也十分看重生态效益，三国之中德国关于蜜蜂的教育宣传也是做得最好的。美国蜂产业虽然没有政府级的管理机构，但法律法规和标准体系健全，相关管理和监督都十分到位，蜂农从事有偿授粉的收入也很可观。2017年，美国蜂蜜价格为4.75美元/kg，授粉带来的收入为435 000万美元，蜜蜂带来的其他收入为163 000万美元[15]。中国由于有偿授粉的概念出现较晚，蜂产业标准体系和监管体系尚未发展，民间蜂业组织的规模也相对较小、影响力不足。虽然近年来政府对有偿授粉的重视程度提高，但由于宣传和补贴不到位，农民对有偿授粉的接受度和购买意愿仍然很低。此外，我国农业中化肥农药的普遍使用对授粉蜂群的授粉效率乃至发育存活都有一定的影响。

美、德、中三国对蜜蜂授粉的补贴力度不同。美国提倡通过科技手段提高蜜蜂数量和授粉率来解决授粉成本高的问题，并且对蜂农有许多补贴与抵押贷款政策。除了欧盟共同农业政策（Common Agricultural Policy，CAP）中的农业补贴，德国国内对种植蜜源植物、采用生态生产方式等都有详尽的补贴，确保农民在严格的监管体系下也能兼顾环保和收益。总体来看，我国目前的养蜂业政策仍以行业规范为多，直接支持政策较少，全国性的直接支持政策只有转地放蜂"绿色通道"政策、蜂机具和蜂种补贴政策[16]，不仅内容零散，支持力度也较低。

4.2 对三国蜜蜂授粉情况的评价

4.2.1 正确认识蜜蜂授粉，因地制宜发展蜜蜂授粉产业

蜜蜂授粉技术的推广不仅能够直接满足人们对优质农产品的需求，而且还能够保护生物多样性，有助于可持续发展。除蜂农的养殖意愿外，果农菜农对蜜蜂的认知也是影响蜜蜂授粉产业发展的重要因素。改革开放以来我国的农业现代化水平不断提高，小农经济粗放的生产经营模式和落后观念的弊端日益显现，如何提高农民对蜜蜂的认识和有偿授粉的支付意愿成为促进授粉产业化发展的重点与难点。

美、德两国除颁布严格的法律法规来开展蜜蜂保护行动之外，也十分注重对国民的基础教育和宣传工作。政府的补贴和扶持政策提高了农民对有偿授粉的支付意愿，各种环保团体的倡议、科普活动提高了群众对蜜蜂授粉的认知和保护意识，二者共同作用推动了产业发展，充分体现了授粉的经济效益和生态效益。美国注重授粉相关的科研工作，通过新技术推广和蜜蜂病害防治有效降低了蜜蜂授粉成本，且美国授粉市场发展成熟，蜂农可以有计划地在多个场地进行授粉作业，经济效益明显。德国倡导休闲养蜂，不仅有助于扩大蜂群总量，也可以改善蜜蜂整体的生存环境。我国有偿授粉产业起步

较晚，技术发展落后，农户普遍认知不足，授粉市场中的供求双方缺乏有效的联结机制，蜜蜂授粉价格远远低于人工授粉（2016年梨树的蜜蜂授粉价格约为人工授粉的1/10），在蜜蜂授粉宣传推广和政策补贴方面还需向美、德两国多加借鉴。

4.2.2 以促进农业可持续发展为前提，保护蜜源带的生物多样性

虽然目前蜂群崩坏综合征的具体原因尚未明朗，但大量研究显示化肥农药的滥用和缺少媒介植物（或花粉）与蜂群的消失有一定联系。现代农业中农作物的种植结构趋向单一化、设施化容易引发野生蜂群的食物链断裂，蜂群的死亡又会直接影响自然状态下植物花粉的传播，最终形成恶性循环。研究表明，降低对农业景观管理的强度有利于维持植物传粉者群落的生物多样性和可持续发展[17]。

为解决上述问题，德国和美国都先后立法禁止一系列对蜜蜂有害的农药的使用，甚至对使用过某些农药的作物的种子都有严格的种植要求，以确保蜜源植物品质。美国和德国都有相似的蜜源植物带种植工程，只要在空闲地种植花期长、花粉足的蜜源植物就能得到补贴，并且实践证明这类举措的推广效果非常好，不仅缓解了当地的蜂群崩坏综合征，还起到了美化环境和提高生物多样性的作用。我国在生态农业方面的规定不如美、德两国严格，但在贫困地区开展的"中蜂+"产业扶贫中也出现了许多将蜜蜂授粉和生态农业相结合的成功尝试。四川省平武县的"平武中蜂+"模式以一级、二级蜜源经济植物为特色开展蜂产品加工与生态旅游并取得了很大成功。其中，一级蜜源（粮油作物、苦荞、金银花等）主要特点是生产周期短，见效快，除采蜜收入外，还可获得作物收入，同时提升环境质量；二级蜜源植物（毛叶山桐子、板栗）3年开花后可作为蜜源和观赏景观，5年后可作为航空用油，具有极大经济价值。三国的授粉产业发展情况都表明：只有拥有健康的蜜源植物和蜜蜂，才能在保持生态系统稳定性的同时实现高效农业生产。

5 政策建议

和发达国家相比，我国虽然在蜂群数量和蜂蜜原料产量上遥遥领先，但在蜜蜂授粉和生产加工技术、养蜂人素质、蜂产业监督规范、蜜蜂基础研究等方面还有很多不足。美国和德国经过多年探索发展出适合本国国情的养蜂模式和有偿授粉产业，面对日益激烈的国际市场竞争以及人民群众日益增长的消费需求，我国蜜蜂授粉产业也需要吸取多方经验，结合自身特色实现创新发展。

5.1 加大蜜蜂授粉的宣传培训力度

政策的落实除了要有强有力的监管体系还需要坚实的群众基础。首先要充分发挥蜂业管理部门的职能，完善全国生态保护宣传教育工作，利用手机、互联网、电视媒体等大众传媒扩大环保教育宣传层面，创新教育宣传形式，帮助群众更好地认识蜜蜂在促进农业生产和保护生态多样性中发挥的重要作用。重点需要落实农村地区的科学种养方法普及，提高农民综合素质，培育新型职业农民。

5.2 推进蜜蜂授粉技术研究和配套服务体系建设

加强对养蜂技术和不同作物蜜蜂授粉技术的基础研究，建立蜜蜂授粉与生态农业的技术支撑体系。加大对授粉技术研究和推广的资金投入，鼓励农民以蜜蜂授粉替代人工授粉，建立专门的蜜蜂授粉合作社与协会，整合个体蜂农的资源为种植户提供专业的授粉服务，不断完善蜜蜂授粉技术的配套服务体系。

5.3 对有利于蜜蜂授粉的种养行为实行补贴

只有蜜蜂授粉带来的收益得到了保障才能吸引更多的人来发展有偿授粉产业。因此要设立对蜂农购买良种蜂群、转地放蜂、有偿授粉等行为的直接支持政策，还可参考德国的"花带计划"建立蜜源植物的种植补贴以及农作物的授粉补贴，充分调动农民积极性，最终实现促进农业增产、保护生物多样性的目的。

5.4 依托"中蜂+"扶贫模式进行优质蜂群和授粉技术研究

中国重点扶贫地区与现有中蜂养殖地有将近90%的重叠。从成功案例来看，利用现有资源促进蜂产业的发展既有利于保护生态环境，又能培养贫困群众的自我发展能力，带动当地经济发展，将经济效益和生态效益有机结合在一起，还可以在一定程度上扭转我国蜂产品良莠不齐、市场占有率低的情况。具体做法包括发挥政府的统筹与主导作用，借助龙头企业在养殖和生产方面的技术和销售优势，结合当地自然资源成立农民合作社对生产工作进行统一管理和监督等。

参考文献

[1] 我国启动蜂业提质专项工程 [J]. 甘肃畜牧兽医, 2018, 48 (5): 8-9.
[2] Ren Z X, Zhao Y H, Liang H, et al. Pollination ecology in China from 1977 to 2017

[J]. Plant Diversity, 2018, 40 (4): 172-180.

[3] 方兵兵, 陈黎红, 霍炜. 美国杏仁生产及蜜蜂为杏树授粉概况 [J]. 世界农业, 2012 (6): 28-32.

[4] 邵有全, 和绍禹. 美国加利福尼亚的中央山谷蜜蜂授粉考察 [J]. 中国蜂业, 2015, 66 (6): 62-65.

[5] 谢鹤. 比较美国蜂业发展特色探讨我国蜂产业发展策略 [J]. 中国蜂业, 2012, 63 (31): 39-43.

[6] 李俏萍. 美国农产品抵押贷款策略及启示 [J]. 中国商论, 2018 (12): 52-54.

[7] 张社梅, 孙战利. 德国特色农业产业发展对中国的启示: 以蜂产业为例 [J]. 浙江农业学报, 2016, 28 (11): 1954-1961.

[8] FAOSTAT. FAO statistics division 2009 - 2013 [DB/OL]. [2018-11-28]. http://www.fao.org.

[9] 李海燕, 王勇, 吴忠高, 等. 蜜蜂产业在国民经济中的作用和产业发展影响因素分析 [J]. 中国农业科技导报, 2007, 9 (5): 58-62.

[10] 孙彩霞, 张志恒, 汤涛, 等. 我国蜂产品出口技术性贸易措施分析 [J]. 浙江农业学报, 2012, 24 (6): 1129-1133.

[11] 叶雪珠, 杨桂玲, 袁玉伟, 等. 我国与欧盟蜂蜜标准比较分析 [J]. 中国蜂业, 2010, 61 (3): 7-10.

[12] Federal Ministry of Food and Agriculture. Biodiversity protecting bees and insects [EB/OL]. [2021-01-14]. https://www.bmel.de/EN/topics/farming/species-diversity/biodiversity-protecting-bees-insects.html.

[13] 兰凤明, 刘福广. 浅谈我国蜜蜂授粉现状、存在问题及应对措施 [J]. 蜜蜂杂志, 2017, 37 (6): 23-24.

[14] 高景林, 赵冬香. 蜜蜂授粉技术产业化的思考 [J]. 中国蜂业, 2018, 69 (10): 45-47.

[15] 李瑞珍. 2017 年美国蜂蜜产情 [J]. 中国蜂业, 2018, 69 (8): 12.

[16] 孙翠清, 赵芝俊. 我国养蜂直接支持政策现状与对策 [J]. 蜜蜂杂志, 2018, 38 (1): 1-4.

[17] Anikó Kovács-Hostyánszki, Rita Földesi, András Báldi, et al. The vulnerability of plant-pollinator communities to honeybee decline: A comparative network analysis in different habitat types [J]. Ecological Indicators, 2019, 97: 35-50.

中国蜂农的养蜂行为呈现空间收缩特征

侯煜庐[1,2]，赵芝俊[1]，董海宾[3]，麻吉亮[1]，高　芸[1]

(1. 中国农业科学院农业经济与发展研究所　北京　100081；
2. 中国农业科学院农业信息研究所　北京　100081；
3. 农业农村部高效牧草生产模式重点实验室，
山西农业大学草业科学学院　晋中　030801)

摘要：养蜂业是与国民经济和人民生计密切相关的重要产业。蜂农的行为对养蜂业的产量、质量和效益有着重要影响。然而，目前尚缺乏对蜂农长期决策变化的系统研究。本文基于面板数据，分析了2009—2020年不同养蜂模式的选择、主要蜜源植物的选择及蜂农迁移流空间的动态变化趋势及相关影响因素。研究结果表明，大转地养蜂模式的比例下降，而定地和小转地养蜂模式持续增加；主要蜜源植物的利用频率下降，养蜂转地流的集中程度提高。2009—2020年，蜂农的行为呈现一定程度的空间收缩，这在很大程度上限制了蜜源植物资源的有效利用。家庭属性、经济状况、养蜂模式及灾害状况直接或间接地影响了蜂农的养蜂决策。本文提出了一系列促进中国蜂产业转型升级的建议，为中国及其他国家蜂产业的可持续发展提供了参考。

关键词：蜂农；转地行为；转地流；空间收缩；影响因素

1 引言

养蜂业是现代农业的重要组成部分，其特点包括投资小、见效快、不占用耕地且无环境污染。大规模蜜蜂授粉还能显著提高作物产量和质量，推动农业的健康化、绿色化和高质量发展[1]。据美国农业部统计，蜜蜂授粉的经

通信作者：高芸，E-mail: gaoyun02@caas.cn

济价值是蜂产品价值的140倍[2]。全球消费者对天然健康食品的需求不断增长，对蜂蜜行业提出了更高的要求。当前全球蜂蜜市场需求巨大，2020年全球蜂蜜总产量达177万t。其中，亚洲、欧洲和北美洲仍是主要的天然蜂蜜生产地区，2020年分别占全球蜂蜜总产量的47.6%、22.0%和19.6%[3]。截至2018年底，全球蜂群数量达到9 226万群，其中亚洲蜂群数量最多，约4 305万群，其次是欧洲和北美，分别为1 896万群和1 168万群[4]。

  进入21世纪以来，全球养蜂格局发生了变化。在科学技术发展和多种因素的共同影响下，大多数发达国家的蜂群数量呈下降趋势，欧洲从蜂群数量最多的大陆降至第三位[5]。

  中国养蜂业历史悠久。关于蜂蜜的最早记载出现在公元前16世纪至公元前11世纪的甲骨文中，这表明中国养蜂业已有3 000年以上的历史。中国是中华蜜蜂（*Apis cerana cerana* Fabricius）的发源地，养蜂业经历了从原始采蜜、传统人工饲养到现代技术引入的阶段。1840年，西方养蜂技术和活动蜂巢技术被引入中国，推动了中国养蜂业的快速发展。然而，1949年前，由于连年战争和灾害，中国养蜂业经历了多次挫折[6]。1949年以后，特别是改革开放以来，中国养蜂业进入快速发展阶段。20世纪80年代，蜂蜜产量年均增长率达11.69%。然而，2010年后10年间，中国养蜂业发展趋于缓慢。这种放缓的原因、特征及主要影响因素尚未得到系统研究。

  中国地大物博，适宜蜜蜂采集的蜜源植物数量多、分布广、花期长和分泌花蜜量多，形成油菜、洋槐、椴树、荆条、向日葵等为蜜蜂源的大宗品种，以及山花、茶花、紫云英等为蜜源的特色品种。受不同地区气候条件、蜜源植物花期的限制，长期以来，形成了定地养殖、小转地和大转地等多种养蜂方式。定地养殖要求当地蜜源植物每年花期在4个月以上，冬季最低温度高于零度，蜂群可以过冬生存；转地养殖可以有效利用全国不同地区和季节的植物蜜源。与当前中国农业生产经营仍然以小农户的家庭经营为主要形式一样，蜂业生产也是以小农户的家庭养蜂为主要形式，而且多数蜂农为养殖数量100群以下的定地和小转地蜂农[1]。蜂农的不同养蜂方式、转地点数量、蜜源植物选择、转地路径流等行为的变化均是影响蜂蜜产量、质量和效益的重要因素。在过去10年中，蜂农转地养蜂行为及转地流发生了什么样的变化？这种变化如何影响蜂产业的发展？气候变化和社会经济发展等因素如何影响蜂农的养蜂行为？如何系统研究和建立高效可持续的蜂产业促进政策？这些问题均需要开展深入研究，为进一步促进未来蜂产业的高质量发展提供依据和科技支撑。

  近年来，农民行为研究成为农业经济管理研究的热点领域。已有研究主要集中在农民的生产、消费、新技术采用、风险规避等方面[7-9]。然而，关于蜂农生产行为的研究相对较少，尤其是长期系统性研究尚属空白。基于此，本文以2009—2020年国家蜂产业技术体系的固定样本数据为基础，系统分析了蜂农养蜂决策变化及其影响因素，旨在为中国养蜂业转型升级提供科学依据和政策建议。

2 研究方法

2.1 数据筛选与整理

2.1.1 样本选择

本研究所使用的基础数据来源于国家蜂产业技术体系固定样本养蜂户的持续跟踪调查数据。自2009年以来，国家蜂产业技术体系蜂业经济研究组对全国10余省的固定样本养蜂户进行了其养蜂生产信息的年度跟踪调查。参与调查的省份包括浙江、山东、江西、河南、云南、四川、广东、湖北、北京、吉林、山西、甘肃和海南。由于各省在调查过程中不统一和蜂农变化等情况，导致一些省份的蜂农户清单在前后期调研中变化较大。为了聚焦养蜂行为的长期变化，本研究尽可能筛选了2009—2020年连续12年接受调查的固定样本养蜂户，选择调查时间长且信息较为详细的样本作为研究对象。

2.1.2 信息整理

对每户蜂农跟踪调研的信息整理内容：①蜂农家庭属性；②蜂农养蜂生产信息，包括养蜂起始年、家庭养蜂人口数、家庭成员养蜂投入总工日、养蜂雇工人数、雇工天数、春繁前中蜂总群数、春繁前意蜂总群数、蜂蜜产量、养蜂纯收入、总成本等；③蜂农转地养蜂信息，包括养蜂方式（定地、小转地、大转地）、离家放蜂天数、去的蜜源点数、所用蜜源植物、转地地点经纬度信息等；④相关的自然及社会经济因素，包括养蜂纯收入占家庭全部纯收入比、蜂农收入在村里所居水平、是否受自然灾害或药害、是否参加合作社等。

2.2 研究方法

基于蜂农固定观测点连续跟踪调研数据的基础信息情况，本研究的蜂农转地生产行为包括转地行为、蜜源植物利用行为、转地路径流空间行为等三方面。转地行为指定地养殖、小转地和大转地三种行为方式；蜜源植物利用行为指养蜂农户在定地和转地养蜂中主要利用的蜜源植物；转地路径流空间行为则是养蜂农户转地路径的群体空间行为。通过对上述三方面养蜂农户行为变化的研究，系统揭示过去 10 多年中国养蜂产业变化的原因和机制。

2.2.1 蜂农转地行为研究

利用 Excel 透视表统计 2009—2020 年不同养蜂模式（定地、小转地、大转地）的频数及蜜源植物访问数量，分别绘制折线图，可视化显示养蜂农户在过去 10 多年放蜂方式的变化趋势。此外，基于有序多分类 Logistic 回归模型，分析影响养蜂模式选择的相关因素，包括家庭属性、经济状况及灾害影响等。

考虑到定地、小转地、大转地等三种放蜂方式以及逐年去了几个蜜源点都是有序多分类变量，因此采用有序多分类 Logistic 回归分析[10-12]。具体回归分析的表达式如式（1）和式（2）所示。其中 k 表示养蜂户的放蜂方式有 k 个分类，各分类的概率表示为 π_1，π_2，π_3；β_i 表示方程的回归系数，反映各影响因素对放蜂方式选择的影响。

$$Logit_1 = \ln\left(\frac{\pi_1}{1-\pi_1}\right) = \beta_0^1 + \sum_{i=1}^{P} \beta_i x_i \quad (1)$$

$$\vdots$$

$$Logit_{k-1} = \ln\left(\frac{\pi_1 + \pi_2 + \cdots + \pi_{k-1}}{1 - \pi_1 - \pi_2 - \cdots - \pi_{k-1}}\right) = \beta_0^{k-1} + \sum_{i=1}^{P} \beta_i x_i \quad (2)$$

相关影响因素包括蜂农家庭属性、养蜂投入、经济状况、灾害情况以及加入合作社情况等，如表 1 所示。

表 1 影响因素指标

变量名称	变量代码	变量定义
放蜂方式	q143	定地或转地的不同养蜂方式（1=定地；2=小转地；3=大转地）
转地蜜源点数	q32	蜂农转地养蜂去的蜜源点数（点）
户主年龄	age	养蜂当年户主年龄（岁）
户主受教育程度	a3	户主接受正规教育的年限（年）
放蜂起始年	a4	该户开始养蜂的年（年）
家庭人口数	a5	人口数（个）
家庭养蜂人口数	a6	人口数（个）
家庭成员养蜂投入总工日	A7	家庭成员年投入养蜂的总天数（天）
养蜂雇工人数	a12	年养蜂雇工人数（个）
雇人合计投工天数	a13	年养蜂雇工的天数（天）

(续表)

变量名称	变量代码	变量定义
养蜂纯收入占家庭全部纯收入比（%）	a14	蜂农养蜂纯收入占家庭全部纯收入的百分比（%）
蜂农收入在村里什么水平	a15	蜂农收入在村里处的水平 (1=下等；2=中下；3=中等；4=中上；5=上等)
灾害发生	hazard	灾害发生的总和
自然灾害发生与否	r1	自然灾害（0，1）
药害发生与否	r2	药害（0，1）
是否加入了合作社	n0	是否加入了合作社或协会（0=没加；1=加了）

注：利用 stata 16.0 对数据进行有序多分类 Logistic 回归，然后进行结果分析。

2.2.2 蜜源植物利用频率的变化及影响因素研究

采用 Excel 数据透视表统计 2009—2020 年选择养蜂农户逐年利用蜜源植物的频数，绘制折线图，可视化显示养蜂农户在过去 10 多年利用蜜源植物频次的变化趋势。

考虑到不同年份不同蜜源植物出现频次的特点，采用有序多类 Logistic 回归分析进行分析。

相关影响因素变量亦如表 1 所示。

2.2.3 蜂农转地路径流空间变化及影响因素研究

在分析作为个体的放蜂农户转地特征的基础上，可以采用流空间分析方法从聚合的角度对放蜂农户转地变化特点进行分析。流空间概念是 1989 年 Manuel Castells 在《The Informational City：Information Technology, Economic Restructuring, and the Urban-Regional Progress》一书中首次提出的，之后，在《The Rise of the Network Society》一书中他进一步给出了流空间定义，认为流空间是通过流动而运作的共享时间之社会实践的物质组织[13]。当前，流空间研究已是城市、乡村、交通、运输、旅游等时空变化行为研究的一个新的研究视角和方法[14-15]。迄今，在蜂农转地行为方面尚未见从流空间角度研究的报道。

本部分具体研究步骤和方法如下：

（1）转场地点的地理坐标标记。在筛选有转地信息放蜂农户信息的基础上，对放蜂农户转地点的具体经纬度进行逐一标记，尽量标记到县的中心坐标值。

（2）GIS 可视化转地点和路径。从 2009—2020 年，在 GIS 上绘制每一年的蜂农转地路径图，可视化地查看蜂农转地的年度间变化特征。

(3) 流聚类分析。依据标记的不同蜂农转地流的坐标点信息,进行非监督学习的流聚类分析。考虑到流可以用方向线段表示,在测量流之间的空间相似性时主要考虑三个原则(XIN YAO et al.,2018):(a)流在空间上彼此接近;(b)流方向近似相等;(c)流长度相似。参考Tao 和 Thill(2016)引入的利用空间统计方法检测流量数据中聚类的方法,绘制两个蜂农转地流之间的空间位置示意图,如图1所示。

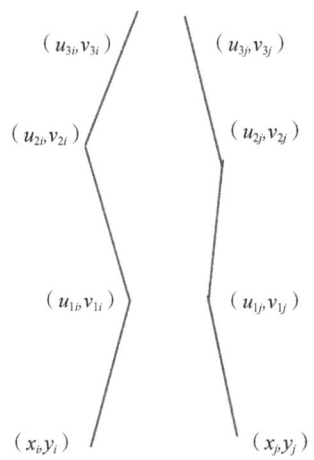

图1 两户蜂农转地路径流示意图

考虑到蜂农一年内需要进行多次转地,转地目的地可能有多次。假定转地 n 次,根据欧氏距离定义计算不同转地路径流之间的空间距离,计算公式如公式(3):

$$FD_{ij} = \sqrt{(x_i - x_j)^2 + (y_i - y_j)^2 + \sum_{k=1}^{n}[(u_{ki} - u_{kj})^2 + (v_{ki} - v_{kj})^2]} \quad (3)$$

式中,FD_{ij} 是某一年第 i 户蜂农的转地路径流和第 j 户蜂农的转地路径流的空间距离;x_i、y_i 和 x_j、y_j 分别是第 i 户蜂农和第 j 户蜂农一年起始点经纬度坐标;u_{ki}、v_{ki} 和 u_{kj}、v_{kj} 分别是第 i 户蜂农和第 j 户蜂农转地目的点的经纬度坐标,其中 $k=1$ 到 n 代表不同的第1到第 n 个转地目的点。

再根据某一年不同蜂农转地流之间的欧氏空间距离,利用stata 16.0进行不同年蜂农转地流的聚类分析。

(4) 流空间分析。根据逐年流聚类分析的结果,对标记在GIS上的转地流再进行分组分颜色标记,进一步分析2009—2020年蜂农转地流的空间基尼系数等变化。

基尼系数反映转地流分布的均匀度,计算公式如公式(4):

$$H = -\sum_{j=1}^{N} P_j \ln P_j, \quad H_m = \ln N, \quad Gini = \frac{H}{H_m}, \quad C = 1 - Gini \tag{4}$$

式（4）中：P_j 为第 j 个转地路径聚类通道的转地规模占所有养蜂转地户总量的比重；N 为转地路径聚类通道的数量；C 为分布均匀度。$Gini$ 的值介于 0 和 1 之间，值越大表明集中程度越高，空间上分布越不均衡。

（5）流空间变化的原因分析。从区域大尺度角度，探讨引起蜂农转地流空间变化的原因，包括蜂农家庭属性、区域蜜源植物变化、灾害情况、社会经济情况等。

3 结果分析

3.1 描述性统计

蜂农家庭主要指标的数据如表 2 所示。蜂农家庭户主普遍年龄偏老，平均年龄 53 岁，受教育程度大多数是中学，总的来说受教育程度比较低。转地养蜂的到访的蜜源点数也较少，平均是 2.34 个点。蜂农养蜂收入占家庭收入比平均为 74.3%，表明蜂农专业从事养蜂的比例较高。

表 2 主要变量数据描述

变量名称	变量代码	均值	标准差
放蜂方式	q143	2.12	0.89
转地蜜源点数	q32	2.34	2.22
户主年龄	age	52.85	10.84
户主受教育程度	a3	8.5	2.20
放蜂起始年	a4	1 987.8	10.79
家庭人口数	a5	3.76	1.44
家庭养蜂人口数	a6	1.83	0.66
家庭成员养蜂投入总工日	A7	427.07	236.31
养蜂雇工人数	a12	0.45	1.53
雇人合计投工天数	a13	43.62	155.41
养蜂纯收入占家庭全部纯收入比（%）	a14	74.30	31.00
蜂农收入在村里什么水平	a15	3.23	0.82
灾害发生	hazard	0.00	0.00
自然灾害发生与否	r1	0.40	0.49
药害发生与否	r2	0.17	0.43
是否加入了合作社	n0	0.72	0.45

3.2 养蜂模式的变化及影响因素

统计2009—2020年不同年份各种放蜂方式的变化分布，即计算不同放蜂方式户数占每年统计户数的比例，结果如图2所示。可以看出，2009—2020年，放蜂方式有明显变化。大转地方式呈明显下降趋势，而定地和小转地呈上升趋势，定地和小转地有近平行变化的趋势。总的来说，从所占比例来看，大转地>定地>小转地，后期大转地和定地有趋同趋势。

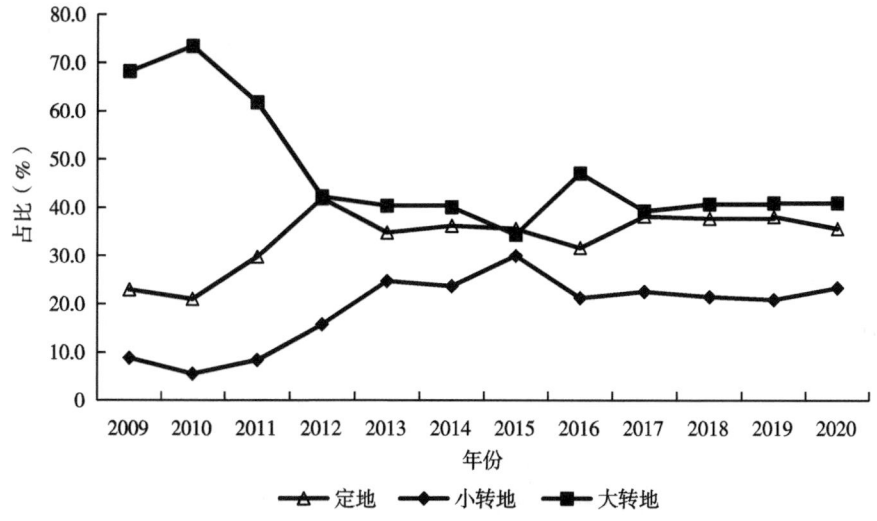

图2 2009—2020年蜂农养蜂方式占比变化

统计2009—2020年每年不同放蜂农户去了几个蜜源点，结果如图3所示。可知：定地呈明显上升趋势，去5个蜜源点的蜂农户也呈上升趋势；而其他系列则主要呈下降趋势。

基于有序多分类 logistic 回归模型式（1）和式（2），应用 Stata 16.0 软件对影响放蜂农户放蜂方式变化的因素进行分析。结果显示（表3）：①蜂农户主和家庭属性对放蜂方式有显著影响。户主年龄、户主受教育程度、放蜂起始年与转地养蜂呈显著负相关，年龄越大和受教育程度越高越倾向于定地养蜂或小转地养蜂；家庭人口数对放蜂方式没有显著影响，但家庭养蜂人口数与转地养蜂呈显著正相关，表明家庭养蜂劳动力资源是转地养蜂的重要条件和支撑，雇工人数多少也是促进蜂农转地养蜂的条件。②蜂农养蜂纯收入占家庭全部纯收入的比重与转地养蜂呈正相关，占比越大，越倾向于转地养蜂，但蜂农收入在村里居什么水平与放蜂方式没有显著影响，是否加入合作社与放蜂方式也没有显著关系。③各种灾害总体发生情况与放蜂方式没有显著影

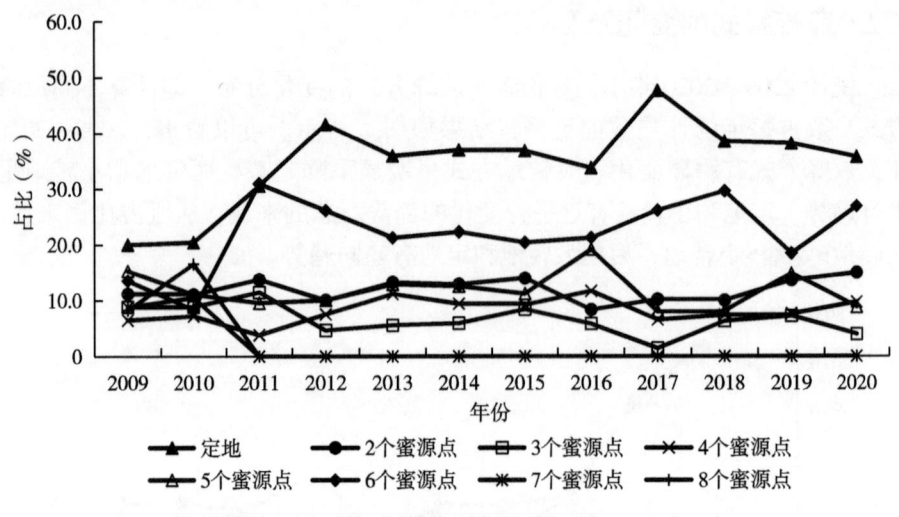

图3 2009—2020年放蜂农户去蜜源点数占比变化

响,但具体来说,自然灾害发生与否与转地养蜂呈显著负相关,药害发生与否与转地养蜂呈显著正相关。

对定地和去了几个蜜源点的影响因素进行分析,与放蜂方式分析结果很相似(表3)。①蜂农户主和家庭属性对放蜂点数有显著影响。户主年龄、户主受教育程度、放蜂起始年与转地养蜂点数呈显著负相关,年龄越大和受教育程度越高越倾向于定地养蜂或少转地养蜂;家庭人口数和养蜂人口数对放蜂蜜源点数都没有显著影响,但家庭成员投工日数与转地养蜂蜜源点数呈显著正相关,雇工人数多少与蜜源点数呈正相关,雇工天数与蜜源点数的关系不显著。②蜂农养蜂纯收入占家庭全部纯收入的比重与转地养蜂蜜源点数呈现极显著相关性,蜂农收入在村里居什么水平与放蜂蜜源点数呈显著正相关,蜂农的相对经济水平对其采蜜行为有显著影响。是否加入合作社与转地点数也没有显著关系。③药害发生与转地养蜂蜜源点数呈显著正相关。

表3 放蜂方式和蜜源点数回归结果

指标	代码	放蜂方式	蜜源点数
年龄	age	-0.0785** (-14.76)	-0.0768** (-15.58)
户主受教育程度	a3	-0.0656** (-3.52)	-0.0517** (-2.96)
放蜂起始年	a4	-0.0341** (-7.23)	-0.0340** (-8.77)
家庭人口数	a5	-0.004 (-0.14)	-0.0250 (-0.91)
家庭养蜂人口数	a6	0.1650* (2.04)	0.1169 (1.58)

(续表)

指标	代码	放蜂方式	蜜源点数
家庭成员养蜂投工总日数	a7	0.0028** (11.61)	0.0024** (11.92)
养蜂雇工人数	a12	0.0617 (1.61)	0.0319 (1.23)
雇人合计投工天数	a13	0.0006 (1.56)	0.0016** (5.23)
养蜂纯收入占家庭全部纯收入比例	a14	0.0183** (12.61)	0.0184** (13.27)
蜂农收入在村里是什么水平	a15	0.0589 (1.22)	0.0880* (2.02)
是否加入合作社	n0	−0.1303 (−1.45)	0.0367 (0.47)
总灾害发生	hazard	−0.1599 (−1.48)	−0.0942 (−0.99)
自然灾害发生与否	h1	−0.2793** (−2.70)	−0.0219 (−0.24)
药害发生与否	h2	0.4448** (3.94)	0.4994** (5.24)

注：**、*分别表示1%、5%显著性水平；括号内数字为z值。

3.3 蜜源植物利用的变化及影响因素

2011—2020年，三种主要蜜源植物（油菜、洋槐、荆条）的利用频率呈下降趋势，其中洋槐的波动幅度最大。而椴树、柑橘、杂花+山花的利用频率则呈现弱增长趋势（图4）。

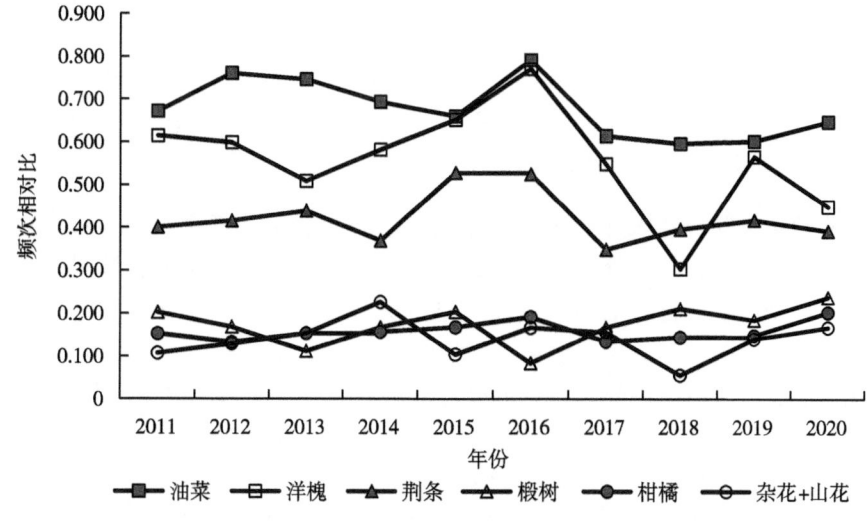

图4 2011—2020年主要蜜源植物每年采蜜频次占比变化

依据不同年份不同蜜源植物出现频次，建立有序多分类logistic回归模型，应用Stata 16.0软件对影响放蜂农户选择不同蜜源植物的因素进行分析，结果见表4。

表4 蜂农选择不同蜜源植物养蜂的影响因素分析

指标	代码	蜜源植物					
		油菜	洋槐	荆条	椴树	柑橘	杂花+山花
省份	prov1	-0.092*	-0.379**	-0.365**	0.016	-0.029	0.356**
性别	a1	1.254	0.449	1.227	-1.011	12.698	14.718
年龄	age	-0.029**	0.030**	0.028**	0.024*	0.001	-0.016
户主受教育程度	a3	0.001	0.109**	0.110**	0.072	0.114**	0.107*
放蜂起始年	a4	-0.020*	0.026**	0.045**	-0.004	0.018	-0.004
家庭人口数	a5	-0.029	0.020	0.046	-0.542**	-0.147*	0.114
家庭养蜂人口数	a6	0.084	-0.329**	-0.202	0.795**	-0.367*	-0.196
家庭成员养蜂投工总日数	a7	0.001	0.001*	0.000	-0.002**	0.001**	-0.000
养蜂纯收入占家庭全部纯收入比例	a14	0.007**	0.005*	-0.008**	0.011**	-0.003	0.003
蜂农收入在村里是什么水平	a15	0.215**	0.011	-0.037	0.092	-0.076	-0.129
放蜂方式	q143	1.249**	2.825**	1.745**	1.407**	1.808**	1.250**
离家放蜂天数	q31	0.007**	-0.001	-0.001	-0.002	-0.003**	-0.001
去了几个蜜源点	q32	0.723**	0.635**	0.216**	0.117	0.104	0.354**
是否加入合作社	n0	-0.140	0.323**	0.258*	0.588**	0.288	-0.102
总灾害发生	hazard	-0.209	0.159	-0.031	0.139	0.323	0.066
自然灾害发生与否	r1	-0.340*	0.070	0.295*	-0.733**	0.519**	-0.045
药害发生与否	r2	-0.812**	-0.100	0.214	-0.994**	1.029**	0.378*

注：**、*分别表示1%、5%显著性水平。

从表4可知，蜂农的省份、家庭属性、经济状况、养蜂方式、灾害情况等对不同蜜源植物的选择均有不同的影响。蜂农对大多数蜜源植物的选择受省份的显著影响，但对椴树和柑橘的选择无显著影响。户主年龄对油菜的选择有显著负影响，对洋槐、荆条、椴树的选择有显著正影响，对柑橘和杂花+山花无显著影响。户主受教育程度显著影响对洋槐、荆条、柑橘、杂花+山花的选择，且都是正相关影响，但对油菜、椴树的影响不显著。转地放蜂方式对全部六种蜜源植物的选择均有显著正影响。转地蜜源点数与大多数蜜源植物的选择有极显著正相关关系。是否加入合作社对洋槐、荆条、椴树的选择有显著影响，但对油菜、柑橘、杂花+山花的选择无显著影响。养蜂纯收入在家庭收入中的占比显著影响对油菜、洋槐、荆条、椴树的选择，但对柑橘、杂花+山花的选择没有显著影响。蜂农收入在村里的水平只显著影响对油菜的选择，对其他蜜源植物无显著影响。自然灾害和药害发生显著负影响对油菜、椴树的选择，显著正影响对柑橘的选择。

3.4 蜂农转地路径流空间变化及原因

3.4.1 放蜂农户转地路径流聚类分析

蜂农转地路径流聚类分析（表5）表明，2009—2020年转地路径流呈波动聚集的趋势。2009—2012年聚类数呈现多—少—多的年际间变化，2013—2017年连续几年聚类数相对较少，而2018—2020年聚类数连续相对较多，保持在4~5类。

表5 不同年份转地路径流聚类数、各类占比及 $Gini$ 系数

年份	聚类数	各类占比（%）					$Gini$
		Ⅰ	Ⅱ	Ⅲ	Ⅳ	Ⅴ	
2009	4	30.95	27.38	23.81	17.86		0.986
2010	5	30.61	25.51	19.39	14.29	10.20	0.957
2011	3	55.78	22.45	21.77			0.904
2012	4	50.00	17.61	13.38	11.27	7.75	0.849
2013	3	46.03	28.57	25.40			0.968
2014	3	52.17	26.96	20.87			0.928
2015	3	52.81	23.60	23.60			0.927
2016	3	38.79	38.79	22.41			0.974
2017	3	64.86	18.02	17.12			0.812
2018	4	66.96	16.52	8.70	7.83		0.705
2019	4	39.32	30.77	15.38	14.53		0.936
2020	5	42.73	17.27	17.27	16.36	6.36	0.896

从各年基尼系数来看，总体基尼系数是比较高的，反映路径流的集中度较高，年际间亦呈现波动变化的趋势，2013—2016连续几年保持高的基尼系数，之后又在持续波动。

3.4.2 蜂农转地路径流空间分析

基于不同年份转地养蜂农户转地地点的经纬度信息，绘制转地路径流的GIS图，并根据转地路径流聚类结果绘制了用不同颜色标记的转地路径流的GIS图。从GIS图可以看出，不同年份之间聚类的路径流空间变化较大，总体上呈现波动性的空间减缩趋势。

过去10多年蜂农家庭转地流的变化主要与蜂农家庭劳动力数量、转地运输成本及灾害发生情况（包括自然灾害和药害）有关。

4 讨论与结论

基于连续跟踪调查数据的分析，2009—2020年中国蜂农的养蜂行为呈现一定程度的空间收缩特征。具体表现为：大转地放蜂模式的比例下降，而定地和小转地模式的比例增加；采蜜的主要蜜源植物利用频次减少；放蜂路径流集中度增加。这些现象表明，21世纪10年代中国蜂农在利用资源的放蜂空间上是呈收缩趋势的。蜂农转地利用资源的空间收缩代表性地印证了21世纪10年代中国蜂业生产发展缓慢的过程。

从放蜂方式和蜜源点数回归分析来看，蜂农的家庭属性指标、经济收入情况、是否发生自然灾害或药害等对蜂农放蜂方式的变化都有显著影响。蜂农的年龄与转地方式变化显著负相关，年龄越大越倾向于定地和小转地。随着从事养蜂农户的年龄增大，采用大转地方式的农户比例下降。养蜂收入结构对放蜂方式有显著影响，养蜂纯收入占家庭全部纯收入比例越高，采用大转地方式的比例越大，而随着蜂农收入渠道拓宽和兼业收入比例增加，采用定地和小转地方式的比例增加。灾害发生也是显著影响放蜂方式变化的因素。

2009—2020年三大主要蜜源植物（油菜、洋槐、荆条）的采蜜频次呈下降趋势，一方面与主要蜜源植物的分布、规模及泌蜜质量有关，另一方面与蜂农转地方式变化有关。过去10年中，全国主要农业生态区油菜种植面积呈下降趋势[16]，气温、相对收益比、种植政策等均有一定的影响。据国家林业和草原科学数据中心统计，2009—2013年中国各地洋槐分布面积达320万hm^2，主要分布在陕西、山西、辽宁、甘肃、山东、河南、河北等省。洋槐分布面积逐年变化不大，但不少地区呈过熟刺槐林质量衰退状况堪忧，加上一些地区气候反常，冷、旱、涝频繁，使蜜源流蜜受到影响。受干旱、低温、多雨影响，辽宁刺槐多年严重歉收或绝收[17-18]。荆条、椴树等也受到类似影响。这些变化不可避免地影响了蜂农对蜜源植物的采集选择。

对蜂农转地放蜂路径流空间研究表明，蜂农转地路径流集中度很高，且在过去10年中转地路径流聚类数和基尼系数呈波动中集中度增强的趋势，说明蜂农放蜂行为呈现空间集中的趋势。这种趋势对合理地利用全国不同区域的蜜源资源并非是有利的。因此，一方面，在转地放蜂集中区，需要重点加强蜜源植物源地的建设和保护，扩大蜜源植物源地的面积，改善蜜源植物泌蜜质量，减少自然灾害和人为药害的风险，提高采蜜效率和效益；另一方面，需要采取多种措施，鼓励和支持蜂农更多地采用大转地方式，有效提高非集中区蜜源植物的利用率。

从全球来说，20世纪养蜂业发展迅速，而进入21世纪，世界蜂群发展减缓。亚洲、非洲蜂群数量呈上升趋势，而以欧洲为主的发达国家蜂群数量日益下降[19]。2019年欧洲大部分地区的蜂蜜收成不佳。法国养蜂人当年蜂蜜产量仅仅超过20世纪90年代季节性正常产量的1/4，意大利养蜂人2018年蜂蜜产量下降了50%，西班牙蜂蜜产量自2015年以来持续歉收。气候变化是主要的影响因素，整个欧洲大陆都在发生混乱的天气事件，另外杀虫剂等药害也被认为是重要的诱导因素[20]。21世纪初开始的欧洲养蜂业的萎缩现象与21世纪10年代中国养蜂业的收缩趋势似有一定的联系，因此需要进一步加强全球化养蜂行为和产业发展的对比研究。

5 政策启示

上述研究结果对于如何进一步加快蜂业高质量发展具有重要的启示意义。第一，需要尽快启动不同层级的年轻后备养蜂人培训和发展计划，加强年轻养蜂人吃苦敬业精神的培训，加强对年轻养蜂人专业知识和技能的培训，尽快实现养蜂业年轻化、知识化、专业化的转型。第二，为了促进大转地方式的维持和蜜源植物资源的高效利用，需设立蜂农转地补助专项支持资金，向符合条件的蜂农或合作社提供启动运营经费。第三，有计划地实施蜜源植物源地的生态保护奖励制度，为保护和维护蜜源植物的地区提供资金奖励，激励农民和社区积极参与生态保护，促进蜜源植物的生态恢复，增加蜜源植物的供应量。第四，建立绿色安全养蜂补贴政策，鼓励蜂农采用环保、无农药的养蜂方式，增强蜂农抵御自然灾害、药害等灾害的能力。第五，建立市场化的养蜂保险制度，有效管控蜂农养蜂风险，有效提高农作物及果树有偿授粉的规模和效益。通过这些政策的建立和实施，综合提升蜂农养蜂业的技术水平和效率，促进中国蜂业的可持续发展。

同时，加强世界养蜂业的发展对于应对全球气候变化、缓减世界粮食安全危机、促进人类健康、共建世界命运共同体均具有重要意义。养蜂业是一个世界性的朝阳产业，也是一个潜在价值远大于市场价值、可以产生百倍乘数效益的支柱产业。在发展中国家，养蜂业与发达国家有较大差距，潜力很大，应该从人才队伍建设、蜜源植物保护和利用、养蜂补贴和保险等方面加强本国和地区的养蜂业发展。在养蜂业发达国家，需要加强应对气候变化技术的研发以及新技术和传统技术的耦合，实现现代养蜂业的新突破。

参考文献

[1] 高芸,赵芝俊.我国养蜂业发展的战略定位与对策建议:基于产业内外部效应的视角[J].农业现代化研究,2021,42(3):390-397.

[2] Levin M D. Value of bee pollination to United States agriculture[J]. Am. Bee J.,1984,124:184-186.

[3] FAO. Statistical Yearbook of World Food and Agriculture[R]. FAO:Rome, Italy,2022.

[4] FAO. Statistical Yearbook of World Food and Agriculture[R]. FAO:Rome, Italy,2019.

[5] Xu M, Chen L, Wu J, et al. The 21st century:World beekeeping development[C]. Abstracts of the proceedings of the second national conference on bee science and technology and bee industry development in the 21st century. Beijing, China, 2016:45. DOI:10.26914/c.cnkihy.2016.004611.

[6] 李海燕.中国蜂产业发展的历程与现状分析[M]//中国蜂业经济研究(第一卷).赵芝俊等.北京:中国农业科学技术出版社,2013.

[7] 郭芬,金建君,张晨阳,等.农户保护性耕作技术采纳行为及其影响因素研究综述[J].地理科学进展,2022,41(11):2165-2177.

[8] 贺蕾,弓嘉悦.农户道德风险行为及规避措施研究综述[J].商业经济,2021(12):108-112.

[9] 陶嘉诚.农户技术采纳行为影响因素研究的综述[J].农村经济与科技,2020,31(12):239-240.

[10] 薛薇.基于SPSS的数据分析[M].北京:中国人民大学出版社,2017.

[11] 崔璐,岳书铭.基于有序多分类回归模型的贫困户贫困程度影响因素分析[J].农村经济与科技,2019,30(5):143-146.

[12] 潘慧玲,陈洪昭.农户生态行为抉择的影响因素研究[J].现代农业科技,2022(11):182-187.

[13] Castells M. The Rise of the Network Society[M]//The Information Age:Economy, Society, and Culture. New York:Blackwel,1996,1:407-459.

[14] 杨延杰,尹丹,刘紫玟,等.基于大数据的流空间研究进展[J].地理科学进展,2020,39(8):1397-1411.

[15] 戢晓峰,戈艺澄,陈方.基于公路交通流大数据的节假日旅游流时空分异特征——以云南省2017年7个节假日为例[J].旅游学刊,2019,34(6):37-47.

[16] 贺亚琴.气候变化对中国油菜生产的影响研究[D].武汉:华中农业大学,2016.

[17] 孙哲贤.近年来东北、内蒙古蜜源流蜜情况及影响蜜源流蜜因素分析[J].养蜂科技,2005(6):25-26.

[18] 陈渊.2016年洋槐花期欠收原因的探讨［C］//中国养蜂学会,中国农业科学院蜜蜂研究所.二十一世纪第二届全国蜂业科技与蜂产业发展大会论文集摘要,2016:105-107.

[19] 陈黎红,张复兴,吴杰,等.欧洲蜂业发展现状对中国的启示［J］.中国农业科技导报,2012,14(3):16-21.

[20] 李瑞珍.欧洲蜂蜜歉收［J］.中国蜂业,2020,71(7):12.

产业篇

农产品区域公用品牌创建与维护机制研究
——新西兰麦卢卡蜂蜜案例的经验与启示

高 芸，赵芝俊，张 鸾，谢崇鑫

(中国农业科学院农业经济与发展研究所 北京 100081)

摘要：实施农业品牌战略是促进农业规模化、产业化、标准化和市场化的重要手段，也是适应消费升级和全球化竞争的迫切需要。由于农产品品质、产业规模、成本收益等竞争要素与自然资源禀赋和产品特性紧密相关，以区域品牌创建和维护为抓手开展优势资源保护、促进产业集聚、开展从生产到销售的全链条标准化控制尤为重要。本文以新西兰麦卢卡蜂蜜为案例，梳理了其利用独特成分的科学发现形成科学产品标准体系和全过程监管的品牌发展历史。研究发现：麦卢卡品牌创建经验可归纳总结为TSCP发展机制、公私部门合作发展机制和市场互动发展机制。TSCP发展机制有利于针对品牌发展不同时期因题施策；公私部门合作发展机制将市场主体与政府、科研院所、行业协会等非市场主体组织起来协同合力，有助于综合资源禀赋和竞争优势等因素科学定位目标市场；市场互动发展机制通过建立生产与市场的信息互通渠道，及时发布权威信息，可提高品牌市场认可度。

关键词：区域公用品牌；发展机制；麦卢卡蜂蜜

基金项目：国家蜂产业技术体系（CARS-44-KXJ18）
作者简介：高芸，博士，研究员，研究方向为农业经济理论与政策，E-mail：gaoyun02@caas.cn；张鸾，河北石家庄人，硕士研究生，研究方向为蜂业经济，E-mail：421296818@qq.com；谢崇鑫，硕士研究生，研究方向为农业经济理论与政策，E-mail：1466311553@qq.com
通信作者：赵芝俊，博士，研究员，研究方向为农业经济理论与政策，E-mail：zhaozhijun@caas.cn

1 引言

农产品区域公用品牌是在特定自然环境、历史人文条件下积淀形成的具有区域特色的农业产业或产品，由相关组织注册控制，并授权若干生产经营者共同使用的公用品牌。农业公用品牌通常是以"产地名+产品（品类名）"的形式构成的集体商标或证明商标品牌类型的农产品品牌[1]，体现为集体商标、证明商标或取得国家区域产品保护制度注册确认的品牌类型[2]。区域公用品牌创建可以使产业集群获得更强劲的市场竞争力[3]，提高农产品知名度、美誉度和市场占有率，促进产业集聚，推动独特产品生产标准化，传承并发扬人文文化和工艺。一些区域公用品牌发展壮大，成为地区乃至国家支柱产业。例如，苏格兰威士忌、斯里兰卡锡兰红茶、意大利帕尔玛奶酪等，不仅推动产业集群优化发展，还帮助消费者逐步形成原产地（原产国）的宏观、抽象印象，形成质量声誉禀赋。

中国正处于农业转型和深化供给侧改革的关键时期，农业综合生产能力得到长足发展，但农业产业技术水平、生产效能、纵向专业化水平和集约化程度等方面还与发达国家存在不小的差距，农产品在国际市场竞争中很大程度依赖低价获得市场占有率。在卫生与植物卫生措施（SPS）一体化仍然没有实质性进展的形势下，发达国家技术性贸易措施普遍高于发展中国家，初级农产品要求高于加工产品[4]。中国优势特色农产品出口增速放缓，农产品贸易风险增加，出口企业大多被动应战[5]。农产品区域公用品牌建设有利于瞄准国际标杆，促进产业链和价值链整体升级，推进产品分类分级，突出产品特色，提高产品流通效率。因此，区域公用品牌建设是推进农业高质量发展的有效载体，使标准化生产有对标，规模化发展和品牌化营销获得溢价收益，是农业高质量发展的有效路径。2022年农业农村部发布《农业品牌打造实施方案（2022—2025年）》《农业生产"三品一标"提升行动有关专项实施方案》，进一步阐明了"十四五"时期品牌创建的主要目标任务和计划，在产品品质指标体系、安全追溯体系、保险冷链物流和商品化处理、推介能力建设、营销创新和品牌保护等方面提出了具体措施。

事实上，农产品区域公用品牌创建具有复杂性和特殊性。农产品区域公用品牌的形成机理与工业品区域品牌的相同点在于产业规模和核心企业规模效益；差异在于，后者强调产业集群和分工，而前者更强调发挥产区自然优势，建立覆盖种子种苗供应、技术服务、仓储物流、品牌营销等关键环节的产前、产中、产后服务，形成标准化生产和可持续发展模式。随着产品质量控制和检测技术升级，农产品区域公用品牌除通过外形、口感、色泽等感官指标建立，还可以通过理化指标、追溯体系等量化和监管体系建立品牌声誉和形象。因此，农产品区域公用品牌是政府、行业协会、科研单位和企业等相关主体各司其职、相互配合，统筹利用多种要素逐步实现创建，并持续开展运营和维护。由于区域公用品牌研究兴起的历史较短，有关农产品区域品牌的案例则更少。本文基于扎根理论的方法系统梳理新西兰麦卢卡品牌形成过程，归纳品牌发展不同时期面临的发展压力、协同措施、关键事件及其绩效，试图打开区域公用品牌创建和运营过程中发展机制的"黑箱"，以期为我国农产品区域公用品牌研究及实践提供参考与借鉴。

2 文献综述

区域公用品牌的概念来源于21世纪初学者们在探索提高区域或产业集群竞争力时，提出的"区域品牌（RegionalBrand）""集群品牌（Clusters-Brand）"等非传统意义上由单一企业（主体）拥有、使用的公用品牌类型[6]。随着原产地效应理论及其作用机制研究增多，区域公用品牌发展为以区域命名的公共品牌的统称，利用消费者已有某国或地区生产产品的总体性认知塑造特定产品形象[7]。近年来，各类品牌建设的实践案例增加，为相关理论发展提供了丰富资料，区域品牌的研究也从偏向区域品牌内涵、起源等理论概述，扩展到区域品牌形成机理、参与主体协同机制以及面向地域、产品和集群生态系统研究，更加注重区域品牌管理体系、支持政策及产业规划等产业和区域竞争优势培育过程中的现实问题分析和解决方案。

2.1 区域公用品牌内涵：突出品牌特色标准化和产业链集约化

品牌泛指消费者用于识别和区分同类产品或服务差异性特征的一系列形象要素[8]，是消费者识别产品差异性特征的有形或无形载体[9]。区域品牌则以区域资源优势、区域产业集群等为识别依据，与特定产品有机结合，使产品获得独特的区域识别[10]。农产品区域公用品牌大多发端于特色品种、传统品种或承载地域文化特征和底蕴的加工品，随产品美誉度和知名度持续积累，逐步形成由农户、合作社、农业企业、物流企业和销售企业组成的农业集群供应链。供应链主体形成了明显的纵向"投入—产出"关系和横向"互补—合作"关系[11]。农业集群从零散型转变为集中型，产品在消费者心中的定位逐步从"土特产"向"商品"转变[12]。相应地，以特色产品为核心的产业集群逐渐形成区域内多个品牌共同主导的区域公用品牌的声誉和质量。在这个发展过程中，区域内资源稀缺性和产品独特性是品牌差异化竞争优势的主要来源，在农产品区域品牌溢价作用凸显后，必然要通过制定产品标准和质量分级等手段，规范区域品牌管理。品牌管理举措可以通过制定生产和产品标准，加强消费者对于可与目标品牌的同品类农产品地域认知间差异性特征的认知[13]，避免因品牌"搭便车"问题导致的逆向选择和个别经营主体产品质量管理不善导致"危机株连效应"。因此，区域公用品牌是公司品牌化理论的扩展和应用，其内涵发展突出特色为目标的产业集约化，以及以产品标准化为重要纽带建立产品、产地、质量特性的强关联。同时，标准化也成为"区域品牌伞"下所有经营者利益的法理逻辑基础。

2.2 区域公用品牌创建：从自发形成到目标创建

我国农业品牌建设是产业发展的短板，在农产品地理标志相关规定出台前，土特产品是地域性和产品特征的典型结合体，它以区域口碑、信誉和沉没成本为产品品质提供担保[14]，在生产者和消费者之间建立信任的隐性契约，降低了消费者的选择不确定性和搜寻成本[15]。但这种缺乏管理的区域特色产品受区域要素、区域定位及竞争等因素影响，其形象和质量呈现动态变化[16]。一些特色产品的独特性强，却容易陷入"核心刚度"的陷阱中，即特色产品经过多年的积累逐渐形成其独特的核心竞争力，会有意无意排斥其他方面的能力，很难改变以往品种、生产方式或工艺，导致资源优势开发不足，竞争优势因成本提高难以维持，小规模的农业分散经营难以适应新时期、新产业和新业态发展要求等问题，对区域品牌产业集群内的专业分工与协作提出了更高要求。在地理标志产品标准体系、内容和法律逐步完善的背景下，一些非市场主体也被纳入区域品牌创建的推动力量。例如，政府开展战略规划、制度建设和服务平台建设等体制机制建设，科研机构可为品牌创建和运营提供技术和人才支撑[17]，行业协会协调内部利益，多主体对市场和资源进行综合研判，形成持续有效的区域品牌建设驱动力。农业区域品牌由核心企业通过技术溢出和利益联结形成集群产业，发展为多主体协同统筹区域、产品和品牌要素，共同培育和运营区域品牌。

2.3 区域公用品牌管理和维护：不断调整适应市场竞争

公司品牌和区域品牌都具备品牌识别和溢价功能，具有无形和复杂性特点。但区域公用品牌由于涉及多重利益相关者，品牌权益人利益关系分散，品牌组织复杂，考虑到公共产品和非排他性特征，区域公用品牌管理应由公共部门和行业协会负责组织实施。然而，企业是控制品牌所有要素

（营销组合）的实体，而区域品牌化的核心要素，如生产资料和产品，并不归属区域营销管理人员所有[18]。政府、行业协会等非市场主体的管理边界不清晰，各级政府对品牌化过程开展领导和协调能力参差不齐，一些区域公用品牌对生产经营主体难以形成增值作用，或品牌规模小、效益低，无法与区域经济形成相互促进的动态对称关系。如何针对不断变化的市场竞争环境制定多样化战略、构建品牌管理和维护生态系统，是当前亟待解决的问题。由于品牌产品所属产业的发展阶段、产业特点、供求关系变化等因素，区域公用品牌管理和维护与产业和宏观政策的契合度逐步提高，不仅聚焦产品本身的特色和市场定位，还要统筹产业经济结构、生产效率、品牌价值和产业链条等相关因素。从国内外针对该问题进行的案例分析和总结来看，其具体的管理和维护手段不断丰富，包括标准体系、法律框架、多主体协同机制等，研究视角扩展至品牌发展生态体系、个体博弈、营销理论、产业集群等。

综上，现有文献基于产业集聚、生态系统理论、协同机制及博弈理论，通过典型案例剖析和机制分析结合的方法对品牌创建、管理和维护的路径进行了分析，奠定了一定的研究基础。但仍然存在如下不足：一是研究品牌建设离不开产业支撑，针对产业特征和发展方向，并结合具体产品的特征研究，可以提升理论与实践的契合度，增强研究的实践意义，但现有研究对于新技术、新标准和产业新趋势的研究还不够深入。二是区域品牌的溢价能力与标准化产品特征、品牌推介能力和营销创新紧密相关，对如何建立生产与营销的协同工作机制的研究较少。三是现有案例研究缺少翔实的具体做法，制约了对品牌管理工作机制的和协同机制的深入研究。本文以麦卢卡蜂蜜区域公用品牌作为案例，从产业角度来看，蜂蜜为世界上最易被造假的食品之一[19]，更容易发生品牌"搭便车"行为，蜂蜜生产对蜜源植物依赖性强，对生产资源管理要求高，公用品牌管理难度更大，研究麦卢卡蜂蜜区域公用品牌创建和运营经验具有更高的外部效度。本文的边际贡献在于，对品牌发展不同时期面临的发展压力、产业结构和外部环境、采取措施和关键事件进行系统梳理，有助于对品牌创建这一复杂系统工程进行分阶段解剖，深入剖析市场主体与非市场主体的协同工作机制、生产与销售的连接方式；同时，结合产品贸易份额、消费市场及标准体系变化趋势，提出品牌创建和运营维护发展路线图，探讨农产品区域公用品牌建设面临的现实挑战和路径选择。

3 研究方法与案例选取

3.1 研究方法

区域公用品牌可以促进产业聚集和产品差异化竞争优势形成,当区域内产业达到一定规模,可通过市场竞争和规模经济优势提高产业集中度,获得产品溢价的超额利润。产业组织学从厂商的角度研究市场结构,依据市场集中度、规模经济、产品差异化和进入壁垒4个因素构建 SCP 模型(Structure-Conduct-Performance,结构-行为-绩效),研究企业为赢得更大利润和更高占有率采取的适应市场变化的行动。SCP 模型的优点在于既能深入案例的具体环节,又包含市场结构、市场行为、市场绩效的系统逻辑体系。本文在 SCP 模型基础上,借鉴齐文娥等研究将其扩展至 TSCP(Tension-Structure-Conduct-Performance,压力-结构-行为-绩效模型)的方法[20],突出本研究对象并非单个厂商,而是区域共用品牌下的厂商集合。运用压力(Tension)指标反映公用品牌公共产品属性和品牌建设中多主体协同作用、产业形势、政策环境等外部影响。研究采用扎根理论对各类资料进行分析和梳理,研究不同时期面临的发展压力、产业结构和外部环境、采取的措施和关键事件,识别麦卢卡区域公用品牌创建和发展的动力来源。

3.2 案例选择

本文选取新西兰麦卢卡蜂蜜公用品牌(以下简称麦卢卡蜂蜜)作为研究案例。麦卢卡蜂蜜创建于2006年,在2006—2021年短短的15年发展历程中,麦卢卡蜂蜜成为全球范围内出口价格、市场占有率双高的蜂蜜品种,引发新西兰养蜂业出现"淘金热"。2006—2021年新西兰蜂蜜产量年均增长率达到4.6%,蜂蜜出口量、单价分别增长2.6倍和4.7倍(图1),不仅实现了品牌溢价,还引领了新西兰蜂产业发展。麦卢卡品牌的相关资料较为丰富,能保证研究资料可信度及研究分析系统性。

3.3 案例简介

麦卢卡(Manuka)是新西兰及澳大利亚南部特有的桃金娘科灌木,毛利人有用麦卢卡树叶和树皮治疗发热、感冒、腹泻和消炎的历史[21]。20世纪30年代,新西兰奶农给奶牛饲喂麦卢卡蜂蜜水补充糖分,发现奶牛患病率显著降低。1988年,新西兰怀卡托大学教授彼得·墨兰发表麦卢卡蜂蜜具有显著

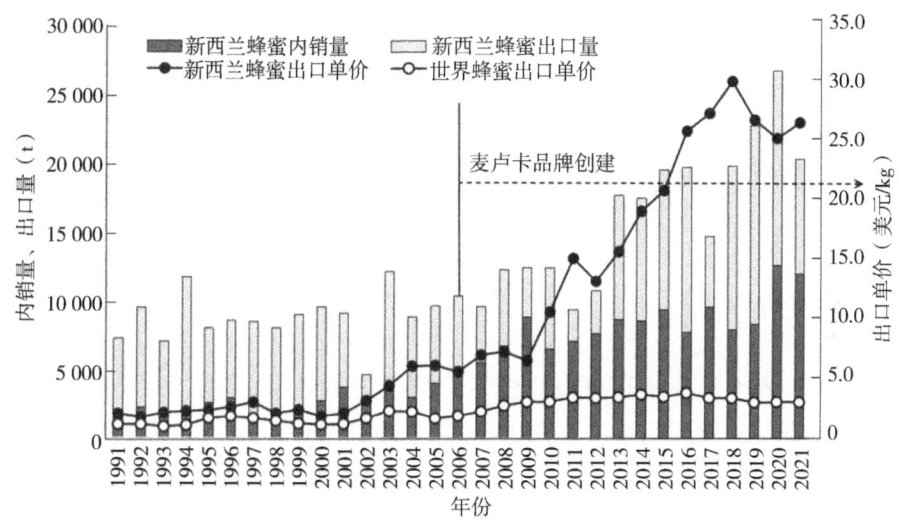

图1 1991—2021年新西兰蜂蜜产销情况

的抑菌活性研究论文,由于不能确定其成分,将其命名为"独麦素"(Unique Manuka Factor, UMF)[22]。此消息公布后,麦卢卡蜂蜜抑菌成分成为国际蜜蜂研究热点。之后,德国科学家发现麦卢卡蜂蜜中的甲基乙二醛(MGO)是普通蜂蜜的2~80倍,具有显著抑菌作用[23]。麦卢卡蜂蜜独特抑菌成分很快引起政府、行业协会和企业重视,它们围绕蜜源规划、产品标准、生产监测等迅速制定了一系列管理和创新措施,将麦卢卡蜂蜜培育为全球知名产品。根据品牌发展关键事件,可以划分为以下三个阶段。

第一阶段是2006—2010年品牌初创期,麦卢卡蜂蜜抑菌成分是品牌建设的起点和突破口。2008年新西兰蜜纽康公司依据MGO浓度和抑菌作用的关系,将麦卢卡蜂蜜分为五个等级①,首次将抑菌功效作为麦卢卡蜂蜜卖点。同年,新西兰麦卢卡蜂蜜协会注册UMF商标,新西兰麦卢卡蜂蜜区域公用品牌创立。2010年新西兰政府把麦卢卡蜂蜜作为国家馆品牌在第41届世界博览会(中国上海)推介。第二阶段是2011—2016年品牌成长期,新西兰麦卢卡蜂蜜协会根据抑菌实验建立UMF等级②。初级产业部开展了麦卢卡蜜源调查和种植园建设,启动了监管和科学定义的麦卢卡蜂蜜科学计划。麦卢卡蜂蜜溢价明显,引发了新西兰蜂群数量迅速扩张,部分地区甚至出现麦卢卡蜂蜜

---

① 根据每千克麦卢卡蜂蜜中含有MGO的毫克数量,将麦卢卡蜂蜜分为食品、保健品、抗菌、高级抗菌和医用抗菌五个等级。

② 用抑菌实验测试其实际的抑菌活性,UMF数值表示其抑菌能力与相同数值百分比含量的苯酚水溶液抑菌效力相当。

"淘金热"现象[24]。第三阶段是2017年至今品牌成熟期。麦卢卡蜂蜜已经成为全球出口单价、出口量最高的蜂蜜品种，同时"搭品牌便车"、以次充好现象频发。2017年新西兰初级产业部公布强制实施的麦卢卡蜂蜜出口真伪品类认证标准，实施蜂农注册和蜂蜜收获声明准入制度，建立了实施蜂蜜生产全过程追溯系统。同时，持续开展麦卢卡蜜源和蜂产品基础研究，助推新产品开发。

4 案例分析与发现

麦卢卡蜂蜜品牌成长历程分为三个阶段，即初创期、成长期和成熟期。本部分分析各阶段面临的主要发展压力、协同措施、关键事件及其绩效，并详细叙述关键事件的动因、措施和经过，在此基础上提炼出品牌发展的三个重要机制。

4.1 初创期：品牌定位与目标市场准入

新西兰畜牧业发展起步早，养蜂业行业组织建立、《养蜂法》颁布及养蜂研究和教育工作已有百年历史，在20世纪中期已实现规模化、集约化和标准化生产[25]。但其特有蜂蜜——麦卢卡蜂蜜，因有强烈的泥土气味和略带酸味的口感，在欧美以颜色、气味、清澈度为蜂蜜等级评定主要依据的体系下，被归类为低质蜂蜜。在20世纪初的10余年，有关麦卢卡蜂蜜抑菌成分及其机理的研究论文快速增长，虽然研究视角和方法不同，但研究发现麦卢卡蜂蜜中的抑菌成分不依赖于已经证实的过氧化氢成分，而是非过氧化氢活性成分（Non-peroxide Antibacterial，NPA）。这些研究成为麦卢卡蜂蜜抑菌活性的科学验证，新西兰初级产业部将其抑菌保健功效作为营销卖点，启动了区域品牌创建。新西兰麦卢卡蜂蜜协会于2008年注册UMF商标。同年，新西兰蜜纽康公司成为首个利用抑菌功效开展营销的私人公司，在其前期资助科学家开展抑菌成分的研究成果基础上，依据MGO浓度和抑菌作用的关系，将麦卢卡蜂蜜分为五个等级。

为构建国际性团体标准，新西兰政府对蜂蜜质量实施最严格的安全管理，要求所有蜂农都必须按照1993年《生物安全法》中的美洲蜜蜂腐蛹病管理计划（American Foulbrood Pest Management Plan，AFBPMP）① 开展防治，不得使用抗生素。根据新西兰1999年《动物产品法案》（Animal Products Act）要

---

① 美洲蜜蜂腐蛹病在中国俗称烂子病。

求，专业蜂农必须在初级产业部完成注册，以便进行产品溯源追踪，所有送至加工厂的蜂蜜巢牌标有唯一的 AFBPMP 养蜂人识别码，或其他可实现同等或更好识别的代码。根据《一般出口要求通知》（General Export Requirements）中的可追溯性要求，蜂场地点需有 GPS 定位的唯一识别码，包括蜂蜜收获季节和数量的收获声明文件，蜂场的记录保存 4 年，在管理人员提出要求后的 24 h 内提供以上信息。为提高蜂产品质量，新西兰立法规定禁止在蜂产品收获季节饲喂除蜂蜜以外的任何物质，禁止在收获后添加任何人工成分，蜂蜜含量应不低于 60% 的还原糖，水分不超过 21%，产品中可能存在的某种物质应不超过使用的监管最高水平，收获时蜂巢没有蜜蜂腐蛹病的症状。2007—2010 年，新西兰麦卢卡蜂蜜生产者价格年均增速 48.3%，麦卢卡蜂蜜已经比其他传统优势蜂蜜品种（如三叶草蜂蜜、苜蓿蜜）价格高出 12~14 倍①。

4.2 成长期：有序扩大产业规模

经过第一阶段发展，麦卢卡蜂蜜因其独特的医用价值在全球市场走俏，实现了品牌溢价。在麦卢卡蜂蜜 MGO 等级体系发布的当年，生产者价格随之高涨，最高价格较 2007 年上涨 2.9 倍，引发新西兰蜂群数量迅速扩张。麦卢卡蜂蜜产需不匹配凸显，暴露出蜜源不足、花期较短等问题，麦卢卡蜂蜜产业质量压力陡增。新西兰麦卢卡蜂蜜协会调查发现，新西兰麦卢卡蜂蜜年产量仅为 1 700~2 200 t，海外出售量是产量的 6 倍②。英国、中国等消费市场抽检发现超过 1/4 的麦卢卡蜂蜜产品有掺加糖浆、MGO 含量不达标等问题。麦卢卡蜂蜜和卡努卡蜂蜜（Kānuka）③颜色和味道相似，但价差高，市面上出现大量卡努卡蜂蜜充当麦卢卡蜂蜜销售的"搭便车"行为，通过花粉成分鉴别蜜源品种技术难以识别两种蜂蜜[26]。这些掺假行为严重影响了品牌声誉和口碑。

2012 年，新西兰初级产业部组织土地管理与保护、植物、食品研究等领域科学家联合开展全国性麦卢卡蜜源资源调查，摸清新西兰野生麦卢卡资源现状，识别出麦卢卡蜂蜜优势产区并搜寻具有优良特性的种质资源，绘制了新西兰麦卢卡蜜源分布地图[27]。通过调研，新西兰政府认为在国内外消费者

---

① 笔者根据 2010 年新西兰初级产业部公布的蜂农出售散装蜂蜜最高价格计算。
② Is superfood honey FAKE jars manuka sold world produced [EB/OL]. (2015-05-03) [2022-04-20]. https：//www.dailymail.co.uk/femail/article-3066381/Is-superfood-honey-FAKE-jars-manuka-sold-world-produced-New-Zealand.html
③ 卡努卡蜂蜜颜色、味道、花粉特征与麦卢卡蜂蜜相同，但医疗效用差异显著。2007—2011 年蜂农出售散装麦卢卡蜂蜜最高价格由 11.5 美元/kg 升至 80.5 美元/kg，卡努卡蜂蜜仍为 3~4.5 美元/kg。

对麦卢卡蜂蜜的医疗和食用需求增加的形势下，应从探索麦卢卡种植入手，解决蜜源植物制约、季节变化对产量稳定性和养蜂人盈利能力影响等问题，尽快开展麦卢卡种植园成功案例试验示范。2011年4月高性能麦卢卡种植园项目（High Performance Manuka Plantations）被列入初级增长合作投资（Primary Growth Partnership，PGP）基金资助，项目实施期为7年。53%的项目投资约158万新西兰元来自康维他等7家公司，140万新西兰元来自新西兰初级产业部，投资主要用于开展麦卢卡品种和种植研究。项目通过筛选花朵密度高、花蜜产量高、二羟基丙酮（Dihydroxyacetone，DHA）含量高的品种，推广混合品种种植延长花期，提高麦卢卡单位面积载蜂量和蜂群单产，摸索高品质麦卢卡蜂蜜（MGO含量较高）的生产模式；开展麦卢卡植物生长土壤、光照、环境研究，形成推广、种植和管理种植园的最佳实践知识库等措施来增加种植麦卢卡获得收益的可行性，吸引更多的土地所有者种植麦卢卡蜜源植物。项目为农场主提供共同投资和扩大种植面积的相关支持，鼓励经验证的麦卢卡良种进行商业销售，提供麦卢卡基因筛选服务，鼓励经营者在休耕土地、水土流失区域、农田隔离区种植麦卢卡。项目计划于2028年实现麦卢卡种植面积翻倍、麦卢卡载蜂量翻倍、单位蜂群产量增加1倍、高品质麦卢卡蜂蜜的比例提高1倍[28]。项目设立Callaghan博士研究生奖学金创新奖，在Massey大学开展多学科的研究设施和能力建设。开展麦卢卡伴生生物研究，探索干旱、土壤盐分、气候变化对麦卢卡花蜜和花期的影响，开发麦卢卡蜂蜜产量预测模型。

4.3 成熟期：优化质量认证和分级体系

经过前两个阶段的发展，麦卢卡蜂蜜已经成为全球出口单价、出口量最高的蜂蜜品种，同时也面临更多的品牌维护与创新压力，以次充好的麦卢卡蜂蜜在许多国家的市场屡见不鲜。由于新鲜麦卢卡蜂蜜中DHA可随储存时间和温度提高转化为MGO，常见的掺假手段包括用口感和品相较为接近的卡奴卡蜂蜜掺入麦卢卡蜂蜜，或者在低等级麦卢卡蜂蜜中人工添加DHA后加温促进MGO含量提高，但现有检测技术却无法识别。劣质蜂蜜造成了"劣币驱逐良币"的后果，不同等级麦卢卡蜂蜜价差拉大，高等级供给不足，低等级则出现价格下跌和滞销现象。此外，随着全球对药品监管和定义更加严格和明确，麦卢卡蜂蜜"药品"身份越发受到市场质疑。

在此形势下，新西兰初级产业部于2014年启动了麦卢卡蜂蜜科学计划（Manuka Honey Science Programme），其目标是开发科学、可靠和经济的识别标准，保证天然麦卢卡蜂蜜的真实品质，杜绝掺假。初级产业部组建了本国及国外技术专家联合工作组，建立了植物和蜂蜜的两个样本库。植物样本来自新西兰 12 个地区和澳大利亚 5 个州的 700 多种植物花蜜、叶子和花粉样本，在 2014—2016 年的 2 个花期完成采集。蜂蜜样本库采集新西兰生产商单一蜂群样本和海外市场零售麦卢卡蜂蜜产品，包括 2014—2016 年新鲜蜂蜜及 2009—2014 年储存蜂蜜，共 804 个样本。研究使用国际公认的统计分析技术，评估了不同地区和种类的麦卢卡品种产出蜂蜜的属性，以及温度和时间对蜂蜜成分的影响。根据研究结论，初级产业部于 2017 年提出了官方出口认证麦卢卡蜂蜜检测指标体系，并区分单花麦卢卡和包含麦卢卡的多花蜂蜜品类，按照生产、提取、包装和出口 4 个步骤实施强制执行的麦卢卡蜂蜜出口标准认证，即包括 2 项 DNA 和 4 个理化指标判别麦卢卡蜂蜜的真伪和单花①[29]。官方出口标准认证指标作为基础性指标，与现行的非官方等级分类指标（如新西兰麦卢卡蜂蜜协会的 UMF 分级体系、康维他公司 MGO 分级体系和维的斯潘公司 K-Factor）同时使用（表 1）。此外，2018 年新西兰政府发布《麦卢卡蜂蜜命名指南》，强调麦卢卡蜂蜜属于食品，不得标识具有抗菌等医疗效用[28]。

表 1 麦卢卡蜂蜜主要生产与分级标准

标准名称	MGO	UMF	K-Factor	出口标准
制定主体	蜜纽康公司	麦卢卡蜂蜜协会	维的斯潘公司	新西兰初级产业部
制定时间	2008 年	2011 年	—	2017 年
分级指标	单一理化指标	多个理化指标	多个理化指标	多个理化指标和 DNA 检测
等级/品类	5 个等级	21 个等级	3 个等级	3 个品类（强制性）
等级属性/品类属性	食品、保健品、抗菌、高级抗菌和医用抗菌	UMF5 到 UMF25	K12、K16、K22	单花、多花和非麦卢卡蜂蜜

数据来源：根据新西兰初级产业部官网、麦卢卡蜂蜜协会等公开数据整理。

4.4 案例发现

4.4.1 TSCP 发展机制

根据前文所述 SCP 模型，企业综合其产品成本、市场定位、生产规模、质量品种、技术进步和资源配置效率等因素，开展产品优化和价格策略调整

---

① 4 个理化指标包括甲氧基苯乙酮（methoxyacetophenone，MPA）、甲氧基苯甲酸（methoxybenzoic acid，MBA）、羟基苯基乳酸（hydroxyphenyllactic acid，HPA）和苯基乳酸（phenyllactic acid，PA）。2 项 DNA 检测分别为麦卢卡和卡奴卡花粉 DNA 检测。

行为，有效营销手段有助于提高市场辨识度、排除竞争对手，将市场结构压力 S 通过应对行为 C 转化为经营绩效 P，反过来又改变了不利的市场结构 S，完成 C→P→S 的"行为-绩效-结构"系统逻辑。对于区域品牌来说，应以政府和行业协会为主导对品牌资源与环境、产品特征、相关利益主体等复杂关系对市场压力 T 进行研判，重视和利用多主体协同作用、产业形势、政策环境等外部影响。在麦卢卡蜂蜜品牌初创期，其市场压力 T 主要为麦卢卡因土腥味口感被归类为低质蜂蜜，无法获得市场认可。其抑菌成分的科学发现，发展为产品卖点的应对行为 C，取得了区域品牌产品的差异化竞争优势构建的营销绩效 P，麦卢卡蜂蜜归类由"低质蜂蜜"变为"特殊蜂蜜"，由不利市场结构 S 变为有利市场结构。在品牌成长期，压力因素为蜂蜜产量无法满足需求增加、掺假产品增加，市场结构表现为蜜源资源限制了产业规模发展。在供给无法满足需求的情况下，产品打假不仅成本高，产业规模效益也无法提升，因此新西兰政府从蜜源入手解决资源制约问题。通过扩大麦卢卡种植面积，提高载蜂量和产量，发挥品牌溢价功能，扩大产业规模，提高产业产值。在品牌成熟期，品牌维护压力增加，消费者对麦卢卡蜂蜜的质疑增加，区域公用品牌下各企业品牌质量参差不齐，政府通过麦卢卡科学计划提出了鉴别真伪和单花的指标体系及出口准入制度，官方认证和公司分级体系同时使用，提升了品牌竞争力，实现相关者共赢（图 2）。

	初创期	成长期	成熟期
压力	低质蜂蜜、土腥味	供需不平衡，掺假	无法识别掺假
结构	市场不认可	产量不足、产业规模小	"劣币驱逐良币"，市场质疑
行为	发现麦卢卡抑菌成分，作为营销卖点	扩大麦卢卡种植规模，延长花期	麦卢卡科学界定体系开发
绩效	保健功能营销，市场认可	产业规模扩大	夯实品牌核心竞争力

图 2　麦卢卡蜂蜜 TSCP 发展矩阵

TSCP 发展机制强调从产业集群和行业发展的角度构建品牌发展生态圈，在初创期重点挖掘和培育具有差异化特征的农产品，在成长期通过资助、扶持、合作等方式干预和引导完整产业链构建，产业集群向纵深发展，在成熟期为品牌维护和运营监管提供技术支持，形成各方参与的质量监管约束机制，防止"搭便车"行为。

4.4.2　公私部门合作发展机制

消费者通过品牌建立产品联想和定位，品牌产品市场占有率和美誉度提高，产业集群形成，对区域经济的动作用明显。政府作为公共产品的供给者，应重点开展品牌科技支撑、标准化建设、健全完善产业链等工作，不干预市场，解决市场机制无法解决的基础性和共性问题，发挥协调统筹作用。麦卢卡蜂蜜品牌创建和运营的2个关键事件为2011年"高性能麦卢卡种植园项目"和2014年启动的"麦卢卡蜂蜜科学计划"。其中，蜂蜜科学计划目标是开发一套鉴别蜂蜜真伪的官方认证体系，其内容属于技术研究与开发，因此该计划所有费用由新西兰初级产业部支付。种植园项目则是通过麦卢卡育种筛选，提高单位面积载蜂量，开展高效种植实践，探索麦卢卡种植盈利模式。种植园项目本着"政府铺路+企业实践"的方式，在新西兰不同区域开展大规模公司种植园和小规模私人种植园试验，通过麦卢卡品种筛选、病虫害管理和合理选址等技术支撑和措施，帮助企业降低运营风险，优化资源配置，建立完整供应链。该项目被列入初级增长合作投资基金（PGP）资助，公共部门和私人部门分别负担47%和53%的费用（表2）。PGP基金为政府和行业企业合作基金，致力于开展长期创新投资与计划，提高农业产品的市场成功率，开展了多项产业链整合和生产技术改进项目，针对农业产业链条和周期较长、易受外部环境影响等问题，降低产业发展风险。

表2 初级产业部PGP基金主要资助项目

项目名称	目标和内容	公私部门投资规模；万新西兰元	实施时间；启动年份
酿造项目（Hāpi - Brewing Success）	帮助种植者和酿酒商探索优质啤酒花种植和精酿啤酒的新机会，相关产品获得全球认可	530；795	7年；2018年
牛油果出口项目（Avocados Go Global）	提高牛油果行业的生产力和能力，获得显著的额外回报	540；596	8.5年；2022年
欧米伽羔羊项目（Omega Lamb）	生产含有omega-3脂肪酸的美味、健康羔羊肉，瞄准高端市场	1 250；1 250	7年；2015年
轻质葡萄酒开发项目（Lighter Wine）	高品质、低酒精和低热量"轻质"葡萄酒研究和开发	813；884	7年；2014年
种子和营养技术发展（Seed and Nutritional Technology Development）	应对气候变化和减轻干旱影响为目标的牧场种子和营养技术创新	766；815	7年；2013年
大理石草饲牛肉（Marbled Grass-fed beef）	高价值大理石纹牛肉开发：一条综合价值链开发	1 100；1 200	7年；2012年
贝类生产和科技项目（SPA Tnz）	高价值绿壳贻贝品种筛选和商业化育种	1 330；1 330	7年；2012年
食品增值项目（Food Plus）	牛羊肉和猪肉产业创造更多价值	1 330；1 330	7年；2012年

(续表)

项目名称	目标和内容	公私部门投资规模；万新西兰元	实施时间；启动年份
乳品价值链转型项目（Transforming the Dairy Value Chain）	改造乳制品价值链旨在创造新产品，提高农场生产力，减少环境影响，改善农业教育	8 500；8 600	7年；2011年
绵羊产业转型项目（Sheep Industry Transformation Project）	增加适合市场的绵羊产量，支持更精细的羊毛生产，并利用产品差异化提高种植者回报	1 680；1 680	7年；2010年

数据来源：新西兰初级产业部网站。

政府不从事生产经营，应通过有效的沟通和协作机制，客观研判品牌发展面临市场压力和发展阶段，听取企业、行业协会和科研院所意见。必要时，设立公私部门合作基金，有计划地解决产品和产业共性问题。同时，政府应确保不干预市场，不实施直接补贴、项目资助等方式，避免不平等竞争。

4.4.3 市场互动发展机制

衡量区域品牌创建和运营成功的标准是市场认可度和占有率，产品美誉度来自消费者体验和口碑，而消费者偏好和认知差异及多元化渠道的各类市场和产品信息都会影响其消费行为。麦卢卡蜂蜜以其抑菌成分为依据，以开发产品保健功效为营销重点，在这个过程中新西兰政府主动与各利益相关者进行频繁、及时沟通，解释法规、激励措施和质量标准的科学依据。在"高性能麦卢卡种植园项目"和"麦卢卡蜂蜜科学计划"中都制订了相应的市场与营销沟通计划。内部沟通旨在促进项目参与各方的职能、角色和活动信息交流，外部沟通内容包括发布项目进展、论文和报告，开展营销创新和推介能力建设。"高性能麦卢卡种植园项目"在项目实施的第3年开设了网站，为麦卢卡种植的潜在客户如土地所有者、专业投资者、碳交易公司、蜜蜂养殖公司提供种植信息服务，并利用此平台在项目结束后继续为种植者提供服务。在"麦卢卡蜂蜜科学计划"后期，新西兰初级产业部完成麦卢卡蜂蜜科学定义初步方案后，在全国举办多次讨论会，收到了120份书面建议，就检测标记物及其水平、DNA测试方法展开了讨论。此外，为了降低使用卡奴卡蜂蜜和其他混合蜂蜜满足单花麦卢卡蜂蜜定义的概率，初级产业部采纳了建议，将甲氧基苯乙酮（MPA）含量提高到大于等于5mg/kg的标准。有效的市场互动和沟通，为利益相关者表达关切和诉求提供了渠道，为潜在合作者提供了丰富、可靠的信息来源，也为消费者提供了客观、权威的官方信息，避免了因信息不对称、不准确造成的市场质疑和美誉度损失。

5 结论与启示

本文梳理了新西兰麦卢卡蜂蜜公用品牌"从无到有""从有至优"的完整发展历程,深入剖析识别品牌不同发展时期"压力-结构-行为-绩效"的主要内容和相互作用,探究品牌发展的关键事件及其具体措施。本文的主要结论如下:第一,农产品公用品牌初创期应找准市场定位,突出产品特色,培育差异化竞争优势,把农产品品质特点和人文历史特征的挖掘开发和质量标准等基础工作做实做好,并制定相应的营销策略,使消费者快速认知并接纳品牌特征和形象。第二,政府在品牌发展期要深入行业协会、科研院所和规模企业,深度调研产业发展形势、市场结构和品牌定位,研判品牌发展压力,有针对性地解决生产技术、资源环境、产业升级等企业个体和行业协会无法解决的基础性、共性和技术性问题,完成品牌产业的高质量发展目标,通过媒体建立市场和产品信息扩散渠道。第三,成熟期品牌维护和创新压力增加,可通过第三方开展质量监管,充分利用产品溯源、先进生产和管理理念和技术、适当的市场营销策略和科技创新,重点开展针对市场变化和消费升级的品质监管和产业提升,建立特有资源保护和绿色发展机制、适应市场变化的技术迭代升级机制,以及高效市场营销实施机制。

中国实施的乡村振兴和农业高质量发展战略为农产品区域公用品牌发展创造了最有利的政策环境和发展机遇,各级政府应借鉴国外品牌发展经验,着力构建TSCP品牌发展机制、公私部门合作的多主体高效协同工作机制,以及促进生产与市场对接的市场互动发展机制。在以上发展和工作机制的支持下,还要注意以下几点。一是品牌定位应以产品特性、市场形势和消费趋势为客观依据,政府组织行业协会、专家和规模企业做出科学判断,在远期规划时应制定分阶段实施细则和目标,按阶段稳步推进。对于高度依赖资源和环境禀赋的初级农产品,应在发展初级解决生产与当地环境的可持续发展问题。二是通过多主体协同工作机制解决品牌发展的基础性、共性和技术性问题,应有计划地利用财政资金和公共资源,在取得关键突破后,重视保障措施实施,落实后续的技术推广和应用、质量标准监督等问题,切不可在关键问题尚未攻克下盲目推进。三是产品溯源体系和质量监管方法和程序应尽量简化、易操作,生产者向政府缴纳的监管税费应与品牌提升带来的产品溢价相匹配,政府开展的支持政策、项目的公共成本要与区域经济和社会发展效益和规模匹配。在社会面消息渠道过多、说法和观点不一致的情况下,政府部门应快速响应,向公众公布权威信息,引导消费者对产品客观认知。四是公用品牌维护是一项长期工作，要利用新技术、新标准加强生产主体公共利益意识与行为规范，不断优化监管机制和监管方法，可颁布地方性法律法规，由政府主管部门联合执法，惩奖分明，维护品牌质量和形象。

参考文献

[1] Zyglidopoulos S C, Demartino R, Mchardy R D. Cluster reputation as a facilitator in the internationalization of small and medium-sized enterprises [J]. Corporate Reputation Review, 2006, 9 (1): 79-87.

[2] 兰勇, 张婕妤. 农产品区域公用品牌研究回顾与展望 [J]. 农业经济, 2019 (9): 126-128.

[3] Rosenfeld S A. Creating smat systems: a guide to cluster strategies in less favoured regions [M]. Carrlboro, North Carolina: Regional Technology Strategies, 2002.

[4] 刘雪梅, 董银果, 中国出口农产品存在质量升级困境吗 [J]. 国际贸易问题, 2021 (6): 80-95.

[5] 韩一军. 我国农产品贸易现状、问题与对策 [J]. 人民论坛, 2023 (4): 70-73.

[6] Kotler P, Gertner D. Country as brand, product, and beyond: a place marketing and brand management perspective [J]. Journal of Brand Management, 2002, 9 (4): 249-261.

[7] Bilkey W J, Nes E. Countryof-origin effects on product evaluations [J]. Journal of International Business Studies, 1982, 13 (1): 89-100.

[8] AMA. Definition of Brand (AMA Dictionary) [EB/OL]. (2007-09-19) [2022-11-02]. https://www.ama.org/the-definition-of-marketing-what-is-marketingl.

[9] Keller K L. Conceptualizing, measuring, and managing customer-based brand equity [J]. Journal of Marketing, 1993, 57 (1): 1-22.

[10] Rainisto S K. Success factors of place marketing: a study of place marketing practices in Northern Europe and the United States [M]. Helsinki: Helsinki University of Technology. 2003.

[11] 俞燕, 李艳军. 我国传统特色农业集群区域品牌形成机理研究: 理论构建与实证分析——以新疆吐鲁番葡萄集群为例 [J]. 财经论丛, 2015 (4): 11-18.

[12] 沈鹏熠. 农产品区域品牌的形成过程及其运行机制 [J]. 农业现代化研究, 2011, 32: 588-591.

[13] Baecock B A, Clemens R. Geographical indications and property rights: protecting value-added agricultural products [D]. Ames: lowa State University, Midwest Agribusiness Trade, Research and Information Center, 2004: 4-7.

[14] 郭克锋, 区域品牌可持续发展影响因素及其作用机制研究 [D]. 济南: 山东大学, 2011.

[15] Keller K L, Lehmann D R. The brand value chain: optimizing strategic and financial brand performance [J]. Marketing Managment, 2003 (5/6): 26-31.

[16] 曾建明. 基于系统的角度:"区域品牌形象"应作为评价区域竞争力的一个新要素 [J]. 系统科学学报, 2010, 18 (2): 65-67, 71.

[17] 李亚林, 区域品牌的形成创建机理研究: 以农产品区域品牌为例 [J]. 科技创业月刊, 2012 (11): 32-35.

[18] Blichfeldt Bodil Stiling, Unmanageable place brands? [J]. Place Branding, 2005, 1 (4): 388-401.

[19] Walker M J, Cowen S, Gray K, et al. Honey authenticity: the opacity of analytical reports-part l defining the prob-lem [J]. NPJ Science of Food, 2022, 6 (1): 1-9.

[20] 齐文娥, 欧阳曦, 周建军. 区域品牌成长路径及其机理: 基于赣南脐橙的案例分析 [J]. 中国流通经济, 2021, 35 (12): 90-101.

[21] Derrak J G B. New Zealand manuka (*Leptospermum scoparium*; Myrtaceae): a brief account of its natural history and human perceptions [J]. New Zealand Garden Journal, 2008, 11 (2): 4-8.

[22] Allen K L, Molan P C, Reid G M. A survey of the antibacterial activity of some New Zealand honeys [J]. J Pharm Pharmacol, 1991, 43 (12), 817-822.

[23] Mavric E, Wittmann S, Barth G, et al. ldentification and quantification of methylglyoxal as the dominant antibacterial constituent of Manuka (*Leptospermum scoparium*) honeys from New Zealand [J]. Molecular nutrition & food re-search, 2008, 52 (4): 483-489.

[24] The guardian. Honey wars crime and killings in New Zealand's booming manuka industry [EB/OL]. (2016-11-04) [2022-11-14]. https://www.theguardian com/world/2016/nov/04/ manuka-honey wars-new-zealand crime boomning-industry poisoning-beatings.

[25] Matheson A. Beekeeping: leading agricultural change in New Zealand [J]. Bee world, 1991, 72 (2): 60-73.

[26] Ministry for Primary Industries. Science and characterising manuka honey [M]. Wellington: MPI Technical Pape, 2014 (6): 2-3.

[27] Manaaki Whenua. The honey landscape model October 2016-September 2021. [EB/OL]. (2022-11-14) [2022-11-14]. hps://www.landcareresearch.co.na/discover-ourresearch/ biodiversity-biosecurity/ecosystem-resilience/species-and-ecosystem-conservation/honey-landscape/.

[28] Ministry for Primary Industries. Outcome logic model for high performance manuka plantations PGP 2011-2018 [R]. Wellington, MPI Technical Pape, 2018.

[29] Ministry for Primary lnxdustries. Criteria for identifying manuka honey [M]. Wellington: MPI Tehmical Pape, 2017 (4): 7-21.

浙江省蜂业数字化发展的实践与思考

毛小报，王　煜，王　瑾，蔡日旋

（浙江省农业科学院农村发展研究所　杭州　310021）

摘要：数字化发展是养蜂业转型的必然发展趋势，对实现蜂业高质量发展具有重要的推动意义。本文系统梳理了智能蜂箱、智慧蜂业平台管理、全产业链智能追溯、电商运营等四种浙江蜂业数字化发展模式，结合产业特点分析了蜂业数字化转型中存在的主要问题，并针对性提出促进蜂业转型发展的可行建议，为推进浙江省蜂业现代化建设提供有益借鉴。

关键词：蜂业；数字化发展；典型模式

养蜂业是农业可持续发展的重要支撑产业，也是服务"三农"与"乡村振兴"的重要抓手，具有生产不占用耕地、经营效益高、有利于维持生态平衡等优点[1]，特别是对于"七山一水二分田"的浙江省而言，养蜂是部分山区农民增收的重要途径之一。浙江省作为全国传统蜂业主产区，蜂蜜产量位居全国前三位，占全国的10%以上，是我国蜂产品生产主力军，在全国具有举足轻重的地位。然而，近年来浙江省蜂蜜产量呈波动下降趋势，养蜂生产规模小、生产方式落后、抗风险能力差等现实问题严重制约蜂业高质量发展转型[2,3]，如何有效推动浙江省蜂业提质增效、实现促农增收对于当前浙江省蜂业高质量发展具有重要现实意义。

在互联网、大数据和实体经济融合发展背景下，数字经济作为促进农业降本增效、加快推动现有产业链价值链跃升、催生农业生产性服务新业态的重要抓手[4,5]，应用于蜂业可有效助推蜂业高质量发展，是蜂业的必然发展趋势[6]。蜂业数字化转型作为践行"两山"理念的具体实践，不仅可以降低蜂业对劳动力的依赖，而且迎合了社会经济发展的客观趋势，结合蜂业特点详细分析其数字化发展现状和现存问题，并针对性提出促进转型发展的可行建议，可为浙江省大力发展蜂业特色产业，促进农业增效、农民增收，进而推

基金项目：财政部和农业农村部：国家现代农业产业技术体系专项资金（CARS-44-KXJ18）
作者简介：毛小报，副研究员，研究方向为农业资源与区划、蜂业经济，E-mail：m1362571@163.com

动蜂业现代化建设提供有益借鉴。

1 浙江省蜂业数字化发展的重要模式

近年来，浙江全力推进数字化改革，着力打造数字经济"一号工程"升级版，为蜂产业转型升级提供有力依托，蜂业数字化发展是蜂业转型升级的必经之路与未来趋势。当前，浙江省蜂业数字化转型处于新兴阶段，2019年"首届中国数字化蜂业高质量发展峰会"在淳安举行，全球首次发布《数字化蜂业产品链整体解决方案》，现阶段围绕蜂业数字化发展探索出了许多差异化特色发展模式。

1.1 智能蜂箱模式

浙江省广泛开展农业机械化改造，开发适合当地农情的特种机械，推进生产端的设备升级，降低劳动强度，提升农业机械化水平。通过改造蜂业生产端装备，引入数字化管理模式，替代繁重的人工劳动，降低对蜂群的影响，提升蜂蜜品质，实现数字化生态养蜂。

淳安县枫树岭镇蜜源植物丰富，为蜂业发展奠定了有力的生态资源基础，养蜂业成为枫树岭镇的重要产业。但由于传统的木制蜂桶在取蜜时容易伤到蜜蜂幼虫，对于病虫害的控制乏力，且年产蜜量不受控制，致使中蜂散养产量不稳定、管理困难。为解决这一问题，当地政府积极引入莫岛蜂业这一智慧养蜂企业，开发数字化养蜂系统，升级与改造装备，使用智慧蜂箱全面替换传统木制蜂桶，利用智慧蜂箱基于底部布置的集成数据传输与数据分析为一体的传感器，将蜂群外出次数、周边环境温度湿度、蜂箱重量等信息，传输至后台进行统一运算处理。农户可通过手机端App及时准确掌握蜂群近况，特别是蜜蜂健康情况与蜜的转化情况，一旦后台数据出现异常，智能蜂箱的管家便会上门进行指导服务，帮助农户排查问题，确保蜂蜜产量。2019年年中，当地农户已经购置约2 600余套蜂箱，每套智能蜂箱产量约30kg，产量较传统养殖方式约翻两番。依托当地原始森林资源，采用数字化蜂箱放养中蜂，不仅能帮助农户与村集体增收，而且有利于当地环境资源保护，是"两山理念"在浙江的有力实践之一。2019年以来，莫岛蜂业带动大下姜10余个村建起数字蜂场，带动100多位蜂农创收450万元以上，带动各村集体经济增收300万元以上。

1.2 智慧蜂业平台管理模式

近年来浙江以数字化改革撬动"三农"各领域数字化转型发展，统筹推进数字三农协同应用平台建设,其中,通过构建蜂业管理大数据平台,强化蜂农与政府联系,将数据纳入后台管理系统,可实现蜂农动向全程追踪,优化蜜源等资源调配,助力蜂业管理智慧化升级。

桐庐县分水镇依托财政支持,启动"蜂蜜小镇"创建行动,与杭州智蜂麦谱网络科技有限公司开展密切合作,打造服务于蜂农的互联网垂直服务信息化平台——蜂博士,该平台基于数字蜂业"一张网"建设规划,涵盖蜜源地信息、疫病防治、供销发布、转运路线等模块,并为蜂农提供全产业链的数字化服务,主要包括向蜂农提供即时专家、行家技术支持和蜂产业信息交流对接服务。创新性开发农户自主上报数据、村干部上门确认的模式,将全国蜂场与蜜源基地纳入"一张网"管理,并利用上报的后台数据开发适应政府管理需求的 SAAS 系统,助力政府以数字化方式精确管理蜂农。通过蜂产业大数据平台、定制化 SAAS 系统,吸纳蜂农、企业、专家、蜜源资源的高度聚合,实现政府高效管理、资源优化调配,打造浙江蜂产业创新高地,推动蜂产业健康可持续发展。平台上线不足一年即吸引 1.2 万名蜂农及产业相关人员接入,预计未来服务人数可达 10 万人,服务蜂群 500 万群。

1.3 全产业链智能追溯模式

浙江省坚持问题导向,深化现代信息技术的融合应用,创新追溯管理模式,积极构建农产品质量安全数字化智能化监管服务体系,打造服务全民的全产业链追溯体系。其中,在蜂产业发展过程中,依托国家级检测平台的建设,蜂业全产业链追溯体系的构建有助于实现对蜂产品从养殖到销售全流程信息追溯,为蜂产业信息化精准监控提供了有效平台。

桐庐县依托浙江分阳检测有限公司,构建全国性蜂产品国家级检测中心,以精确化数据助力蜂蜜全产业链安全风险管控示范工程建设。当地政府前期引入"蜂产品质量全程追溯"系统,引导农户和企业登记开花时间、采蜜时间、花粉种类、用药类型、用药时间、加工时间、加工工厂、储存情况等生产全过程信息,建立了原料生产、原料收购、加工企业、经销公司各个环节的质量控制体系,即源头追溯体系+蜂群基地管理体系+产品质量检验体系+产品质量监控体系,为产品质量保驾护航,确保消费者可全程追溯所购买到的产品。在生产全程追溯的体系初步建成的基础上,当地政府培育分阳检测公司,形成顶尖蜂产品检测体系,确保蜂产品合规合格。通过完善的检测体系和质量监控体系,桐庐蜂蜜全产业链智能追溯实现了高端蜂产品数据信息的精确提供,有效助力企业完善全产业链追溯体系建设,强化市场信任度,进而推动蜂产业发展提质增效。

1.4 电商运营模式

浙江省广泛开展农业互联网经营，大力推广"短视频+直播+电商"的农产品营销模式，促进当地特色农产品拓展销售渠道。蜂产业发展过程中，依托区域公共品牌建设，发挥互联网思维，采取社群传播、直播带货、私人订制等新模式，打造线上销售路径，拓展蜂产品销售渠道。

开化县依托自身优良的生态资源禀赋，通过积极挖掘蜜蜂在维持生物多样性、可持续推进生态环境修复所发挥的作用，大力发展中蜂养殖等特色生态产业，中蜂养殖量连续多年保持全省领先。为进一步优化、提升产业结构，提高经济效益，开化县创建"钱江源"区域公共品牌，打造线上、旗舰店、连锁实体店和会员制结合模式，重点推动农产品积极触网，发展互联网经营，积极拓展销售渠道，借助区域公共品牌建设，鼓励引导蜂农积极参与电商交易。2019年，开化首家可视化、数字化智慧蜂场于翁村落地，该智慧蜂场借助互联网平台，结合小视频、自媒体、社群宣传等新营销手段，以蜂场相关视频引流，增加客户群体；通过遍布蜂箱的传感器和蜂场周围架设摄像头，全程向消费者直播蜂场数据和监控图像，增加客户信任度；入驻抖音小店、淘宝等平台，消费者可随时认养订购蜂箱内的蜂蜜，创新性地打造了蜂蜜私人定制模式，建立消费者对于小农户生产的蜂产品质量的信任，打通小农户与大市场间的信息壁垒，成功将当地生态优势转变为生态经济。目前，通过各类电商网上销售蜂产品价值达200万元以上。

2 浙江数字化养蜂的现实困境

数字化转型有利于政府建立大数据科学管理体系，对于蜂业发展形成整体把控与指导，促进蜂业健康可持续发展；有利于蜂农拓展收入渠道，标准化生产流程，提供高质量产品，依托社群提高销售收入；有利于企业建立全程可追溯的管理体系，实现全程标准化生产，打造自身品牌。但数字化装备采购成本高，新装备、新业态推广难度大，数据共享、多方协作机制仍待完善，政府管理不足，生产管理模式落后等问题仍制约浙江蜂业数字化发展。

2.1 数字化装备采购成本高

现阶段浙江省数字化蜂业发展的装备更新主要集中于智能蜂箱与养蜂场数字化改造方面，智能蜂箱成本约为传统蜂箱的10倍，农户对于智能蜂箱的采纳积极性较差，养蜂场数字化改造主要为网络覆盖和物联网设备铺设，前期投入高、经济效益产出慢，仅少数蜂农愿意进行投资。

2.2 蜂农老龄化严重

蜂农以中老年人为主，产业人才匮乏，据资料显示，我国八成蜂农年龄在 40 岁以上，近五成蜂农年龄大于 50 岁，从业平均年龄持续增大，浙江省内的蜂农老龄化趋势严重，普遍存在文化程度不高、技术更新能力差等问题，存在对于养蜂新装备的接纳能力较差，对于电商经营、直播带货等新业态不熟悉等问题。现阶段蜂农中缺乏懂数字化、智能化技术的人才，更缺乏懂电商、会运营的人才，而蜂业数字化发展主要体现在对于新装备的使用和新业态的发展，老龄化将长期制约蜂业数字化转型。

2.3 数据共享、多方协作机制仍待完善

大数据技术是数字化转型的重要基础，浙江省蜂业暂未形成贯穿产业链上下游的数据分享机制，政府、企业和蜂农间暂未形成协作机制，绝大多数养殖户养殖场仍处于单打独斗状态，少数平台建设各自为战，未能形成项目合力，企业间、地区间存在"数据壁垒"，"一体化"全链条的数据共享机制亟待完善，"纵横交错、条块结合"的综合协同应用平台尚不完善。

2.4 生产管理模式落后

当前浙江省内农业数字化主要发展方向集中于种植业、畜牧与渔业生产等领域，重点发展水稻、小麦等大田作物、牧场、渔场的数字化管理系统应用，对于数字蜂场建设等关注度较低，蜂业生产仍以传统生产方式为主，在收蜂、分蜂、介王、并群、取蜜、病虫害防治等技术上较为落后。

2.5 政府管理难度大

蜂产业拥有极其显著的生态环境价值与突出的经济价值，如何将蜜源与蜂场进行匹配是政府在蜂业发展中需要着重关注的问题，但近年来省内本地蜂场与外地转地蜂场争抢蜜源地的矛盾经常出现，而对于不留蜜的非蜜源地内授粉生态平衡工作引导较少，政府在蜂业发展过程中发挥的协调作用较弱，如何发挥大数据平台作用，以政府牵头，统筹处理不同蜂场间矛盾以及授粉生态平衡工作是当前面临的主要问题。

3 对策建议

3.1 建立蜂业数字化专业人才培养引进机制

蜂业数字化发展升级转型关键在人,重点在于建立完善的人才引进和培养机制。针对蜂业生产领域蜂农整体老龄化趋势严重的现实,一是政府应出台奖助政策,鼓励返乡农民工、大学毕业生、农业科技人员等从事蜂业养殖,并强化蜂农职业培训,依托蜂业专家下乡举办讲座、线上开展远程授课等形式,助力职业蜂农培养。二是大力发展蜂业服务,着力引育具有互联网思维且懂软件、硬件领域的人才投入蜂业产业发展,尤其重点培育电子商务领域相关人才。

3.2 建立蜂业大数据共享机制

蜂业数字化转型需要打通产业链各个环节的"数据孤岛",通过数据互联互通,建立大数据共享机制,打破各地蜂业发展过程中空间和时间上的割裂状态,巩固蜂业数字化发展基础。一是建立蜂业大数据中心,着力构建省级蜂业大数据中心,建立健全市场主体共享数据的相关机制,统筹协调各地养蜂场、蜜源地等信息接入,整合各地"块数据",为蜂业全场景发展提供基础数据服务,实现数据一网可查,为各地蜂农生产提供依据。二是建立蜂产品产销衔接服务平台,基于大数据分析,实现精准营销,引入"互联网+订单农业"等新模式,推动小农户衔接大市场,促进消费需求与农业生产高效匹配。

3.3 建立蜂业产业政策支持体系

蜂业具有弱质性,在发展的过程中需要政府给予更多的政策支持。一是强化财政支持,立足大数据发展历史机遇,加快构建蜂业与大数据融合发展政策环境,为蜂业生产、流通等环节数字化改造提供智慧蜂箱采购补贴等财政资金支持,并尝试以购买第三方服务等方式定向引导企业参与蜂业数字化升级改造。二是强化产业布局,高站位规划区域内产业布局,统筹谋划蜂场布局、蜂业产业园布局等。三是引导蜂农抱团发展,组建合作社等强化组织化水平,加强社企对接,促进精深加工发展,挖掘蜂产品附加值。四是深化对蜂业电商的政策引导,推动"直播带货""体验电商"等电商新业态与蜂业相融合。

3.4 强化养蜂技术培训与指导工作

养蜂技术升级是蜂业数字化转型发展的基础。一是政府应开展丰富调研，深入蜂业发展一线，了解现状及面临的问题，不断学习蜂业数字化升级的前沿养殖理论、养殖技术，紧密衔接社会经济数字化发展大背景，丰富培训资料。二是各级政府单位着力打造上下联动培训机制，强化单位间沟通与协作，促进培训工作落地，杜绝为培训而培训的形式主义，最终实现以新技术改造传统蜂业，促进产业升级换代。三是丰富培训与指导形式，形成以线下培训为主，多种培训方式并举的多层次养蜂技术推广体系，积极运用广播、电视、互联网等传播手段，扩大养蜂知识推广的覆盖面。

参考文献

[1] 张杰，刘升平，岳慧丽，等．智慧蜂业大数据平台建设与应用［J］．农业大数据学报，2021，3（1）：3-13.

[2] 施金虎，杨金勇，李奎，等．浙江省蜂产业发展情况分析与建议［J］．中国蜂业，2019，70（12）：54-56.

[3] 张柳，孙战利，张社梅．供给侧背景下推进特色农业转型发展的思考：以蜂产业为例［J］．农业现代化研究，2019，40（1）：63-71.

[4] 宋敏，刘欣雨．数字经济赋能农业韧性机制研究：基于人力资本的中介效应分析［J］．江苏社会科学，2023（1）：103-112.

[5] 张蕴萍，栾菁．数字经济赋能乡村振兴：理论机制、制约因素与推进路径［J］．改革，2022（5）：79-89.

[6] 王宝龙．数字化农业的发展现状与数字化蜂业未来［J］．中国蜂业，2019，70（11）：14-15.

科技小院实践产教融合之路
——以四川邛崃蜜蜂科技小院为例

王 舒,莫经梅,张社梅

(四川农业大学 成都 611130)

摘要:从产教融合视角出发,运用利益相关者理论探究科技小院实践产教融合的路径。基于政府、学校、企业、学生和农民五方搭建科技小院实践产教融合的分析框架;以中国农技协四川邛崃蜜蜂科技小院为例,从建设动因、利益联结、人才培养、模式创新四个方面,系统细致地分析了该小院建设的主要做法以及践行产业融合的路径,为产教融合实践提供思路与借鉴。

关键词:产教融合;科技小院;利益相关者理论

1 研究意义

产教融合对于破解高等教育人才培养"适用性"难题,实现地方产业经济转型发展和教育机构人才培养模式改革双赢具有重要意义。2013年教育部出台的《关于深化教育领域综合改革的意见》正式提出了"产教融合"这一表述。2017年、2019年国家又连续出台关于产教融合的专门性文件,明确了深化产教融合的制度框架、政策内涵及载体建设等,并将产教融合的范围从职业教育扩大到高等教育体系[1]。目前,产教融合已成为我国人才培养改革和经济高质量发展相互衔接贯通的重大战略举措[2]。

近年来,国家大力推进乡村振兴战略,围绕区域农业产业发展和农村人才需求,高校、企业积极开展密切合作,促进产教融合发展,取得了积极成

基金项目:中国学位与研究生教育学会2021年度重点课题"农业管理专业学位研究生成长动态及实践能力培养机制优化研究"(项目编号:2021-NLZX-ZD20)

作者简介:王舒,男,四川成都人,硕士研究生,研究方向为农业管理;莫经梅,女,四川资阳人,博士研究生,研究方向为农业经济管理;张社梅,女,陕西宝鸡人,博士研究生,教授,博士生导师,研究方向为农业经济管理

效。但总体来看，与产业转型升级的新形势新要求相比较，人才培养仍面临诸多困难和挑战：一是高校与企业之间的利益联结机制不畅，普遍存在学校热、企业冷现象，企业融合意愿不强[3]；二是产教融合模式僵化，注重传统生产环节，产后环节及新业态拓展等方面的人才培养仍较薄弱；三是学生实践片面强调一线锻炼，忽视思政元素的融入和情怀教育。这些问题已严重制约产教融合的深入推进。

科技小院是涉农高校与农业产业组织深度合作建立在生产一线，集农业科技创新、示范推广、人才培养于一体的科技服务平台[4]。自 2009 年中国农业大学在河北曲周创建了全国第一家科技小院以来，科技小院已经成为涉农高校专业学位硕士研究生培养的一种重要模式。截至 2021 年年底，全国建设科技小院 480 家，入驻研究生 1 000 余名，覆盖超 130 种产业体系，培训农民 20 多万人次，推广技术超 5.6 亿亩，乡村振兴做出了积极贡献。科技小院作为一种典型的产教融合产物，其在摆脱产教融合困境、培养乡村振兴人才方面也做出了有益探索。本文以中国农技协四川邛崃蜜蜂科技小院为例，重点解析科技小院模式在推进产教融合中的做法与实践路径，以更好地为国家制定涉农领域的产教融合政策提供参考。

2 理论分析

科技小院以充分挖掘高校研究生人才队伍、解决农业技术推广"最后一公里"难题为出发点，在推进产教融合的过程中逐步形成了包含产业、高校和政府三方的对接平台。按照"政府和学校搭台、学生唱戏"的方式，将研究生从封闭的校园直接转移到开放的农村一线，边实践、边服务、边研究，使其逐渐成为农业农村经济建设主战场上一支新型的生力军。不难看出，科技小院是一个多元主体共同组成的系统，其建设、运行涉及高校、产业实体和政府三大部门。多元主体之间利益诉求不同、目标不同，各自的行为出发点也就不同。为了全面揭示科技小院系统内各主体之间的关系和清晰呈现小院育人路径，本文运用利益相关者理论分析科技小院实践产教融合之路。利益相关者是由斯坦福研究院于 1963 年最先提出，后来又经过多位学者不断完善和深化，其核心观点认为任何一个组织应当综合平衡各个利益相关者的利益要求，而不仅仅是某些主体的利益，还应该关注受组织影响的主要的、合法的个体和团体[5]。

科技小院的利益相关者包括"产""教"和"政府"三大部门，具体来看科技小院的核心利益影响者主要包括政府、学校、企业、学生和农民五方。

协调五者不同的利益诉求、平衡五者利益关系是建设科技小院的核心和关键。

（1）政府在科技小院建设中处于主导地位。科技小院的主管部门是科协系统，地方科协和农技协是主要直接管理部门。科技小院的建设初衷是解决农技推广问题，促进农业科技供需有效对接。因此，满足本地区农业技术推广与传播、实现科技助力乡村振兴是政府关注重点。

（2）企业与学校是科技小院建设的核心单位。企业期望科技小院建设带给其新的生产技术、新的管理方案或是降低其资源运行成本，提升其经济效益与管理效率。学校则关注科技小院建设带来的学生实践能力培养，并以此提升学校的知名度与竞争力。

（3）学生与农民是科技小院平台上科技服务的提供者和需求者。学生期望有良好的实践学习平台，为农户等生产经营者提供科技服务，从而锻炼能力、提高就业竞争力。农户希望在不增加成本的情况下采用新技术，提高农产品产量、改善质量，进而提高收入。因此，无论是学生还是农民对于科技小院的建设都有着迫切的需求。

3 案例呈现：科技小院促进产教融合发展的路径

四川邛崃蜜蜂科技小院（以下简称邛崃小院）成立于2020年9月1日。由中国农村专业技术协会主导，依托四川省邛崃市蠹鑫蜂业协会，由四川农业大学、四川省农村专业技术协会、邛崃市科协等联合共建。小院有两名指导老师，入驻研究生7人，其中农业管理专业硕士5名、特种经济动物养殖学生2名。学生工作内容主要包括优良蜂种培育、蜂产品营销、蜜蜂知识科普等，涵盖蜂蜜全产业链。

本研究选取该案例的原因在于：第一，该小院成立短短两年就取得了诸多成果，并被评为2021年全国十佳科技小院，在科技小院中具有典型性。第二，小院入驻学生涵盖自然科学和人文社会科学，具有技术与经济协同发展的典型色彩。第三，邛崃小院创新的服务模式得到了较高认可，为产教融合创新研究提供了一定参考价值。

3.1 科技小院建设动因

（1）应对农业科技有效供给不足挑战的需要。科技小院是涉农高校农业推广的重要力量，其因为扎根一线、紧密衔接产业发展科技需求，在促进科技供需有效对接上显示出旺盛的制度生命力。邛崃小院正是瞄准区域蜜蜂产业领域科技供给不足的短板而创建。

（2）促进区域优势产业发展的需要。四川是我国的传统养蜂大省，蜂群饲养量165万群，位居全国第一；四川亦是全国各地蜜蜂供给的主渠道，蜜蜂繁育在市场占据重要地位。自2016年开展扶贫攻坚以来，四川已有50多个山区县将蜜蜂产业作为主导产业大力发展。此外，蜜蜂产业近年来在后端精深加工、蜂事体验、科普教育等领域得到极大的拓展，这为小院充分发挥服务功能提供了肥沃的土壤。

（3）促进校企对接的需要。邛崃市蟲鑫蜂业协会是一家集蜜蜂技术交流、技术培训、科学普及等于一体的协会。产业的快速发展促使协会不断壮大，其对养殖、销售、运营人才的需求提升。四川农业大学在长期的发展中已建立了稳定的蜂业科技服务团队。2016年蜂业经济专家就与蟲鑫养蜂协会建立了合作，双方共建教学实习基地，并为蜂业协会提供咨询、拓展国际合作交流渠道，小院指导老师因此被聘为组织顾问，这为小院的建立奠定了扎实的基础。

3.2 科技小院运行机制

理顺科技小院多方联结机制，是构建深度产教融合的关键。邛崃小院综合统筹政府、学校、企业、学生、农民五方利益，以协调五方利益为目标，通过统筹协调、组织融合和利益融合实现互利共赢。

（1）多方统筹、统一指挥。小院受四川省农技协科技小院专委会和邛崃市科协的双重领导，业务上以专委会为主，邛崃科协为地方支持单位。小院日常运行经费主要来源于中国农技协小院专项经费和企业或者导师的课题经费。运行经费主要用于学生入驻期间的生活补助、交通等。学生的主要工作包括：协助蜂种育种、产品营销、科普教育及文创产品开发等。为了避免多头指挥影响学生的培养计划和企业生产计划，企业指定专人负责与学生对接，力促学生入驻期间的组织管理有序进行。

（2）组织融合、工作协同。为促进小院与依托单位的深度融合，邛崃小院以独立部门的形式嵌入蟲鑫蜂业，成为企业的科研顾问部门。小院参与企业产供销各环节的技术开发和销售策略制定，小院首席专家成为部门负责人深度参与企业经营管理以及战略规划咨询。因此，一方面，老师和学生得以细致地了解企业运行实际情况，更好地为企业把脉问诊，不少学生也以小院为题发表了高质量论文。另一方面，蟲鑫蜂业鼓励学生建言献策、大胆创新，并依靠小院提高了企业运行效率，小院与企业真正实现协同发展。

（3）利益融合、五方共赢。邛崃市科协、蟲鑫蜂业、四川农业大学、入驻学生以及蜂农是邛崃小院的利益相关者。第一，县科协的主要职责之一就是提高民众科学素质，推广和传播科学知识。邛崃小院建立了一整套蜜蜂知识科普体系和教程，在蜜蜂知识科普方面已经取得显著成效，较好地协助了科协的工作。第二，对于蠹鑫蜂业来说，邛崃小院的成立除了协助提高组织和管理效率外，还通过积极参与科技小院大赛、科普教育活动等，多渠道多形式为企业做宣传。第三，邛崃小院是四川农业大学众多科技小院中较为活跃的一个，其发展和取得的成绩为四川农业大学赢得了荣誉，也为学校培养专业学位的学生提供了新的思路和方向。第四，对学生本人来说，深入生产经营一线进行锻炼，无疑更具挑战性。在小院工作不仅仅掌握理论知识，还锻炼了人际交往能力、表达能力、组织能力等，学生的科研水平和自主学习能力得到了提升和加强。第五，蜂农作为邛崃小院的直接服务对象，学生开展更多形式的技术推广活动，有利于推动蜂农的技术革新进而增加收入，而蜂产品的深加工和销售渠道扩展也为其增加了更多红利。

3.3 科技小院精准育人

学生是小院的直接培养对象，也是小院意志的直接执行者，抓好学生的思想建设更为重要。邛崃小院发挥党建引领作用，以学生为本，注重三农情怀培育，着力实现精准育人。

（1）因材施教、鼓励创新。邛崃小院以学生个体差异为基础，制定不同培养路线，做到因材施教、差别培养。一是根据学生毕业方向的不同细化培养流程。毕业想继续升学读博的学生注重其学术能力培养，毕业想入职企业的则注重实践能力培养。二是在细化学生培养目标，注重发挥学生潜能。对于技术类专业学生进入育种场管理，而对于管理类专业则进行营销和管理部门进行实践。三是构建良好的沟通环境。学生群体中每届选择一位担任小院院长，及时解决大家的问题。学生定期召开例会，分享生活学习中的心得体会，交流遇到的困难挫折，有效沟通和共同解决问题。

（2）培养三农情怀。进行劳动教育是科技小院的显著特征。首先，邛崃小院每年9月在新入学前，就安排研究生入驻企业进行劳动锻炼，与工人同吃同住同劳动，一方面激发学生对蜂产业的研究兴趣，另一方面培养艰苦朴素、吃苦耐劳的精神。其次，每年进行固定蜂农的问卷调查，学生都要与蜂农面对面交流访谈，培养学生脚踏实地的劳动情怀。最后，邛崃小院坚持进入乡村、社区开展各类蜜蜂主题的科普活动，引导学生立足乡村振兴，树立伟大抱负，孕育学生的三农情感。

（3）理实并重、多元结合。邛崃小院从市场与产业问题入手，以产业实际需求为导向，依托人文学科与自然学科交叉优势，综合培养学生。在邛崃小院，人文科学的学生需要学习蜜蜂养殖、蜜蜂行为学基本知识，而自然学科的学生也要学习蜂产业政策、蜂产业经济管理方面的相关知识，真正做到知识交叉。同时，注重企业文化、乡村文化与蜂产业文化的融合教育，以"敬业"的企业精神为主导，以"求实"的科研精神为依托，以"探索"的创新精神为目标，教育学生"干一行爱一行，爱一行钻一行"。

4　结语

科技小院以提升涉农专业学位研究生综合素质为特色，是促进产教融合的重要平台，能够破解产教脱离、企业积极性不高、学生培养不完善等诸多难题。促进科技小院深度产教融合需找准并平衡各方利益，搭建好平台载体充分注重企业和学生主体作用，引导青年学生在乡村的广阔天地中大显身手，无私奉献青春和智慧，不断坚定理想信念，为将来走上社会、担任民族复兴大任奠定良好的基础。

参考文献

[1] 国家发展改革委，教育部，工业和信息化部. 国家产教融合建设试点实施方案（发改社会〔2019〕1558号）[R]. 2019-9-25.

[2] 王树国. 深度推进产教融合协同育人创新工程：西安交通大学"百千万卓越工程人才培养项目"的探索与实践[J]. 学位与研究生教育，2022 (7)：1-5.

[3] 王丹中. 基点·形态·本质：产教融合的内涵分析[J]. 职教论坛，2014 (35)：79-82.

[4] 张福锁. 科技小院：知农爱农和强农兴农人才培养的先行者[J]. 科技导报，2020，38 (19)：11-15.

[5] 付俊文，赵红. 利益相关者理论综述[J]. 首都经济贸易大学学报，2006 (2)：16-21.

杭州市进口蜂蜜市场特征及价格行为分析

毛小报，李爱芝

(浙江省农业科学院农村发展研究所　杭州　310021)

摘要：本研究旨在探索2014—2023年杭州市进口蜂蜜市场特征和价格行为情况。通过深入分析从市场调研中收集的1 246条数据，本文对不同品种、品牌和产地的进口蜂蜜以及其价格进行了细分比较。研究结果表明：进口蜂蜜的品种数量持续收缩，品牌淘汰率高，且原产地也趋于集中化，新西兰产的蜂蜜在市场上占据主导地位。这些因素共同反映了市场的高度竞争环境。此外，进口蜂蜜的价格整体呈上升趋势，不同品种和品牌之间的价格差异显著，且商场专柜的进口蜂蜜售价普遍高于超市的售价。本文为理解进口蜂蜜在国内市场的发展态势提供了一定的见解。

关键词：进口蜂蜜；市场特征；价格行为

1　引言

蜂蜜产业在全球经济中扮演了重要角色，不仅促进了经济增长，也在社会和生态方面产生了显著效益[1]。在国内市场上，国产蜂蜜占据庞大的市场份额的同时，进口蜂蜜也逐渐成为一个重要的市场组成部分。进口蜂蜜的销售渠道日益多样化，线下销售主要集中在超市和商场专柜。相比国产蜂蜜，进口蜂蜜的价格普遍偏高，且两者的价格倍差呈扩大趋势[2]。据调查，国内市场上99%的蜂蜜为国产，仅大约1%为进口。在供需量悬殊的情况下，进口蜂蜜仍能以高价畅销国内市场，每年进口量保持在约4 000t[3]。这一市场现象凸显了深入探究进口蜂蜜市场发展演化情况的必要性。本文利用2014—

基金项目：国家现代农业产业技术体系（蜜蜂）资助（CARS-44-KXJ18）
作者简介：毛小报，副研究员，研究方向为农业资源与区划、蜂业经济，E-mail：m1362571@163.com
通信作者：李爱芝，硕士，研究方向为农业经济、蜂业经济，E-mail：aeats2023@163.com

2023 年在杭州市场收集的 1 246 条有关数据，综合分析了进口蜂蜜市场特征和价格行为，旨在提供一个清晰的视角以理解进口蜂蜜市场的整体格局和发展态势。

2 样本信息

本文使用的数据来源于 2014—2023 年对杭州市 19 家超市和 2 家商场专柜的进口蜂蜜价格信息的跟踪调查，调查累计获取有效价格信息 1 246 条。所收集的信息涵盖了进口蜂蜜规格、产地、单价、种类、名称、包装、销售地点、品牌等。在价格分析方面，为了剔除通货膨胀的影响，反映出进口蜂蜜价格的实际波动情况，本文利用糖类居民消费价格指数（CPI）进行平减处理（以 2014 年为基期）。另外，鉴于 2023 年的调查样本数仅为 45，显著低于历年水平，为确保分析结果的统计有效性，本研究采取基于前一年度数据分布的样本进行样本扩展。依据 2022 年各规格进口蜂蜜的调查占比情况，对 2023 年的样本进行重复写入处理。该方法旨在维持样本分布的一致性，从而使得对价格趋势的推断更为合理，尽管这种做法可能引入一定的偏差，但在当前样本量受限的情况下，此举是恰当的临时解决方案。

3 结果与分析

3.1 杭州市进口蜂蜜市场特征分析

3.1.1 品种呈现收缩趋势，多样性下降

市面上进口蜂蜜的品种丰富，常见的有桉树蜜、百里香蜜、巢蜜、刺槐蜜、椴树蜜、松树蜜、野地花蜜、麦卢卡蜜等。根据调查信息显示，随着时间的推移，进口蜂蜜品种数量表现为收缩形式（图 1），由 2014 年的 22 种减少至 2023 年的 6 种。近几年，市场上进口蜂蜜主要以刺槐蜜、麦卢卡蜜、松树蜜、杂蜜等品种为主。这种品种收缩的趋势一定程度上反映了市场需求的变化和供应链的调整。消费者更倾向于购买一些特定种类的蜂蜜。同时，供应商也更倾向供应着有更高需求和更好利润的品种。以 2023 年的调查信息为例，进口蜂蜜主要集中在刺槐蜜、椴树蜜、三叶草蜜、松树蜜、杂蜜和麦卢卡蜜中，除了麦卢卡蜂蜜市场均价较高外，其他品种的进口蜂蜜的市场均价都在 300 元/kg 附近，能够满足大多数偏爱进口蜂蜜的消费者的经济承受能力。并且，刺槐蜜、椴树蜜、三叶草蜜等的原料广泛分布，易于获取。经济

实惠加之广泛的可得性,这几个品种的蜂蜜逐渐成为进口蜂蜜市场上的主流产品。相比之下,麦卢卡蜜的定位较为高端,该品种蜂蜜能在市场上保有较高热度的主要原因在于其独特的来源和医疗保健价值[4]。产自新西兰北岛的北部地区和澳大利亚东海岸的麦卢卡蜂蜜因生长地区有限且生长周期长,产量较少。同时,麦卢卡蜂蜜具有显著的抗菌性[5],其被认为有助于伤口愈合、改善消化健康、抑制溃疡,并可能增强免疫系统[6],因此备受健康意识较高的消费者青睐。

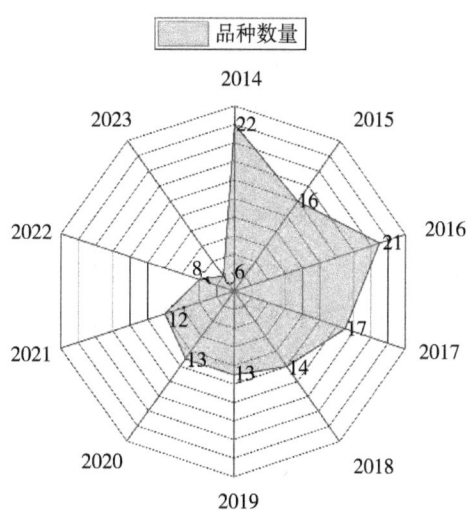

图 1　2014—2023 年进口蜂蜜品种趋势情况

3.1.2　品牌淘汰率高,市场竞争激烈

从调查样本来看,过去 10 年,杭州市进口蜂蜜市场的品牌数量呈现了较为显著的变化。调查中累计涵盖了 48 个不同的进口蜂蜜品牌,而每年调查中出现的品牌数则在 6~22 个波动。值得注意的是,随着时间的推移,这些品牌数量并非持续增长,而是呈现出逐渐减少的趋势。如图 2 所示,2014—2020 年,进口蜂蜜品牌数在 10 个以上,最多时候达到 22 个(2014 年);2021—2023 年,品牌数量急剧减少,维持在 6~8 个。整体而言,2014—2023 年,品牌累计淘汰率高达 63.64%。超过一半之多的品牌逐渐退出市场,尤其在 2021 年,品牌淘汰率达到 56.25%。少数具有稳定市场份额和口碑的品牌在竞争中存活下来,占据了市场的主导地位。经过品牌的不断更迭,最终市场上的品牌主要集中在朗尼斯、TESCO、荷塔威、沃森、虎标、新溪岛、康维他等。

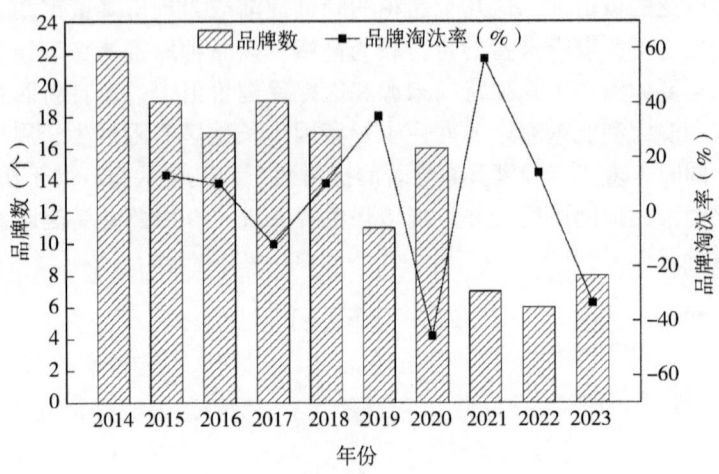

图 2　进口蜂蜜品牌数与品牌淘汰率

3.1.3　产地趋于集中化，新西兰地位稳固

根据对杭州市进口蜂蜜市场的调查，进口蜂蜜产地表现出一家独大的局面，新西兰占据了大量市场份额，并长期稳居第一的地位。如图 3 所示，早期市场上主销的进口蜂蜜产地较多。除了占据约一半市场份额的新西兰外，其他如英国、澳大利亚、德国、法国、加拿大、马来西亚和西班牙等国的蜂蜜也占据了一定的市场份额。然而，近年来，产自法国、巴西、加拿大等国的蜂蜜逐渐退出市场，而新西兰进口蜂蜜在市场中的地位更加稳固。2023 年新西兰进口蜂蜜在调查中的份额已超过六成，达到 64.2%；产自澳大利亚的蜂蜜也在市场上占据一定份额，在调查中的占比从 2014 年的 4.48% 上升至 2023 年的 29.63%，位居第二。此外，德国和俄罗斯等国的蜂蜜占据少量市场。产自德国的蜂蜜在市场上也一直保有一定地位，在每年的调查中其都具备部分占比，尤其是在 2017 年达到了最高的市场份额，占比为 34.59%。俄罗斯蜂蜜于 2020 年首次出现在调查中，市场份额为 1.36%。当年，中国成为俄罗斯蜂蜜的最大进口国，占其出口总额的 37%（俄联邦海关局数据）。此后，俄罗斯蜂蜜一直在我国进口蜂蜜市场中保持一定份额。整体结果表明，杭州市场上销售的蜂蜜产地来源从多元化逐渐发展成集中化的趋势。自新西兰进口的蜂蜜在市场中始终保持着绝对优势，产自其他国家的蜂蜜市场份额相对较小，市场竞争日益趋于集中。

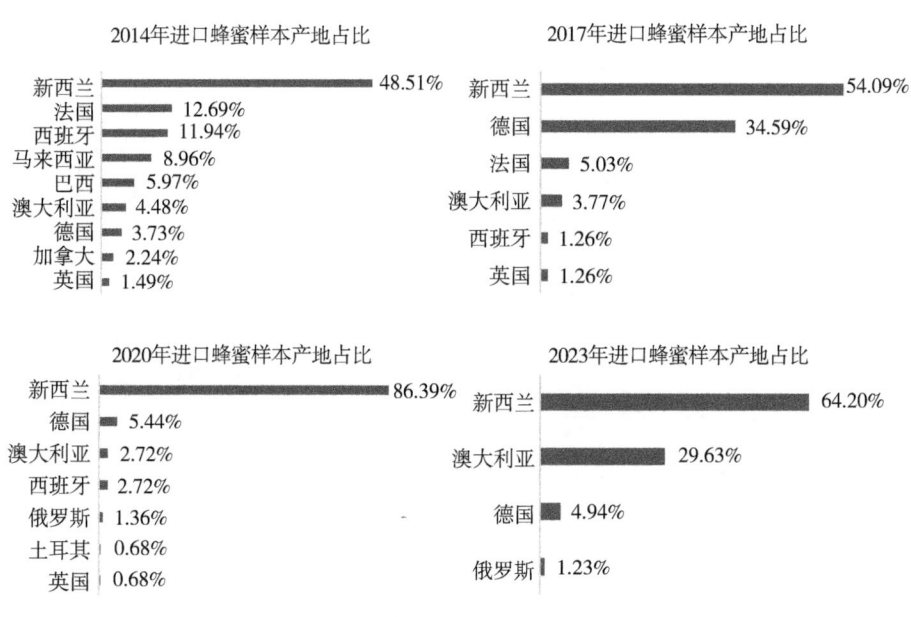

图 3 进口蜂蜜主要产地占比

3.2 杭州市进口蜂蜜价格行为分析

3.2.1 价格总体呈上升趋势，部分年份出现调整

图 4 是 2014—2023 年调查中杭州市进口蜂蜜的名义价格和实际价格的趋势情况。2014—2023 年，进口蜂蜜市场价格整体呈上涨趋势。以实际价格为准，由 2014 年的 605.2 元/kg 上涨到 2023 年的 1 063.33 元/kg，累计涨幅达 75.7%，年均价格增长率为 6.46%。具体趋势上，在调查样本中，2020 年和 2023 年的进口蜂蜜均价较上年有所降低，降幅分别为 19.73% 和 14.47%。其余年份价格均呈现上升趋势，并于 2022 年达到最高价格（1 243.20 元/kg）。与国产蜂蜜相比，进口蜂蜜的价格高，以 2023 年为例，进口蜂蜜价格是国产蜂蜜的 10 倍以上。进口蜂蜜通常附带原产国的特殊品牌溢价，并且，蜂蜜进口需要的运输和储存条件都需要附加成本。调查过程中还发现，进口蜂蜜通常以品质、纯度、独特性或者特殊产地作为宣传卖点，从而建立起产品品牌价值和声誉，吸引消费者为之支付高昂的价格。

所有调查中，进口蜂蜜的价格相对分散（表 1）。在各区间中，200 元/kg 及以下的蜂蜜产品占比表现出显著的下降趋势；200~400 元/kg 的蜂蜜产品占比较大，且较为稳定；2 000 元/kg 以上的蜂蜜产品占比表现出明显的上升趋

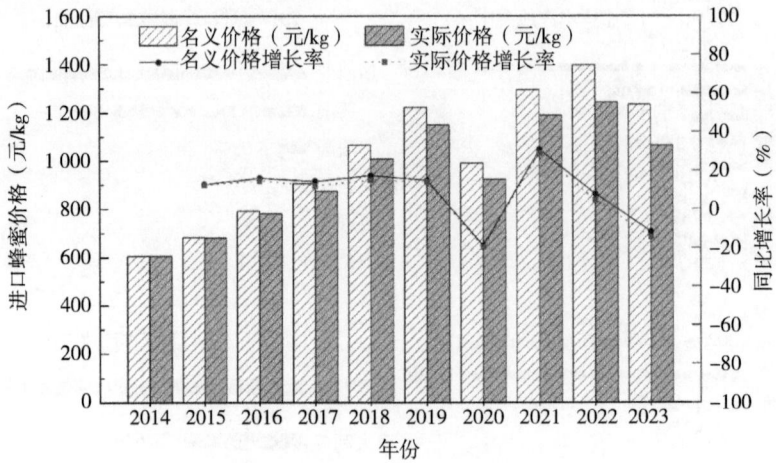

图4 2014—2023年进口蜂蜜价格走势

势。综合来看，市场上高价位的蜂蜜产品占比呈现上升趋势，而低价位蜂蜜产品占比则呈现下降趋势。这侧面反映了消费者越来越对高品质蜂蜜表现出偏好，愿意为更优质的产品支付更高的价格。

表1 进口蜂蜜价格区间的分布情况

进口蜂蜜单价区间	样本数及其占比				
	2015年	2017年	2019年	2021年	2023年
200元/kg及以下	15 17.4%	12 7.55%	13 8.4%	11 7.33%	5 6.17%
200~400元/kg	33 38.4%	52 32.7%	34 22.1%	31 20.67%	29 35.8%
400~600元/kg	15 17.4%	31 19.5%	22 14.3%	6 4%	0 0
600~800元/kg	7 8.14%	21 13.21%	20 13.0%	29 19.33%	16 19.75%
800~1 200元/kg	4 4.65%	8 5.03%	14 9.1%	15 10%	2 2.47%
1 200~2 000元/kg	5 5.8%	17 10.69%	22 14.3%	30 20%	11 13.58%
2 000元/kg以上	7 8.1%	18 11.32%	29 18.8%	28 18.67%	18 22.22%
总数	86	159	154	150	81

3.2.2 品种间价格层次分明，麦卢卡蜂蜜领衔高端

由于杭州市场上的进口蜂蜜品种的更迭与收缩，使用2014—2023年的均价衡量不同品种蜂蜜的价格可能会造成失真。因此，本文选取2015年、2019年和2023年为代表年份，比较不同品种进口蜂蜜的价格差异，具体结果见表2，不同品种间价格差异显著。从均价来看，麦卢卡蜂蜜的价格最高，2023年达到1 498.98元/kg。其次是瑞瓦瑞瓦蜜和巢蜜，价格在400元/kg以上。但是在近几年的调查中这两品种蜂蜜均未被记录到。野地花蜜、三叶草蜜、刺槐蜜、松树蜜、卡玛希蜜和苜蓿蜜的价格再低一档，均价在300~400元/kg，其中三叶草蜜、刺槐蜜、松树蜜在市场保持了较好的市场份额。价格较低的品种包括杂蜜、椴树蜜、橙花蜜、紫云英蜜、向日葵蜜等，其中向日葵蜜的最低价低至176.4元/kg，杂蜜的价格持续走低，至2023年跌至286.14元/kg。所有品种中，麦卢卡蜜的价格异质性最大。麦卢卡蜂蜜根据抗菌活性数值来区分等级，以UMF（Unique Manuka Factor）[7]作为评级依据之一，较高的UMF等级通常表示更高的天然特性。从不同UMF浓度的麦卢卡蜂蜜价格的中间值来看（图5），UMF5+、UMF10+、UMF15+和UMF20+的麦卢卡蜂蜜市场价格集中在737.35元/kg、1 249.16元/kg、2 407.6元/kg和4 568.09元/kg左右。

表2 不同品种进口蜂蜜的价格情况

2015年		2019年		2023年	
品种	平均价格（元/kg）	品种	平均价格（元/kg）	品种	平均价格（元/kg）
三叶草蜜	336	三叶草蜜	367.33	三叶草蜜	336
杂蜜	594.33	杂蜜	370.28	杂蜜	286.14
橙花蜜	224.72	橙花蜜	264	椴树蜜	282.86
麦卢卡蜜	1 346.58	麦卢卡蜜	1 813.4	麦卢卡蜜	1 498.98
百里香蜜	230.33	刺槐蜜	340.6	刺槐蜜	365.6
巢蜜	438.43	松树蜜	386.06	松树蜜	398
高山蜜	230	卡玛希蜜	336		
槐花蜜	200	苜蓿蜜	336		
迷迭香蜜	230	瑞瓦瑞瓦蜜	443.33		
柠檬蜜	264	向日葵蜜	176.4		
相思树蜜	244	野地花蜜	390.67		
薰衣草蜜	196.67				
洋槐蜜	214.29				
紫云英蜜	270.75				

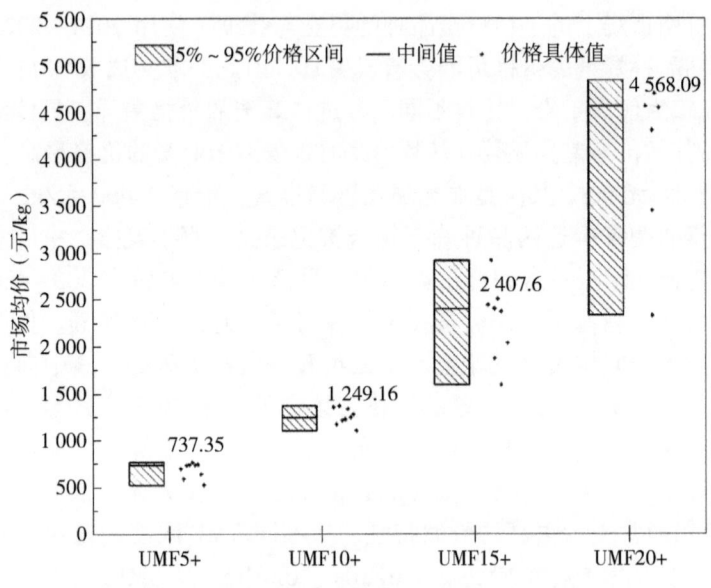

图5　不同UMF浓度的麦卢卡蜂蜜市场价格

3.2.3　品牌间价格悬殊，市场分层明显

表3汇总了市面上销量较高的8个进口品牌的蜂蜜价格信息。"荷塔威"和"沃森"的价格偏高，"荷塔威"最高市场价格达到了2 151.1元/kg。"Tesco"和"贝斯玛"两个品牌的进口蜂蜜的价格是最低的，价格在200元/kg上下，最低时候"Tesco"甚至能达到86.56元/kg。"荷塔威"品牌经过长期发展、市场认可和良好的管理形成了独特的价值，包括品牌知名度、声誉、信任度、消费者忠诚度等，产生的价格溢价较高。而"Tesco"在营销上则体现了另一种低价策略，通过提供较低价格的蜂蜜产品来吸引更多消费者，这种战略旨在增加销售量，通过高销量弥补低利润率。

3.2.4　销售渠道间价格差异显著，商场专柜售价较高

由表4和表5可知，商场专柜的进口蜂蜜平均价格远远高于超市，平均价格以上的进口蜂蜜在商场专柜的样本数占比高于超市。商场专柜通常面向更高端的目标市场，产品定位更为精致和高端。这样的定位需要更高质量的产品，并反映在价格上，比如价格偏高的麦卢卡蜂蜜更多在商场专柜出售。商场专柜通常面向有更高消费能力的目标群体，因此其蜂蜜产品往往会覆盖更广泛的价格范围，这种差异性定位导致了价格上较大的异质性。

产业篇

表3 不同进口蜂蜜品牌间的价格情况

单位：元/kg

品牌	年份										平均
	2014	2015	2016	2017	2018	2019	2020	2021	2022	2023	
贝斯玛	194.29	214.29	205.14	206	206	196.2	—	—	—	—	203.65
蜜月	236.19	218.89	222.19	195.14	221.16	264	—	—	—	—	226.26
琅斯	740.38	—	356	381.32	492.8	484.47	371.4	461.8	371.3	371.3	447.86
康维他	980.47	780.08	558.64	1 161.59	1 224.15	997.74	807.67	1 252.7	1 135.44	1 744.85	1 064.33
蜜纽康	1 220.67	1 337.57	1 278.24	1 382.71	1 287.07	1 613.24	644	1 776.63	1 708.33	—	1 317.52
沃森	1 308.38	1 384.7	1 080.25	1 246.64	—	1 849.36	1 395.1	1 535.1	—	1 078	1 398.43
Tesco	—	—	—	220.29	235	158.14	87.89	86.56	—	—	157.58
荷塔威	—	—	—	2 151.1	1 731	1 538.69	1 601.32	1 265.1	1 928.9	731.54	1 563.95

表 4　杭州市不同销售场所进口蜂蜜价格情况　　　单位：元/kg

销售场所	指标	不同年份价格			平均价格
		2021	2022	2023	
超市	平均价	1 143.02	637.34	784.84	855.07
	标准差	1 194.51	559.39	800.49	-
商场专柜	平均价	1 487.61	1 671.81	1 956.84	1 705.42
	标准差	1 233.56	1 398.98	1 566.01	-

表 5　进口蜂蜜销售场所的分布比例　　　单位：%

项目	不同年份占比					
	2021		2022		2023	
	超市	商场专距	超市	商场专距	超市	商场专距
平均价格以下	62.77	37.23	35.48	64.52	75.00	25.00
平均价格以上	44.64	55.36	7.14	92.86	37.93	62.07

4　结论

4.1　进口蜂蜜市场竞争态势加剧

进口蜂蜜在国内市场的竞争环境日趋激烈，品种数量持续收缩，品牌淘汰率高，原产地也趋于集中化，这些变化共同塑造了市场的当前态势。值得注意的是，品种、品牌和原产地的收缩并不意味着市场整体萎缩，反而反映了市场对品质的更高要求和对品牌的更强认可。

来自不同国家和地区的进口蜂蜜品牌，如新西兰、澳大利亚、德国等，通过独特的品牌定位和巧妙的市场策略在国内市场角逐份额，力图占据领先地位。这种激烈的市场竞争环境要求品牌不断提升蜂蜜产品质量、加强品牌建设，并通过创新营销策略吸引消费者，以保持或提升其市场份额。例如一些进口蜂蜜品牌积极寻求与国内零售商的合作机会，以更广泛地覆盖消费者，提高产品的可获得性。此外，特色蜂蜜品牌与国内产地或企业展开地方性的合作，推动了特色蜂蜜的市场推广，形成了有益的合作生态。一系列在激烈竞争下展现的积极因素共同推动着进口蜂蜜产业的发展水平不断提升，为市场的长期健康发展奠定了坚实基础。

4.2　品牌溢价与宣传策略造就高价位

进口蜂蜜价格普遍较高，即使是以平价路线为主打的"Tesco"蜂蜜的价格也要高于国产蜂蜜，更不用说像"荷塔威"和"沃森"这样的知名品牌，这与他们背后的品牌溢价密不可分。进口蜂蜜品牌通常投入大量资源在广告宣传、市场推广以及品牌建设上，以提升其知名度和品牌价值。这种积极的宣传活动可以有效地塑造品牌形象，提高消费者对产品的认知度和信任度，从而赋予了产品一定的品牌溢价，进一步推高了价格。调查中还发现，消费者对蜂蜜原产地的高度重视也是价格上涨的一个因素。许多消费者倾向于认为，来自具有优越自然环境地区的蜂蜜品质较佳，而国内蜂蜜因受工业化影响而品质相对较差。这种"褒外贬内"的观念导致国产蜂蜜价值被低估。尽管进口蜂蜜价格昂贵，消费者出于对高品质、原产地以及品牌附加值的认可，仍愿意支付更高的费用。这对国内蜂蜜产业而言，提出了重要的启示：在确保产地环境控制、加强产品质量监管和建立高品质品牌的同时，还需加大这些方面的宣传力度，以提高消费者对国内品牌的认知和信任。

4.3　消费者对高品质蜂蜜需求增长

随着人们生活水平的提高和健康意识的增强，消费者对高品质蜂蜜的需求逐渐增长。高品质蜂蜜被认为具有丰富的营养成分和独特的风味，被越来越多的人所青睐。在调查过程中发现，杭州市场上消费者对进口蜂蜜的品质和原产地开始更加关注，他们偏好品质更高、来源更可靠蜂蜜。此外，随着生活节奏加快和工作压力增大，消费者对于食品安全和健康的关注也在不断提升。高品质蜂蜜被视为天然、健康的食品选择，尤其是具有抗菌效果的医用级蜂蜜和纯天然蜂蜜受到了更多消费者的青睐。他们更愿意选择经过严格检测、质量可靠的高品质蜂蜜，以满足对健康和品质的需求。以麦卢卡蜂蜜为例，这种被认为是医用级蜂蜜和纯天然蜂蜜的典型代表，在过去10年中逐渐受到消费者的青睐。根据调查数据，2014年麦卢卡蜂蜜在调查样本中占比为23.88%。这一比例稳步增长，到了2023年麦卢卡蜂蜜在样本中占比超过半数。显然，高品质进口蜂蜜市场在国内已经得到充分开拓。

参考文献

[1] 曾蜜,曾志将.蜜蜂饲养规模与产值效益调查分析[J].应用昆虫学报,2020,57(5)：1139-1142.

[2] 沈少君,王正国,寸满翠,等.中国蜂蜜进口数量波动的原因分析[J].蜜蜂杂志,2024,44(1)：12-16.

[3] 张鸾,王恒,王益慧,等.新西兰蜂蜜突破出口贸易增长瓶颈的规律及经验启示[J/OL].中国食物与营养：1-9[2024-04-12].

[4] Mavric E, Wittmann S, Barth G, et al. Identification and quantification of methylg-

lyoxal as the dominant antibacterial constituent of Manuka (*Leptospermum scoparium*) honeys from New Zealand [J]. Molecular Nutrition & Food Research, 2008, 52 (4): 483-489.

[5] 沙芳芳, 赵瑞丽, 张璐, 等. 麦卢卡蜂蜜促健康功能研究进展 [J]. 食品与发酵工业, 2023, 49 (19): 348-359.

[6] Allen K L, Molan P C, Reid G M. A survey of the antibacterial activity of some New Zealand honeys [J]. Journal of Pharmacy and Pharmacology, 1991, 43 (12): 817-822.

[7] 蔡日旋, 毛小报. 新消费理念下杭州蜂蜜市场发展演化分析 [J]. 中国蜂业, 2023, 74 (1): 56-59.

山东省蜜蜂养殖收益的影响因素分析
——基于养殖成本的视角

孙亚辉[1]，赵芝俊[2]，孔 晨[3]，李敬锁[3]

(1. 青岛东域盐碱地稻作改良研究所 青岛 266109；
2. 中国农业科学院农业经济与发展研究所 北京 100018；
3. 青岛农业大学管理学院 青岛 266109)

摘要：基于蜜蜂养殖成本的视角，分析其对养殖收益的影响，对于分析山东省蜜蜂养殖业降成本、提收益具有重要意义。通过主成分分析法提取影响山东省蜜蜂养殖收益的内部成本要素和外部成本要素两个主成分，并运用C-D生产函数分析相关地区成本变动对收益的影响。最后，提出促进山东省蜂产业发展提质增效的对策建议：因地策施提高各地区的养殖收益；推进养蜂技术研发和推广；完善蜂业风险保障机制；加大对蜂产业的支持及监管。

关键词：蜜蜂养殖；养殖收益；影响因素；成本构成

1 引言

蜂产业是山东省的农业特色产业，养殖规模约占全国的4.7%。据山东省畜牧部门的统计，截至2017年底，山东省蜜蜂养殖户共计5 613户，每户平均养殖规模为73.3群，其中西蜂养殖量达38万群，约占总规模的92.5%，中蜂规模约为3.1万群，约占总规模的7.5%。近年来，山东省出台了《山东省蜂业发展规划（2014—2020年）》、《山东省蜂产业转型升级实施方案》等文件，对于促进山东省蜂产业的健康发展起到了积极的作用。从研究成果来看，由于蜂产业属于小产业，相关的软科学研究成果还较少，且主要集中在

基金项目：国家蜂产业技术体系专项资金（CARS-44-KXJ18）；山东省现代农业产业技术体系蜂业创新团队产业经济岗位（SDAIT-24-06）
作者简介：孙亚辉，管理学硕士，研究方向为农业经济
通信作者：李敬锁，管理学博士，研究方向为农业经济、农业科技创新与评价

蜂产品质量追踪系统构建[1]，蜜蜂授粉产业发展[2]，养蜂成本收益分析[3][4]，包括不同养蜂规模的收益比较[5]，不同地区养蜂收益比较[6]等方面。但基于养殖成本的视角来分析对蜜蜂养殖收益影响的相关研究更为稀少。因此，加强研究山东省蜜蜂养殖成本对收益的影响，提出蜜蜂养殖降成本、提收益的路径，对于促进山东省蜂产业转型升级，实现蜂产业新旧动能转换具有重要的现实意义。

2 山东省蜜蜂养殖的成本收益分析

样本数据来自山东省现代农业产业技术体系蜂业创新团队 2017 年在莒县和枣庄、潍坊等地举办的蜂农技术培训班上所发放的问卷。参加培训蜂农主要来自日照、枣庄和潍坊，也有部分来自临沂、青岛、淄博等地。共发放问卷 240 份，收回有效问卷 221 份，有效率为 92.08%。由于培训班地点的限制，本文选取了样本容量大于 30 的日照、潍坊和枣庄三地共 181 份问卷作为样本。

2.1 蜜蜂养殖成本的构成

通过调研数据分析，得出蜜蜂养殖户的养殖成本主要包括劳动力、蜂王、蜂群、蜂机具、蜂药、饲料、交通等方面的投入。其中占生产成本比重最高的是饲料投入，其次依次是蜂机具、交通、蜂群、劳动力、蜂药和蜂王投入，具体见表 1。

表 1　蜜蜂养殖户投入要素占总投入的比重　　　　　　　　单位：%

投入要素	样本总体	枣庄	日照	潍坊
劳动力	8.27	5.45	9.00	9.97
蜂王	0.98	0.73	1.24	0.68
蜂群	12.37	2.69	16.55	14.18
蜂机具	16.63	14.27	17.84	16.64
蜂药	1.85	2.76	1.49	1.59
饲料	46.71	48.60	43.41	52.27
交通	13.18	25.51	10.47	4.67

2.2 养殖的成本收益分析

从表 2 可以看出，样本总体的单群平均纯收益为 215.41 元，其中潍坊地区的平均收益最高,为 248.41 元,枣庄地区的平均收益最低,为 186.46 元。虽然枣庄地区在成本方面占优势,但可能由于养殖模式粗放、授粉收益较少等原因,造成其成本优势并没有转化成收益优势,以至于在三个地区中平均收益为最低。

表 2 蜜蜂养殖户的成本收益分析

项目	样本数量(个)	群数(群)	单群平均成本(元)	单群平均收入(元)	单群平均损失(元)	单群平均纯收益(元)
样本总体	181	21 333	608.81	827.54	3.32	215.41
枣庄地区	59	7 254	476.37	668.18	5.35	186.46
日照地区	84	9 722	695.99	910.14	2.78	211.37
潍坊地区	38	4 357	654.07	904.31	1.83	248.41

3 收益影响因素的实证分析

3.1 主成分分析

运用 SPSS 19.0 软件,从适用性检验、主成分提取、主成分矩阵的旋转等方面进行主成分分析。

3.1.1 适用性检验

通过 SPSS 19.0 对样本数据进行适用性检验,结果如表 3 所示。

表 3 KMO 和 Bartlett 的检验结果

取样足够度的 Kaiser-Meyer-Olkin 度量	Bartlett 的球形度检验		
	近似卡方	df	Sig.
0.762	948.849	21	0

从表 3 可以看出,KMO 的值为 0.762。根据 Kaiser 提出的标准,KMO 的值大于 0.6 时适合做因子分析。Bartlett 的球形度检验得到的概率为 0.000,小于显著水平 0.05,因此拒绝 Bartlett 球形度检验的零假设,认为适合做因子分析。总之,两种检验结果均表明,适合进行主成分分析。

3.1.2 主成分的提取

主成分分析的原有变量中总方差被解释列表如表 4 所示。特征值大于 1 的 2 个主成分,其对应的累计方差贡献率为 63.180%,这表明提取的主成分涵盖了原始变量的足够信息。这样将原来的 7 个指标就可转化为 2 个新指标，起到了降维的作用。

表4　主成分的特征值和方差贡献率

成分	初始特征值	方差贡献率（%）	累积贡献率（%）
1	3.266	46.658	46.658
2	1.157	16.522	63.180

3.1.3　主成分的构建

在 SPSS 19.0 平台上，本文采用具有 Kaiser 标准化的正交旋转法，得到了旋转后的主成份矩阵（表5）。根据旋转后的成分矩阵可以看出：第一主成分 F_1 是蜂王投入、蜂群投入 2 个指标的综合反映，可定义为内部成本要素；第二主成分 F_2 是劳动力投入、蜂机具投入、蜂药投入、交通投入、饲料投入 5 个指标的综合反映，可定义为外部成本要素。

表5　旋转成分矩阵

投入要素	成分	
	F_1	F_2
劳动力	0.354	0.888
蜂王	0.779	0.044
蜂群	0.655	0.056
蜂机具	0.381	0.847
蜂药	-0.234	0.512
交通	-0.183	0.592
饲料	0.376	0.873

3.2　C-D 生产函数的构建

规模报酬是指生产者通过投入生产要素的相同比例变动获得收益。规模收益是指所有生产要素投入所引起的产出量的变化。规模报酬主要是指规模收益的变动，主要分为三个情况，规模收益递增、不变及递减。自由规模报酬情况下，生产函数为：

$$Q = AM^{\alpha}N^{\beta} \tag{1}$$

式中：Q 表示收益，A 代表现有技术水平，M 表示内部成本要素 F_1，N 表示外部成本要素 F_2。规模报酬递增、不变及递减取决于 $\alpha + \beta$ 的值。当 $\alpha + \beta > 1$ 时规模报酬递增；$\alpha + \beta = 1$ 时规模报酬不变；$\alpha + \beta < 1$ 时规模报酬递减。

将生产函数取对数得出线性回归方程如公式 2 所示,本文的数据为一年的养殖数据,所以可认为各养殖户的技术水平保持不变,因此 LnA 为常数项。

$$LnQ = LnA + \alpha LnM + \beta LnN \qquad (2)$$

3.3 回归结果分析

通过多元回归分析,得到如表 6 所示的分析结果。可见,样本总体、日照、潍坊地区的回归结果中调整 R^2 分别为 0.948、0.956 和 0.965 都大于 0.9,虽然枣庄地区的小于 0.9,但差别并不大。因此,从整体上来看,模型有着较好的拟合度。其 Sig 值均为 0.000,说明差异显著。

表 6 回归结果统计

项目	调整 R^2	Sig.	非标准化系数		标准化系数	
			α	β	α	β
总样本	0.948	0.000	0.030	1.044	0.080	0.954
日照	0.956	0.000	0.033	1.037	0.074	0.952
潍坊	0.965	0.000	0.054	1.077	0.146	0.936
枣庄	0.868	0.000	-0.013	0.999	-0.044	0.946

各地区的内部成本要素产出弹性 α 有正有负,而且小于外部成本要素产出弹性,说明增加内部成本要素的投入并不是提高蜜蜂养殖收益的有效手段,与养殖经验一致。其中枣庄地区的内部成本要素产出弹性 α 是 -0.044,为负值,表示每群内部成本要素投入每增加 1 元,群收益就会减少 0.044%。在样本中潍坊地区的内部成本要素产出弹性 α 最大为 0.146,代表内部每群要素每增加 1 元,群收入就会增加 0.146%。这是因为潍坊地区重视授粉收益,增加内部成本要素的投入会直接或间接增加蜂群的出租数量,从而获得授粉收益。所以养殖户应靠养殖技术的提高来减少内部成本要素的投入,从而达到提高养殖收益的目标。

各地区的外部成本要素产出弹性均大于 0.9,说明增加外部成本要素的投入是提高养殖收益的有效手段。样本中的三个地区外部成本要素产出弹性 β 最大的是日照地区为 0.952,这说明每群外部成本要素投入每增加 1 元,群收入就会增加 0.952%。这说明在现有技术水平下,日照地区的规模收益最明显。

除枣庄地区外,$\alpha+\beta$ 的值均大于 1,即规模报酬递增。造成这方面的原因可能主要是放养方式的不同,样本中枣庄地区的转地养殖户较多,对于交通工具而言,养殖规模不能超过交通工具的载重量。如果为了扩大规模,相对定地养殖来说就会额外增加交通投入，包括交通工具的购买或租用，交通工具的保险以及维修费用等。这说明在现有的技术条件下，枣庄地区提高养殖收益的应注重内涵发展，提高养蜂的技术水平，而不是扩大规模。

4 促进山东省蜜蜂养殖降成本、提收益的政策建议

4.1 因地施策提高蜜蜂养殖的收益水平

山东省蜂产业不能盲目通过内部成本要素的投入和扩大规模来提高收益，应因地制宜，采取不同的促进蜂农增收的方法。应加强农业院校、科研院所与蜂农之间的沟通协作，靠养殖技术的提高来减少内部成本要素的投入量。同时，政府应引导蜂农提高蜂授粉意识，通过加大蜂授粉重要意义的宣传，开展授粉农产品认证，提高授粉农产品收益的方式，实现消费者、种植户和养蜂户之间的三赢。

4.2 推进养蜂技术的研发和推广

相关农业院校、科研院所应加强对蜜蜂养殖技术的研究，提高养蜂的科技含量。政府应推广"引育繁"相结合的产业链，以市场为导向，鼓励相关机构加大研发力度，支持有条件的企业加大创新力度。加强农业院校、科研院所与蜂农之间的沟通协作，可通过制定优惠的政策，吸引、鼓励大学毕业生投身于养蜂业[7]，来进一步推进养蜂技术的推广应用。

4.3 完善蜂业风险保障机制

为了让蜂农安心生产，减少蜂农的后顾之忧，建立蜂业的风险保障机制尤为重要。第一，养蜂业发展程度比较高的地区应把养蜂业列入当地畜牧业特色产业或主导产业，并给予专项扶持资金。第二，政府可以探索推广政策性保险，前期推广的费用先由政府承担，让蜂农不因灾致贫，提高养蜂业的抗风险能力。第三，建立信息监测系统，让蜂农及时掌握信息，及时规避相关风险，做到自然风险和市场风险的双重防范。

4.4 加大蜂产品的监管力度

加大对蜂产品市场的监管力度，建立蜂产品独立的溯源体系，将蜂农、蜂业合作社、蜂产品加工企业等生产经营主体纳入蜂产品溯源体系，进行全方位的质量监测，对蜂产品从生产到销售的每一个环节进行有效监测[8]。通

过加大蜂产品的监管力度,打击假冒伪劣蜂产品流入市场,促进蜂产品优质优价,进而提高蜂农的养殖收益。

参考文献

[1] Kong Y G, Hu X F, Chen T J. Research and development of quality traceability system based on intelligent services for bee products [J]. Applied Mechanics & Materials, 2013 (302): 694-699.

[2] 熊伟,李树超. 山东省蜜蜂授粉产业发展问题研究 [J]. 青岛农业大学学报(社会科学版), 2012, 24 (1): 50-55.

[3] 席桂萍,赵芝俊,陈玛琳,刘剑. 农户家庭养蜂生产成本收益分析 [J]. 中国畜牧杂志, 2014, 50 (12): 48-54.

[4] 覃淑杰,董杰,张社梅. 蜂产业成本收益变动分析 [J]. 中国蜂业, 2014, 65 (Z1): 65-71.

[5] 刘剑,赵芝俊. 养蜂业不同饲养规模的成本收益分析 [J]. 蜜蜂杂志, 2015, 35 (10): 19-21.

[6] 余艳锋,赵芝俊,邓仁根. 江西典型区域中蜂养殖收益对比分析 [J]. 中国农业资源与区划, 2012, 33 (6): 96-100.

[7] 王宗礼. 强化科技支撑加快蜂业发展 [J]. 中国畜牧业, 2015 (1): 29.

[8] 付中丽. 加强监管创新营造和谐保险 [J]. 发展, 2007 (10): 44-45.

舟曲县中蜂产业发展现状及建议

李瑞珍，张文秋，谢文闻

(中国农业科学院蜂蜂研究所　北京　100193)

摘要：近年来，舟曲县积极践行"绿水青山就是金山银山"的发展理念，坚持"一特三高四小"产业发展定位，将中华蜂养殖产业作为主导产业之一，在中华蜂产业帮扶专家团队的全方位支持下，舟曲县中华蜂产业发展取得显著成效。本文对舟曲县中蜂产业发展现状、帮扶专家团队采取的主要举措、中蜂产业发展典型案例以及发展过程中存在的困难进行调查分析，并提出加强种质资源基地和标准化养殖基地建设、拓宽蜂产品销售渠道、加强蜂产品质量安全监管、提升蜂业组织化水平、加强品牌建设力度、延长蜂产业发展链条等对策建议，以期实现舟曲县中蜂产业高质量发展。

关键词：舟曲县；中蜂产业；发展

舟曲县位于甘肃省甘南藏族自治州南部，总面积3 015.2km²，辖15镇4乡4个社区208个行政村403个自然村。年降水量400~800mm，地处北亚热带与暖温带交替的特殊气候带，气候垂直分布非常明显，素有"一山有四季，十里不同天"之说[1]。舟曲县森林覆盖率达72.24%，蜜源植物丰富，县域内蜜源植物分属87科、262属、520余种，其中野生蜜源植物420余种，主要有椴属、槭属、荆条、草木樨、苜蓿、羌活、香薷、花椒、黄芪、山杏、山桃、紫云英、刺槐等，占比83%；栽培和农作物蜜源有百余种，主要有油菜、荞麦、向日葵、各类果树等；中药材蜜源有纹党、当归、红芪、大黄、柴胡、天麻等。依据蜜源植物泌蜜粉量、分布面积和密集度，泌蜜粉丰富、蜂蜜品质优良、面积大、分布广的主要蜜源植物有42种，辅助蜜源植物有360余种，有毒有害蜜源植物有14种。各种蜜源植物从河川到山顶，呈立体分布，

基金项目：财政部和农业农村部：国家现代农业产业技术体系资助（CARS-44-KXJ18）

作者简介：李瑞珍，硕士，助理研究员，主要从事蜂业经济与信息研究，E-mail：lizhen_057@aliyun.com

通信作者：谢文闻，硕士，副研究员，主要从事蜂业管理工作，E-mail：583384252@qq.com

一年四季花开不断，具有养殖中华蜂的资源优势。为摸清舟曲县蜂业发展现状，推动中华蜂产业高质量发展，中国农业科学院蜜蜂研究所（以下简称"蜜蜂所"）调研组通过实地走访、现场座谈等形式对舟曲县中蜂产业发展现状以及发展过程中存在的困难进行了调查分析。

1　舟曲县中华蜂产业发展现状和主要举措

舟曲县按照"一个产业一个工作专班、一个专家团队"的责任分工，构建了舟曲县中华蜂产业振兴工作专班和专家团队。2021年以来，中华蜂产业帮扶专家团队紧紧围绕舟曲县"1+6"产业发展布局和中华蜂产业发展定位，在全面摸底和充分分析的基础上，制定了《舟曲县中华蜂产业振兴规划（2021—2025）》，科学布局中华蜂产业发展，花大力气抓规划落实和科技培训，农户养蜂热情高涨，产业呈现良好发展势头。从2021年到2023年，蜂群数量由5.3万箱增加至6.5万箱，增加了1.2万箱，增幅22.64%；养殖户由1 234户增长至1 488户，新增254户；养殖专业合作社由152家发展到253家，新发展101家。2023年平均每群蜂可生产成熟蜜约6kg，较2022年的4kg增长50%；年蜂蜜总产量约390t，较2022年的247t增长57.89%；按照120元/kg计算，年产值在4 680万元左右，较2022年的2 971万元增长57.52%。现有蜂蜜加工龙头企业1家、4个中华蜂种质资源繁育基地、49个中华蜂示范点，正在建设蜂蜜加工厂1个，舟曲县蜂产品综合利用、舟曲县百花蜜生产线等建设项目共联农带农2 224人，增加经济收入343.64万元，舟曲县中华蜂产业发展成效显著。

1.1　广泛开展调研

根据"一特三高四小"的产业发展定位（坚持特色优势发展，坚持高品质、高端化、高效益，做到小而特、小而精、小而优、小而美），中华蜂产业帮扶专家团队通过实地调查、入户走访、发放调查问卷等方式，全面掌握了蜂产业发展现状，厘清了问题，明确了"抓两头、促中间"的发展思路，通过抓种质资源提升产品质量，以示范点带动全县饲养管理水平提升，加强人才培育，兼顾产业链延伸和品牌建设，推动产业提质增效。编制完成产业发展规划。中华蜂产业被舟曲县委县政府列为优先发展的三个主导产业之一。

1.2　狠抓示范点建设

修订了《舟曲县中华蜂种质资源繁育基地、示范点建设方案》，加强种质资源繁育基地和养殖示范点建设，力求从根本上解决当前存在的中华蜂种性退化、优质蜂王供给不足和高效饲养管理技术短缺等难题。建成种质资源繁育基地 4 个、标准化养殖示范点 49 个，目前已有 32 个通过验收。

1.3 筹建蜂产品质检中心

产品质量安全是产业发展的生命线。在蜜蜂所的指导下，舟曲县抽检合作社、养殖户蜂蜜样品 150 余份，建立全县蜂蜜质量本底数据库。修订了《舟曲县中华蜂蜂产品生产质量安全技术规范》，与养殖合作社（户）签订了《中华蜂产品质量安全承诺书》，提升蜂产品质量安全意识。蜂蜜抽样合格率由 2021 年的 50%提高到 2022 年的 90%以上。2021 年争取经费 180 余万元，建成舟曲县蜂产品质量监督检验测试中心，并被农业农村部蜂产品质量监督检验测试中心（北京）授予蜂产品质量安全风险评估示范基地。中心的建成补齐了舟曲县蜂产品质量检测监督的短板，为产品质量溯源体系的建立和优质、特色、高端化蜂产品的打造奠定了基础。未来中心将作为蜜蜂所研究生实训基地，在促进产学研融合的同时也有助于带动本地人才培养。

1.4 抓实科技培训

一是拓展专班人员组成。在产业专班原有人员架构的基础上，吸纳大学生、养殖大户、企业代表加入专班。二是实施分类培训。按"专家育专班、专班带农户"的原则，实施分类培训。截至 2023 年 6 月，对专班开展蜜蜂生物学基础知识、蜜蜂饲养管理、蜂产品营销、智慧蜂业建设等专题培训 6 次；根据生产需求，对合作社、养殖户开展养殖关键实用技术集中培训 10 次，合计培训 500 余人次；开展田间课堂活动若干次。通过培训，在一定程度上提高了专班、合作社和养殖户的业务能力和饲养管理水平。三是所地联动，为检测中心培养专业技术人才。2022 年 7 月，协调舟曲县 3 名同志到蜜蜂所进行为期 30 d 的蜂产品检测技术跟班学习。2023 年 5 月，邀请蜜蜂所蜂产品检测中心专家和业务骨干 6 人，到舟曲县开展现场培训，培训内容包括业务能力和检验检测技术提升，以及蜂产品质量安全相关标准、法律法规及政策解读等。通过培训，进一步提升了检测队伍的专业能力。

1.5 开展消费帮扶和支部共建

协调相关单位工会从舟曲县采购农特产品，加大对舟曲县特色农产品的宣传、推广力度，帮助拓宽销售渠道。蜜蜂所科研四支部与舟曲康源专业合作社所在的坪定镇靖边村党支部开展结对共建，为合作社的蜂产品加工厂建设项目提供技术咨询服务，并免费提供新式蜂箱 10 套。

2 典型案例分析

舟曲县云蜂蜂业有限责任公司成立于 2020 年，公司下设坪定镇康源种养殖农民专业合作社，新法养殖中华蜜蜂 1 200 余群。公司秉承"以市场为导向、以效益为目标、以诚信求发展、以质量求生存"的发展理念，积极推动蜂业规模化、专业化生产，成为舟曲县优质成熟蜜生产示范基地，实现舟曲县中华蜂产业提质增效。公司生产的"坪定关"牌百花土蜂蜜荣获"2023 年全国首届优质成熟蜂蜜"的殊荣。

2.1 解决了蜂种种质繁育问题

多年以来，康源种养殖农民专业合作社养殖的蜂群从周边地区采购后，按传统养殖模式自繁自育，根本满足不了养殖需求，不但蜂群数量、质量无法保障，而且由于运输费用、损耗等原因使养殖成本居高不下。帮扶团队多次下乡现场勘查，最后依托合作社丰富的蜜源环境选定建设了种质资源繁育基地，指导合作社人工育王，科学繁育，解决了中华蜂繁育问题。繁育出来的蜂王向全县养殖户及合作社免费发放 1 000 余只，繁育满足自家合作社养殖需求后向县内销售 800 群左右。

2.2 解决了蜂群病害防治和科学取蜜问题

帮扶团队的科学指导使合作社蜂农掌握了中蜂烂子病、囊幼病等病害的预防和治疗方法，目前蜂群发展良好，群体越来越大。以前，合作社都是按传统的时间节点取蜜，无法判断蜂蜜的成熟度与优劣度，如今通过帮扶团队的指导，合作社能够准确判断蜂蜜的成熟度与优劣度，从而确定提取量和蜂蜜质量，2022 年公司所产的 3 500 kg 蜂蜜全部完成销售，且价格比往年高出许多，蜂蜜库存问题得以解决。

2.3 提高了中华蜂养殖积极性

舟曲县养殖中华蜂历史悠久，受传统养殖观念影响，很多想从事养殖的农户担心养殖效益。但如今在帮扶团队的宣传下，极大地调动了农户养殖中华蜂的积极性，康源种养殖农民专业合作社辐射带动成立中华蜂养殖合作社 34 家、家庭农场 13 家，周边很多农户都加入中蜂养殖的队伍。

2.4 形成了蜂产业利益联结机制

合作社以绿色循环的现代化农业产业体系为方向，建立了长期紧密的利益联结机制，健全联农带农模式。一是发展"订单式"养殖。按照市场销售情况，明确养殖模式和质量标准，并做好技术服务和监管，签订收购协议，解决了"销售难"的问题，形成了发展合力，带动了群众增收。二是入股合作发展模式。形成了以农户为主体，土地流转、农户入股合作的发展机制。三是通过产业发展，就地输转劳动力，吸纳农户到公司务工，增加了农户的经济收入。

3 中蜂产业发展中存在的问题

3.1 蜂蜜"销售难"问题比较突出

经到养蜂合作社的实地走访和与部分蜂农的座谈交流，蜂农普遍反映当地蜂蜜产能过剩，蜂蜜大多自产自销，有1/3的蜂蜜销售不出去，造成大量积压，严重挫伤了养蜂积极性，有些蜂农因为销售困难而转行，即使有蜂农通过电商渠道销售蜂蜜，但销售空间有限，产品销售总体处于低级阶段。

3.2 组织化管理程度低

当地一些养蜂合作社社员较少，运行不规范，上不与市场对接，不连龙头企业，下不与蜂农有技术服务和订单合同[2]，没有起到吸纳、带动农户增收的作用。部分蜂农养蜂只是单打独斗，没有形成合力。舟曲县标准化养殖示范点辐射带动效应不明显，没有形成可复制、可推广的产业发展模式。舟曲县中华蜂养殖协会也没有较好地发挥桥梁纽带作用，没有充分履行协会协调与管理的职能。

3.3 蜂产品附加值低

舟曲县蜂产业链条短，蜂蜜产品科技含量低，企业加工能力不足，产品同质化现象严重。中华蜂产品品牌知名度不高，产品销售渠道狭窄，产品开发、包装设计和营销方面存在明显短板。

4 对策建议

4.1 加强种质资源基地和标准化养殖基地建设

进一步加强舟曲中华蜂种质资源普查和保护利用，开展中华蜂保种研究，建立舟曲县中华蜂品种资源保护区，严格落实中华蜂遗传资源保护区禁用农药、化肥的要求，加快中华蜂提纯复壮。建立中华蜂育种试验室，更新生产性能测定、表型鉴定、人工授精等仪器设备，开展选育试验，推广普及"新法繁育、旧法养殖"技术，推进中华蜂新品系培育工作，探索推行以"示范带动"为主的中华蜂养殖产业扶持"菜单"。坚持社会资本投入和本地蜂农滚动发展相结合，以标准化规模养殖示范为引领，在博峪镇、峰迭镇、坪定镇等乡镇建设标准化规模养殖示范场。推广蜜蜂饲养标准和规范，推动机械化饲养，建立养殖档案和养蜂日志，提高饲养效益。推行蜜蜂强群饲养技术，切实加强疫病防控，有效降低传染病、多发病的发病率。

4.2 拓宽蜂产品销售渠道，加强蜂产品质量安全监管

养蜂合作社应积极加强与外部交流合作，打通产业链，拓宽蜂蜜销售渠道。可与规模大的公司建立技术服务和蜂蜜收购协议，公司技术人员对蜂农开展蜜蜂养殖技术培训，依照订单定向收购蜂蜜[3]。吸引有销售渠道的经纪人加入营销队伍，拓宽电商直播带货渠道，政府相关主管部门可借助电商平台为当地蜂产业培育优质直播主播，提高乡村产业振兴"网红"带货能力、运营能力和服务能力[4]。借助"世界蜜蜂日""中国农民丰收节"等相关节日举办庆祝活动展示蜂产品，打造多种渠道加大对蜂产品的宣介推广力度，增加蜂农收入。蜂农自身也应积极学习新媒体技术，可通过线上直播舟曲当地的乡村文化，间接对所产蜂蜜进行宣传和销售。建立公司收购销售、消费帮扶销售、科普节庆销售、直播、微信电商销售等销售渠道，形成多方合作、线上线下齐头并进的销路格局[3]。另外，加强对蜂产品质量安全的监管，舟曲县政府可出资将蜂农所产蜂蜜送至舟曲县蜂产品质检中心进行检测，建立蜂产品质量安全溯源体系，加大对不合格蜂产品的行政处罚力度，使消费者真正买到好蜂蜜，蜂农能卖掉好蜂蜜[4]。

4.3 提升蜂业组织化水平

拓展养蜂合作社和标准化养殖示范点的服务功能，实行组织化管理，将更多养蜂基础好、抗风险能力强的养蜂户吸纳进来，统一规范养殖方式，对蜂王品种、蜂箱材质、规格尺寸等作出统一规定，统一品种、统一技术、统一加工、统一品牌、统一销售[3]，提升蜂业的规模化、品牌化、标准化发展水平。加强对舟曲县中华蜂养殖协会、养蜂合作社的规范化管理，进一步明确会员、社员的权责义务，结合运行模式健全完善利益联结、内部管理等体制机制，提升组织化水平[5]，可形成"协议式""订单式""代养式"等多种

利益联结方式。充分发挥中华蜂养殖协会在规范生产、促进行业自律、推动行业交流等方面的作用,与养蜂合作社、示范点共同推行蜂产品优质优价,可依照蜜源植物、检测标准、产品功效对蜂产品分等分级定价,有效调动蜂农养蜂的积极性。将坪定镇康源种养殖农民专业合作社、大峪乡智恩种养殖农民专业合作社等专业合作组织进一步发展壮大,对合作社新发展的蜂群给予一定补助[6],对购买的智慧化、现代化蜂机具进行补贴,力争打造1~2家省级以上蜂业龙头企业,将蜂产业培育成当地农户持续增收的产业[5]。

4.4 加强品牌建设力度,延长蜂产业发展链条

舟曲县应做好"土特产"文章,立足当地中华蜂和纹党、黄芪、百花等"土"的资源,挖掘"纹党蜜、黄芪蜜"等"特"的品质,打造当地特色蜂蜜品牌"产"品,提高市场竞争力和品牌价值。以标准赋能,可联合中国农业科学院蜜蜂研究所建立舟曲纹党蜜、黄芪蜜标准,对其特征成分、特殊功效进行表征,提升产品附加值。积极扶持蜂业企业开展科技创新,开发拳头产品,加快申请国家农产品地理标志登记保护。开发蜂蜜礼盒装、便携装、旅游文创装等产品形态,让舟曲土蜂蜜满足不同类型的消费需求。同时,开发蜂蜜酒、蜂蜜葡萄酒、蜂蜜青稞酒等特色产品,以舟曲本地传统文化和健康生活为品牌价值,打造舟曲本地特色蜂蜜酒产业。结合舟曲旅游资源优势,开发蜂蜜饮品、蜂蜜饼、蜂蜜糕点等衍生产品。打造高端蜂产业发展链条,推动养蜂产业由"单一"产业向蜂产品精深加工、蜜蜂文化传播、疗养度假、运动休闲、旅游观光为一体的综合性特色产业转变。支持蜂农发展赏花、品蜜、蜂疗、体验蜂文化农家乐,打造蜂业特色民宿,拓展养蜂产业新业态和新空间,推动蜂产业和旅游业、休闲农业跨界融合,形成全方位的一二三产深度融合矩阵。

5 结语

舟曲县具有得天独厚的养蜂基础,各级政府主管部门、蜂业企业、合作社、蜂农应各尽其力、各尽其责,加强蜜源植物种类、分布、数量等情况的摸底调研,提高蜂蜜精深加工水平,打造市场牵龙头、龙头带基地、基地连蜂农的产业化经营模式,加强蜂产品品牌培育和宣介推广,强力推动全县蜂产业高质量发展,不断擦亮舟曲中华蜂产业名片。

参考文献

[1] 刘守礼,申如明,王鹏涛. 藏乡江南:舟曲县中蜂养殖现状初探[J]. 中国蜂

业,2013,64(24):33-36.
[2] 杨慧芳.甘肃南部中华蜜蜂调查及发展商榷[J].中国蜂业,2023,74(2):45-46.
[3] 杨以贵.党支部引领蜂业兴农酿甜蜜产业:记巍山县断山野坝蜜蜂养殖专业合作社[J].中国农民合作社,2023(5):33-34.
[4] 章崇烁,刘玉成.乡村产业振兴背景下中国蜂业发展现状与前景[J].农业展望,2023,19(5):57-61.
[5] 蒲军华.青川县中蜂产业"十四五"发展对策与建议[J].蜜蜂杂志,2021,41(9):40-42.
[6] 李瑞珍,刘朋飞,刘世丽,等.北京市蜂业支持政策研究[J].安徽农业科学,2019,47(7):251-254.

授 粉 篇

蜜蜂授粉在油菜生产中的作用研究

李瑞珍，严定春

（中国农业科学院蜜蜂研究所　北京　100193）

摘要：为探明蜜蜂授粉在油菜生产中作用和经济重要性，采用蜜蜂授粉依赖度模型，从蜜蜂对油菜授粉服务价值、油菜生产对授粉蜂群需求量2个方面评价蜜蜂授粉在油菜生产中作用。结果表明，2018年蜜蜂对国内油菜的授粉服务价值约104.19亿元，相当于油菜年产值661.41亿元的15.75%。蜜蜂对四川省、湖北省、湖南省油菜生产的授粉价值均在10亿元以上。国内油菜生产对授粉蜂群的需求量较大，约需1 637.65万群以上蜜蜂授粉，该数量已超国内目前蜂群总量908.84万群，其中，湖南省和四川省油菜生产对授粉蜂群的需求量最大，约占国内现有蜂群总量的1/3以上。由此可见，蜜蜂授粉是油菜生产重要的生产投入，应当逐步提高民众对蜜蜂授粉经济价值的认识，大力推广油菜蜜蜂授粉技术。

关键词：蜜蜂授粉；油菜；授粉服务价值；授粉需求；评价

0　引言

2021年中央一号文件要求，必须确保重要农产品供给不出问题。油菜是国内播种面积最大、地区分布最广的油料作物[1]，也是蜜源植物。发展油料产业最大优势和潜力在于油菜产业。油菜是典型的虫媒作物，蜜蜂等昆虫授粉可提高油菜产量，在没有昆虫授粉时，依靠风或自花授粉。

世界上约400种农作物部分或全部依赖蜜蜂或其他昆虫授粉[2]。如果缺

基金项目：财政部和农业农村部：国家现代农业产业技术体系资助（CARS-44-KXJ18）；中国农业科学院科技创新工程"传粉蜂生物学与授粉应用"（CAAS-ASTIP-2022-IAR）；中央级公益性科研院所基本科研业务费专项资助（MFSJKF2022-16）
作者简介：李瑞珍，助理研究员，硕士，研究方向为蜜蜂产业经济与信息，E-mail：liruizhen@caas.cn
通信作者：严定春，研究员，博士，研究方向为信息农学，E-mail：yandingchun@caas.cn

少蜜蜂等昆虫授粉，需要投入更多的土地、肥料、劳力等才能获得同样产量，这将提升单位产出成本。自第一次世界大战起，美国水果、坚果、农作物种子种植者逐渐意识到蜜蜂授粉是获得高产的必要手段，尤其是苜蓿种子生产者采用蜜蜂授粉后，将苜蓿发展为美国种植最为广泛的四大作物之一[3]。Robinson 和 Southwick 曾研究表明，蜜蜂为美国农作物授粉价值大约 16 亿~57 亿美元，蜜蜂授粉增加的农作物价值约为支付给蜂农授粉费和联邦蜂蜜价格支持项目费用支出之和的 68 倍[2,4]。Stanley 研究爱尔兰油菜授粉情况表明，为冬油菜授粉的昆虫包括蜜蜂、熊蜂、独居蜂、食蚜蝇等，从采集花粉数量、每朵花访问频率和田间相对丰富度而言，蜜蜂、食蚜蝇和熊蜂是爱尔兰冬油菜最佳授粉者。如果没有授粉者，籽粒数将减少 27%，每荚籽粒重下降 30%。每年昆虫授粉给爱尔兰冬油菜、春油菜带来的经济价值达 390 万英镑[5]。笔者借鉴国内外学者研究方法，从蜜蜂对油菜的授粉服务价值、油菜生产对授粉蜂群的需求量 2 个方面评价蜜蜂授粉在油菜生产中的作用，以客观反映蜜蜂授粉对油菜生产的经济性，以期为推广油菜蜜蜂授粉技术提供理论支撑。

1　中国油菜生产概况

中国是油菜籽生产大国，油菜籽播种面积和总产量位居世界第一，播种面积占世界总面积的比例超过 25%[6]。油菜按播种季节分为冬油菜和春油菜，国内以冬油菜生产为主，播种面积和产量的 90% 均是冬油菜[7]。长江流域是冬油菜主产区，包括四川、贵州、云南、重庆、陕西等长江上游区，湖南、湖北、江西、安徽、河南等长江中游区，江苏、浙江等长江下游区。春油菜主产区包括内蒙、甘肃、青海等省[7]。

1978—2018 年国内油菜播种面积和产量变化趋势如图 1 所示。2000 年播种面积最大，为 749.4 万 hm^2，2001—2005 年播种面积相对稳定，均在 700 万 hm^2 以上，2006 年播种面积大幅下降，较 2005 年减少 17.78%。2008 年实施良种补贴等扶持政策，大大提高了农民种植的积极性，2008 年播种面积有一定程度的提升，2009—2014 年基本稳定在 720 万 hm^2 左右。2015 年临时收储政策取消，2016 年播种面积下降至 662.3 万 hm^2，2018 年为 655.1 万 hm^2。产量变化与播种面积一样呈波动趋势，2014 年产量最高，为 1 391.4 万 t。

从油菜种植区域看，长江中游主产区的油菜籽播种面积和产量占全国总播种面积和产量的比例最大（近 50%），2000 年和 2018 年占比基本持平（表 1）。2018 年长江上游主产区的油菜籽播种面积和产量占比均较 2000 年有所提升；但由于经济发展重心的偏移，2018 年长江下游主产区油菜籽播种面积和

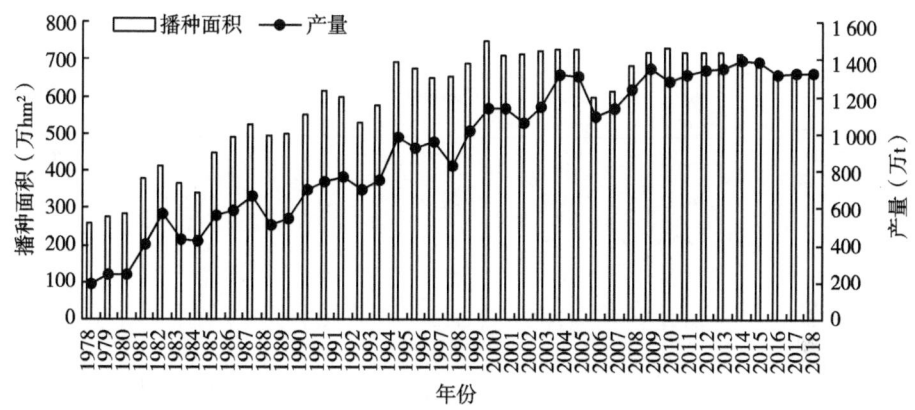

图1 1978—2018年全国油菜籽播种面积和产量

产量占比较2000年下降明显；春油菜主产区油菜籽播种面积和产量占比基本持平。从各省分布看，湖南、湖北、四川是油菜种植大省，2018年同2000年相比，内蒙古、青海的油菜籽播种面积和产量占比基本持平，甘肃、四川、贵州、云南、重庆、陕西、湖南的油菜籽播种面积和产量占比提高，湖北、安徽、江苏、浙江的油菜籽播种面积和产量占比下降；江西省油菜籽播种面积占比有所下降，但产量占比有所提升；河南省油菜籽播种面积占比下降，但产量占比基本持平。值得注意的是，四川省油菜籽播种面积和产量占比有显著增长，安徽、江苏的油菜籽播种面积和产量占比大幅下滑。

表1 油菜籽播种面积和产量情况

地区	2000年			2018年		
	面积（万hm²）	产量（万t）	产量占比（%）	面积（万hm²）	产量（万t）	产量占比（%）
内蒙古	29.5	30.5	2.68	24.62	39.8	3.00
甘肃	13.76	22.1	1.94	17.49	35.5	2.67
青海	18.55	19.1	1.68	14.58	28.1	2.12
四川	77.67	137.5	12.08	121.85	292.2	22.00
贵州	46.13	66.2	5.82	49.77	86.2	6.49
云南	12.6	19.1	1.68	25.61	52.5	3.95
重庆	17.32	22.6	1.99	25.02	48.6	3.66
陕西	16.37	22.4	1.97	17.59	36.9	2.78
湖南	78.44	109.4	9.61	122.22	204.2	15.38
湖北	115.89	198.5	17.44	93.3	205.3	15.46

(续表)

地区	2000年			2018年		
	面积（万 hm²）	产量（万 t）	产量占比（%）	面积（万 hm²）	产量（万 t）	产量占比（%）
江西	62.92	53	4.65	48.3	69.1	5.20
安徽	96.47	156.8	13.78	35.7	84.3	6.35
河南	24.83	33.8	2.97	14.5	39	2.94
江苏	65.05	143	12.56	15.91	45.7	3.44
浙江	29.72	43.7	3.84	10.49	23.3	1.75
河北	2.84	2.3	0.20	1.94	3.4	0.25
山西	0.86	0.9	0.08	2.53	2.4	0.18
辽宁	0.13	0.2	0.02	0.08	0.1	0.01
黑龙江	7.99	6.8	0.60	0.18	0.2	0.02
上海	7.01	15.7	1.37	0.21	0.5	0.04
福建	1.74	1.8	0.16	0.53	0.9	0.07
山东	2.45	4.8	0.42	0.86	2.2	0.17
广东	1	0.8	0.07	0.47	1.1	0.08
广西	8.92	8.2	0.72	2.44	2.3	0.17
西藏	1.61	4.0	0.35	2.24	5.8	0.44
宁夏	0.05	—	—	0.26	0.6	0.05
新疆	9.62	15	1.32	6.35	17.7	1.33

注：数据来源于《中国统计年鉴》。《中国统计年鉴》未将2000年宁夏油菜籽产量列出，故数据缺失。

2 蜜蜂授粉在油菜生产中作用评价

田自珍等[8]用意大利蜜蜂为白菜型油菜'青油9号'授粉，结果表明，授粉距离越近访花蜜蜂数越多，授粉效果越好，500~1 000m区域内授粉效果差异极显著。与自然条件的授粉比较，油菜籽产量增加16.82%~21.52%，千粒重增加9.27%~12.88%，角粒数增加36.74%~48.90%。谢霖霖等[9]利用纱网隔离，设置意大利蜜蜂授粉区和无蜜蜂对照区，研究发现蜜蜂授粉区油菜籽产量比无蜂区增产23.8%以上。Perrot等[10]通过田间和植株2个水平研究了昆虫授粉对油菜产量影响，发现蜜蜂和野生蜂是油菜主要授粉昆虫，昆虫授粉为植株产量贡献30%，自花授粉、风授粉贡献70%。Ouvrard等[11]比较了1956—2018年发表的有关油菜蜜蜂授粉的文献，发现油菜昆虫授粉依赖度随品种和地区而异，田间观察比用网罩观察结果更接近现实授粉效果（网罩区与田间开放区产量相比，降低30%~50%），土壤、病虫防治水平等均影响昆虫授粉依赖度。

2.1 蜜蜂为油菜授粉价值评估

为估算蜜蜂为油菜授粉年价值，综合文献阅读，借鉴Robinson[4]和刘朋飞[12]采用的授粉依赖度模型，如式（1）。

$$V_{hb} = VDP \tag{1}$$

式中，V_{hb}为蜜蜂为油菜授粉年价值贡献。V为油菜籽年产值，数据可通过《中国统计年鉴》计算获得。D为油菜依赖昆虫授粉程度。P是为油菜授粉昆虫中蜜蜂所占比例。模型中D是计算难点，采用式（2）计算。

$$D = \frac{Y_0 - Y_c}{Y_0} \tag{2}$$

式中，Y_0为有昆虫授粉区油菜籽产量，Y_c为无昆虫授粉区油菜籽产量。右侧分子分母同时除以Y_c，结果如式（3）。

$$D = \frac{(Y_0 - Y_c)/Y_c}{Y_0/Y_c} = \frac{\Delta p}{1 + \Delta p} \tag{3}$$

式中，Δp为有昆虫授粉区油菜籽产量较无昆虫授粉区油菜籽产量增加的比例，Δp可从国内外学者对油菜的授粉试验研究文献中获得。经查阅，有关蜜蜂等昆虫为油菜授粉效果文献如表2所示。

表2 蜜蜂等昆虫为油菜授粉效果文献列表

试验地点	油菜品种	试验设计	试验结论	文献出处
江苏吴江	甘蓝型油菜胜利油菜	蜜蜂等昆虫自由授粉区、隔绝蜜蜂授粉区、遮阴区	蜜蜂等昆虫自由授粉区增产20%	王永强[13]
贵州凯里	甘蓝型油菜胜利油菜	1组顶部及四周罩起、2组顶部罩起四周畅通、3组与田间自然条件一样	2组较1组增产40.48%	李文先[14]
甘肃甘谷	白菜型油菜天油4号	距离蜂场500m种植油菜为试验组，距离蜂场5km以外种植油菜为对照组	试验组较对照组增产23.91%、增油10.12%	祁文忠[15]
江西南昌	赣杂3号油菜	蜜蜂等昆虫自然授粉、蜜蜂授粉区（60目尼龙网）、无蜂授粉区（20目尼龙网）	蜜蜂等昆虫自然授粉区比无蜂授粉区增产53.33%、增油16.29%	石元元[16]
浙江平湖	浙双72油菜	蜂场附近100m设置无蜜蜂授粉区、有蜜蜂及其他昆虫授粉区	有蜜蜂及其他昆虫授粉区增产49.4%、增油5.08%	金水华[17]

(续表)

试验地点	油菜品种	试验设计	试验结论	文献出处
云南罗平	甘蓝型油菜	蜂场附近500m设置有蜜蜂及其他昆虫授粉区、无蜜蜂授粉区	有蜜蜂及其他昆虫授粉区产量增47.39%	梁钺[18]
意大利帕多瓦	Catalina	开放授粉区仅顶部放置细网、封闭授粉区顶部和四周都放置细网	开放授粉区增产19%。授粉昆虫中蜜蜂占70%	Marini[19]
新疆拜城	黄油菜	无蜜蜂授粉封闭区、有蜜蜂及其他昆虫授粉开放区	有蜜蜂及其他昆虫授粉开放区增产19.16%、增油16.98%	袁豆豆[20]
新疆拜城	黄油菜	无蜜蜂授粉区、有蜜蜂及其他昆虫授粉区	有蜜蜂及其他昆虫授粉区增产21.30%、增油5.57%	哈力木拜·阿汗[21]
西藏拉萨	甘蓝型油菜大地95	隔离不授粉区、有蜜蜂及其他昆虫授粉区	有蜜蜂及其他昆虫授粉区产量提高11.50%	庞博[22]
安徽巢湖	杂交甘蓝型油菜大地199、秦优10号	无昆虫（蜜蜂）授粉对照组、有昆虫（蜜蜂）授粉组	有昆虫（蜜蜂）授粉组增产20%，蜜蜂占授粉昆虫68%	汤顺章[23]

从表2可以看出，蜜蜂等昆虫授粉平均为油菜增产29.59%，因此代入式（3）计算D值为22.83%。油菜授粉昆虫中蜜蜂所占比例P值的计算，参考表2中Marini和汤顺章的研究结论，取其平均数69%。

查阅《中国农业年鉴（2019）》，2018年油菜籽总产量为13 281 300t，平均市场售价约4 980元/t[24]，产值约661.41亿元。则根据式（1）得到2018年蜜蜂为国内油菜授粉价值约104.19亿元。

授粉价值相当于当年油菜产值15.75%。从《中国农业年鉴（2019）》查询2018年各油菜种植省份（自治区、直辖市）的油菜籽产量数据并计算蜜蜂对油菜的授粉价值如表3所示。2018年蜜蜂对油菜的授粉价值在10亿元以上的省份有3个，分别是四川、湖北、湖南，油菜生产对蜜蜂授粉的需求量居全国前三位。蜜蜂授粉价值在1亿~10亿元的省份（自治区、直辖市）分别是贵州、安徽、江西、云南、重庆、江苏、内蒙古、河南、陕西、甘肃、青海、浙江、新疆。

表3 2018年蜜蜂为油菜授粉价值　　　　　　　　　　　　单位：亿元

地区	授粉价值	地区	授粉价值	地区	授粉价值
四川	22.92	内蒙古	3.12	山西	0.19
湖北	16.11	河南	3.06	广西	0.18
湖南	16.02	陕西	2.90	山东	0.17

(续表)

地区	授粉价值	地区	授粉价值	地区	授粉价值
贵州	6.76	甘肃	2.79	广东	0.09
安徽	6.61	青海	2.21	福建	0.07
江西	5.42	浙江	1.83	宁夏	0.05
云南	4.12	新疆	1.39	上海	0.04
重庆	3.81	西藏	0.46	黑龙江	0.02
江苏	3.59	河北	0.27	辽宁	0.01

2.2 油菜生产对授粉蜂群需求情况

使用蜜蜂为农作物授粉技术是一项行之有效的农业增产提质措施。近年来，随着现代农业的发展，蜜蜂商业化授粉应用受重视程度越来越高，为进一步推广蜜蜂授粉技术，转变养蜂业生产方式，提高农作物产量和品质，农业农村部制定了《蜜蜂授粉技术规程（试行）》[25]，其中规定，一个15框蜂的蜜蜂强群可承担连片分布的油菜作物面积为 0.2~0.4 hm²。2018 年全国油菜籽播种面积为 655.06 万 hm²，需要 1 637.65 万群以上 15 框蜂的蜜蜂强群授粉。2019 年，国内有蜂群总量约 908.84 万群，为满足现有油菜播种面积授粉需求，尚需加快现有蜂群授粉利用并力争培育更多蜂群。根据 2018 年全国各地区油菜籽播种面积，可计算出各地区油菜生产对授粉蜂群的需求量情况如表4所示。油菜籽播种面积越大，对授粉蜂群的需求量越大。由表4可知，湖南、四川油菜生产对授粉蜂群的需求量最大，约占国内现有蜂群总量的 1/3 以上。

表4 2018 年油菜生产对授粉蜂群需求量　　　　单位：万群

地区	需求量	地区	需求量	地区	需求量
湖南	305.56	陕西	43.97	西藏	5.61
四川	304.62	甘肃	43.73	河北	4.86
湖北	233.24	江苏	39.77	山东	2.15
贵州	124.42	青海	36.44	福建	1.32
江西	120.75	河南	36.26	广东	1.17
安徽	89.26	浙江	26.22	宁夏	0.64
云南	64.04	新疆	15.86	上海	0.52
重庆	62.54	山西	6.32	黑龙江	0.46
内蒙古	61.56	广西	6.11	辽宁	0.21

3 结论与讨论

油菜是国内播种面积最大、地区分布最广的油料作物,蜜蜂授粉在油菜生产中发挥较大作用,2018 年蜜蜂为油菜的授粉价值约 104.19 亿元,相当于油菜年产值 661.41 亿元的 15.75%。四川、湖北、湖南油菜生产中,蜜蜂授粉价值均在 10 亿元以上。国内油菜生产对授粉蜂群的需求量较大,按 2018 年油菜籽播种面积计算,约需要 1 637.65 万群以上蜜蜂授粉,已超现有的蜂群总量 908.84 万群。湖南、四川油菜生产对授粉蜂群的需求量最大,约占现有蜂群总量的 1/3 以上。

有研究表明,蜜蜂授粉不仅能有效提高油菜产量和质量,也是最经济的增产措施。在农业生产诸要素中,调查统计油菜作物生产投入占总产出的百分率分别是化肥投入占产出值的 13.22%,农药为 3.93%,排灌为 2.92%,地膜为 2.19%,种子为 1.36%,蜜蜂授粉投入占 1.90%,蜜蜂授粉费仅占蜜蜂授粉增值部分的 5.75%[26]。因此,蜜蜂授粉是油菜生产重要的生产投入,应当提高民众对蜜蜂授粉经济价值的认识,大力推广油菜蜜蜂授粉技术,不断加大现有蜂群授粉利用,逐渐扩大现有蜂群数量,投入更多的资源改善授粉昆虫管理措施,让这些授粉者有更多栖息环境。

本研究评估蜜蜂对油菜的授粉价值以及油菜生产对授粉蜂群的需求量,目的是证实蜜蜂授粉对油菜生产的积极作用,评估油菜蜜蜂授粉的经济价值,明确养蜂业在油菜生产中的重要经济地位。在当前野生授粉昆虫种类和数量不断减少的情况下,蜜蜂授粉在油菜生产中的地位愈显重要。

为更好发挥蜜蜂授粉在油菜生产中的作用,要注意蜜蜂的安全性保护,正确选择与科学施用农药,不断推广蜜蜂授粉与绿色防控技术的集成应用;要合理组织授粉蜂群和安排放蜂场地,确保不同地区的油菜有足够数量的授粉蜂群;要加大对蜜蜂授粉增产提质的宣传力度,探索建立蜜蜂授粉社会化服务组织和蜜蜂授粉补偿机制,提高蜜蜂授粉服务供方(蜂农)和需方(油菜种植户)积极性。一方面,通过蜜蜂授粉实现油菜增产,提高种植户收入,促进油菜产业的发展,实现"产业兴旺、生活富裕";另一方面,通过开发智能化蜜蜂授粉模型[27],实现油菜种植与蜜蜂养殖结合,不断增加蜂农收入。此外,蜜蜂授粉减少了农药、化肥使用量,维持了自然界生态平衡,推动了绿色、环保生态农业形成。

参考文献

[1] 鄢勤,张春容,童守远,等. 安全用药保护蜜蜂授粉及其对油菜生产的作用

[J]. 植物医生, 2019, 32 (5): 58-61.

[2] Southwick E, Southwick L. Estimating the economic value of honey bees (Hymenoptera: Apidae) as agricultural pollinators in the United States [J]. Journal of economic entomology, 1992 (3): 621-633.

[3] Olmstead A, Wooten D. Bee pollination and productivity growth: the case of alfalfa [J]. American journal of agricultural economics, 1987, 69 (1): 56-63.

[4] Robinson W S, Nowogrodzki R, Morse R A. The value of honey bees as pollinators US crops, Part Ⅱ [J]. American bee journal, 1989, 129: 411-423, 477-487.

[5] Stanley D, Gunning D, Stout J. Pollinators and pollination of oilseed rape crops (*Brassica napus* L.) in Ireland: ecological and economic incentives for pollinator conservation [J]. Journal of insect conservation, 2013, 17: 1181-1189.

[6] 胡进雄. 油菜生产全程机械化存在的问题及对策 [J]. 农业机械, 2020 (3): 94-95.

[7] 吴崇友, 王积军, 廖庆喜, 等. 油菜生产现状与问题分析 [J]. 中国农机化学报, 2017, 38 (1): 124-131.

[8] 田自珍, 祁文忠, 缪正瀛, 等. 河西走廊油菜蜜蜂授粉研究报告 [J]. 蜜蜂杂志, 2010, 30 (4): 3-5.

[9] 谢霖霖, 胥保华, 孙阳恩, 等. 蜜蜂授粉对油菜籽产量及油中脂肪酸组成的影响 [J]. 蜜蜂杂志, 2011, 31 (4): 3.

[10] Perrot T, Gaba S, Roncoroni M, et al. Bees increase oilseed rape yield under real field conditions [J]. Agriculture, ecosystems and environment, 2018, 266: 39-48.

[11] Ouvrard P, Jacquemart A. Review of methods to investigate pollinator dependency in oilseed rape (*Brassica napus*) [J]. Field crops research, 2019, 231: 18-29.

[12] 刘朋飞, 吴杰, 李海燕, 等. 中国农业蜜蜂授粉的经济价值评估 [J]. 中国农业科学, 2011, 44 (24): 5117-5123.

[13] 王永强, 邰可伟. 利用蜜蜂为油菜授粉增产的初步试验 [J]. 中国养蜂, 1963 (3): 80-81.

[14] 李文先. 蜜蜂为油菜授粉的试验 [J]. 养蜂科技, 1989 (4): 5.

[15] 祁文忠, 田自珍, 缪正瀛, 等. 黄土高原油菜意大利蜜蜂授粉效果初报 [J]. 中国蜂业, 2009, 60 (10): 12-14.

[16] 石元元, 管翠, 曾志将, 等. 蜜蜂为油菜授粉增产效果及机理研究 [J]. 江西农业大学学报, 2009, 31 (6): 994-999, 1005.

[17] 金水华, 魏文挺, 易松强, 等. 平湖地区油菜蜜蜂授粉效果的研究 [J]. 蜜蜂杂志, 2011, 31 (8): 1-3.

[18] 梁铖, 简绍方, 黄永权, 等. 蜜蜂为罗平油菜授粉效果研究 [J]. 中国蜂业, 2014, 65 (Z1): 37-39.

[19] Marini L, Tamburini G, Petrucco-Toffolo E, et al. Crop management modifies the

benefits of insect pollination in oilseed rape [J]. Agriculture, ecosystems and environment, 2015, 207: 61-66.

[20] 袁豆豆. 蜜蜂授粉对新疆油菜增产效果影响 [J]. 新疆农业科技, 2016, 4: 47.

[21] 哈力木拜克·阿汗, 陈宝新, 李海军. 新疆蜜蜂为油菜授粉试验报告 [J]. 中国蜂业, 2016, 67 (9): 42-43.

[22] 庞博, 雷雪萍, 王文峰, 等. 两种蜂授粉对西藏西红柿、油菜产量性状及甜度的影响 [J]. 中国蜂业, 2019, 7: 46-48.

[23] 汤顺章, 唐淑菊, 尹必文, 等. 访花昆虫种类及授粉对油菜产量贡献率研究 [J]. 现代农业科技, 2020 (11): 11-13.

[24] 赵克山. 下游产品提振局部菜籽上涨 [N]. 粮油市场报, 2018-10-13 (A03).

[25] 农业部办公厅关于印发《蜜蜂授粉技术规程（试行）》的通知 [J]. 中国蜂业, 2010, 61 (6): 5-7.

[26] 李位三, 吴树生. 蜜蜂授粉经济性的调查和研究 [J]. 蜜蜂杂志, 2009, 29 (10): 12-14.

[27] 曹宏鑫, 葛道阔, 张文宇, 等. 农业模型发展分析及应用案例 [J]. 智慧农业, 2020, 2 (1): 147-162.

猕猴桃在不同授粉方式下的成本收益分析

顾志敏[1]，王腕艺[1]，郝贝航[1]，高芸[2]，张社梅[1]

(1. 四川农业大学管理学院　成都　611130；
2. 中国农业科学院农业经济与发展研究所　北京　100081)

摘要：本文利用对四川蒲江县箭塔村和邛崃市文笔山村的实地调研数据，对不同授粉方式下猕猴桃的成本收益进行分析。发现在猕猴桃种植成本中，物质与服务费用占比最大，蜜蜂授粉可在授粉成本方面节约猕猴桃种植成本。蜜蜂授粉在猕猴桃生产中是有效的增产提质措施，能够提高种植户的总产值，具有经济价值，但其采用率仍较低。进一步提出应加大蜜蜂授粉的推广、鼓励土地流转、完善蜜蜂授粉服务体系、加强消费市场对蜜蜂授粉产品认可度、加大政策和财政支持力度等对策和建议。

关键词：蜜蜂授粉；人工授粉；成本；收益；猕猴桃

1　引言

随着我国脱贫攻坚任务的带动，猕猴桃产业快速发展，我国猕猴桃资源丰富，品种繁多，种植面积及产量均居全球首位，猕猴桃产业的高效发展对于促进农业农村经济发展、助农增收、推进乡村振兴具有重要作用。然而，绝大多数猕猴桃是雌雄异株、异花授粉植物，授粉困难，花期较短，一般仅有3~5d，在自然条件下主要靠昆虫传粉，但极易受到天气等因素的限制，造成着果率低、果实偏小、畸形果率增加，从而降低了经济效益[1,2]，影响产业

基金项目：财政部和农业农村部：国家现代农业产业技术体系项目（CARS-44-KXJ18）
作者简介：顾志敏，硕士研究生，主要研究方向为农业经济管理，E-mail：2621898778@qq.com
通信作者：张社梅，教授、博导，主要研究方向为蜂产业经济、农民合作组织，E-mail：zhangshemei@163.com

发展。

近年来，多项研究表明猕猴桃的主要传粉者为蜜蜂[3]，而且猕猴桃花的颜色、大小和气味对蜜蜂采集的决定起重要作用[4]。虽然猕猴桃花因缺乏蜜腺，对蜜蜂吸引力不强，但是通过合适的诱导后，蜜蜂可以高效地为猕猴桃授粉[5,6]。韩胜明等发现蜜蜂授粉可提高猕猴桃果实的产量和品质，但我国红阳猕猴桃种植者对于蜜蜂授粉认可度和使用率不高[6]。已有研究集中于不同授粉方式对猕猴桃品质和产量方面的影响，或蜜蜂授粉技术的采用意愿及影响因素等，对猕猴桃在不同授粉方式下的成本收益研究较少。因此，本文以箭塔村与文笔山村的猕猴桃种植户为例，重点研究对比分析了猕猴桃种植户在不同授粉方式下的成本收益，发现猕猴桃授粉方面存在的问题及产生原因，从而针对性地提出对策建议。

2　调查方法

2.1　数据来源

四川作为全国猕猴桃第二大产区，是国内人工栽培猕猴桃最早、应用效果最好的地区之一，同时授粉是猕猴桃生产过程中的关键环节。本文对蒲江箭塔村和邛崃文笔山村的猕猴桃种植户进行问卷调查，共调查了种植户23户，有效问卷23份，其中人工授粉12份，蜜蜂授粉6份，人工和蜜蜂授粉结合5份。问卷主要集中在猕猴桃种植户的基本特征、农户对蜜蜂授粉的认知、农户种植及授粉基本情况、猕猴桃成本收益等方面。

2.2　样本基本情况

根据调研数据发现，果农中50~60岁的占比最高，达到了43.48%，说明猕猴桃种植户老龄化趋势明显；另外在性别方面，男性种植户占比高达73.91%，表明在种植猕猴桃当中以男性为主；在受教育程度方面，初中文化程度占比为52.17%，大专及以上学历占比达到26.09%，说明当前种植户的文化水平普遍偏低，同时其文化水平偏低现象有所改善，但受教育程度较高的农户主要集中于邛崃文笔山村；在猕猴桃种植规模方面，农户种植2~5亩（不含）的占比为30.43%，5~10亩的占比为21.74%，但种植亩数相对较高的种植户多来自邛崃，且相对年轻，学历较高，大多数为大专且有个别本科生。

同时有82.61%的农户表示愿意采用蜜蜂授粉，43.48%的农户同意蜜蜂授粉的猕猴桃产量更高,但也有 30.43%的农户认为人工授粉产量和品质更好,13.04%的农户认为两种差不多,这说明存在一半的种植户并没有感受到蜜蜂授粉对种植猕猴桃带来的益处。此外,78.26%的农户回答没有关于蜜蜂授粉的政策支持,这体现政府有关蜜蜂授粉的政策和财政支持体系并不完善。

3 猕猴桃不同授粉方式下的成本收益分析

3.1 农户不同授粉方式的成本对比分析

猕猴桃总成本由生产成本与土地流转成本构成。生产成本包括物质与服务费用、授粉成本、人工成本,物质与服务费用分为肥料、灌溉、农药和机械费用。授粉成本分为人工授粉和蜜蜂授粉成本,其中人工授粉成本包括购买花粉和雇工点花费用,蜜蜂授粉成本包括租用蜜蜂和蜂群管理及配套服务费用。人工成本分为雇工费用和家庭用工的折价,本文没有对家庭用工折价进行计算(表1)。

表1 不同授粉方式下猕猴桃的成本情况

项目	人工	蜜蜂	人工+蜜蜂
授粉成本(元/亩)	566.67	203.20	656.67
肥料(元/亩)	1 440.91	2 400.00	1 294.00
灌溉(元/亩)	153.75	140.00	292.50
农药(元/亩)	344.55	1 175.00	680.00
机械(元/亩)	300.00	182.60	100.00
人工(元/亩)	1 087.50	3 072.00	1 186.00
土地租金(元/亩)	0.00	944.00	950.00
总成本(元/亩)	3 893.38	8 116.80	5 159.17

猕猴桃种植户采用的授粉方式有人工授粉、蜜蜂授粉以及两种方式相结合。由表1可知,采用蜜蜂授粉产生的总成本最高,比人工授粉高出4 223.42元。另外不同授粉方式下猕猴桃各成本占比方面(图1),无论采取哪种授粉方式,物质与服务费用在成本当中占比最大,其次是雇工费用。在蜜蜂授粉方式中第三大成本是土地租金,租蜂成本比例最低。但在人工授粉方式中第三大成本为授粉费用。

在猕猴桃授粉成本方面(表1),两者兼用的猕猴桃授粉成本相对高一点,因同时产生了授粉成本当中的人工授粉和蜜蜂授粉成本。人工授粉的授

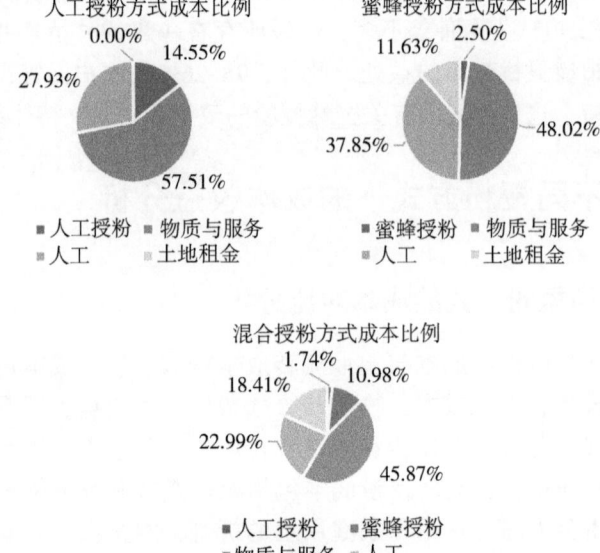

图1 不同授粉方式下猕猴桃各成本占比

粉成本是蜜蜂授粉的2倍多。同时采用人工授粉种植户大部分选择自己及家人完成人工点粉工作且花粉大多为自制，相对节约了一部分花费。总的下来，采用蜜蜂授粉会更加节约授粉成本；就物质与服务费用来看，采用蜜蜂授粉的种植户费用较高，主要因肥料与农药价格偏高，部分农户采用进口肥料提高产量。混合授粉方式的灌溉成本略高是因个别农户采取一次性打井的方式，产生了水管和电机成本；在雇工费用方面，采用人工授粉的农户种植面积较少，实际大部分农户选择自己及家人完成，只有极个别农户会选择雇用工人，从而降低了亩均产生的雇工费用；在土地租金上，采用人工授粉的农户种植亩数少，其不需承包土地，但采用蜜蜂授粉的农户种植面积最少也为10亩，有的甚至大于100亩，所以承包土地就产生了土地租金。

3.2 农户不同授粉方式的收益对比分析

由表2可知，采用蜜蜂授粉农户收益最高。众所周知，每亩总产值的多少取决于产量和价格。采用蜜蜂授粉的农户猕猴桃产量和销售单价相较于人工授粉较高。本次采用蜜蜂授粉和两者兼用的11家农户中，9家农户都表示猕猴桃售价并不会高于人工授粉，采用蜜蜂授粉的农户大都来自一个地方且他们种植的品种与采用人工授粉农户的品种不同，因此售价可能是受到区域、品质和品种的影响，授粉方式的选用对猕猴桃销售价格并不会造成直接影响。

同时还有农户表示网上销售价格会高于中间商收购。此外蜜蜂授粉农户种植的东红品种个头和产量本身虽比人工授粉种植的红阳高，但采用过蜜蜂授粉后产量还是有所提高，也说明了蜜蜂授粉可提高其产量。

表2 不同授粉方式下猕猴桃的收益情况

项目	人工	蜜蜂	人工+蜜蜂
总产量（kg/亩）	1 272.73	1 500.00	1 330.00
单价（元/kg）	8.10	11.20	8.88
收益（元/亩）	10 309.11	16 800.00	11 810.40

3.3 农户不同授粉方式的净利润对比分析

从成本收益的角度分析（表3），采用蜜蜂授粉的种植户净利润最高，这得益于每亩总产值的提升。两者兼用与人工授粉的农户净利润相差不大，因两者兼用的农户中有些表示蜜蜂授粉是在人工授粉的基础上起辅助作用，有些种植户允许外地养蜂人在其猕猴桃园放蜂，为其免费授粉，并未把蜜蜂授粉当作可依靠的授粉方式。

表3 不同授粉方式下猕猴桃的利润情况

项目	人工	蜜蜂	人工+蜜蜂
成本（元/亩）	3 893.38	8 116.80	5 159.17
收益（元/亩）	10 309.11	16 800.00	11 810.40
净利润（元/亩）	6 415.73	8 683.20	6 651.23

3.4 不同种植规模农户的成本收益对比分析

由表4可知，在不同种植规模下，种植面积小于10亩的农户当中大部分采用人工授粉，只有1户采用蜜蜂授粉；种植面积大于等于10亩的农户中均采用蜜蜂或混合授粉方式，因工作量太大，蜜蜂授粉的省工优势就可凸显出来。

表4 种植规模下不同授粉方式的农户个数

项目	种植规模				
	<10亩			≥10亩	
授粉方式	人工	人工+蜜蜂	蜜蜂	蜜蜂	人工+蜜蜂
户数（个）	12	2	1	5	3

在总成本上（表5），种植规模较高的农户明显要高于种植规模低的农户。具体看，种植规模高的农户会产生土地流转租金，且种植规模达到一定程度，雇工费用明显提高。整体来看，种植规模会影响采用蜜蜂授粉的意愿和最终选择，授粉方式的不同进而影响种植成本和收益。

表5 不同规模下猕猴桃的成本收益情况

项目	种植规模	
	<10亩	≥10亩
授粉成本（元/亩）	470.00	595.86
土地租金（元/亩）	0.00	945.71
肥料（元/亩）	1 365.71	2 200.00
灌溉（元/亩）	143.00	238.57
农药（元/亩）	335.00	1 193.75
机械（元/亩）	300.00	168.83
人工（元/亩）	1 087.50	2 533.14
总成本（元/亩）	3 701.21	7 875.86
产量（kg/亩）	1 214.29	1 581.25
单价（元/kg）	8.38	10.34
收益（元/亩）	10 175.75	16 350.13
净利润（元/亩）	6 474.54	8 474.27

4 结论与建议

4.1 结论

本文在介绍不同授粉方式的现状和蜜蜂授粉必要性的前提下，分析猕猴桃成本收益情况，更加清楚地阐述了采用蜜蜂授粉的优势所在及其采用率低的原因，可得到以下结论：

不管猕猴桃在何种授粉方式下，物质与服务费用在成本当中占比最大，其次雇工费用也是一项重要的投入要素。蜜蜂授粉相比于人工授粉在物质与服务成本、雇工成本、租金成本上较高，但在授粉成本方面起到节约效果。蜜蜂授粉在猕猴桃生产中是有效的增产提质措施，提高种植户的总产值，具有经济价值。但其采用率仍旧处于较低水平，主要是受农户对蜜蜂授粉的认知和信任度、种植规模结构、技术服务、传统思想、市场等因素的影响。

4.2 建议

猕猴桃果农大部分仍采用人工授粉，尽管蜜蜂授粉可以省工，节约成本，同时提高品质产量，但采用率仍很低，说明存在很多因素影响农户对蜜蜂授粉方式的选用，应采取相应措施对其进行针对性的解决。

一是提高农户对蜜蜂授粉的认知，加大蜜蜂授粉的推广与宣传。目前种植户对蜜蜂授粉的认知不足与信任度低，针对蜜蜂授粉是否会带来产量和质量的提升尚不清楚。由于猕猴桃不产花蜜、对蜜蜂吸引力较弱，虽可利用诱导方式解决，但农户对此方法认知不足。另外，种植户的思想观念和传统生产体系固化，所以严重影响蜜蜂授粉的采用率。基于此，可通过观摩蜜蜂授粉示范园区让农户亲眼看到蜜蜂授粉增产效果。同时利用电视、新闻媒体等线上方式广泛宣传报道蜜蜂授粉的成功实践经验，使果农重新认识并充分接受蜜蜂。

二是鼓励土地流转，倡导规模化种植。因种植规模结构不利于提高采用蜜蜂授粉倾向，在大规模果园中，果农意识到蜜蜂授粉对作物增产的重要性，并愿意采用蜜蜂授粉。但当前部分规模较小自家就可完成授粉工作，且对蜜蜂授粉效果缺乏信任也就不会选择蜜蜂授粉方式。所以政府应建立健全农村土地流转机制，积极引导农户通过村组织内部互换等方式实现猕猴桃规模化种植，并完善土地流转政策，加大土地整理力度，让农户真切感受到蜜蜂授粉的效率。

三是完善蜜蜂授粉服务体系，培育蜜蜂授粉专业组织。目前蜜蜂授粉技术服务机构和服务质量标准不完善，蜂农在养蜂方面具有专业性，但在授粉技术和服务方面存在不足，缺乏与蜜蜂授粉相关的紧密服务组织、信息平台和规范的授粉合约，以及授粉服务供需对接平台和种植户用药规范管理体系。因此，可大力培育专业的蜜蜂授粉服务新型经营主体，以蜂农为基础，鼓励成立养蜂合作社和专业授粉服务公司，设立技术指导和服务部门，来加强授粉技术支撑和服务。

四是加强消费市场对蜜蜂授粉产品的认可度。经蜜蜂授粉的猕猴桃具有早果高产、较高的采收和贮藏品质，传统授粉商品和蜜蜂授粉商品需要通过认证标识区别开来，但实际销售中蜜蜂授粉并未展现出价格优势，因此对农户采用蜜蜂授粉的积极性也没有促进作用。所以要抓住蜜蜂授粉产品营销，通过增强消费市场对蜜蜂授粉产品的认可度，宣传其独特的价值和买点，进而反向激发种植户对蜜蜂授粉的采用意愿。

五是加大政策和财政支持力度。政府虽出台了蜂业相关政策，但其支持体系仍然不够完善,在技术培训和授粉市场组织方面缺乏政策引导。另外,虽对部分蜂农实施了一定的授粉补贴,但尚未全面推进。因此,可出台促进蜂业发展的相关政策,健全蜂业相关的农机补贴、信息化建设、养蜂技术培训、授粉主体培育等政策。还可对养蜂业给予相应的扶持和定额补贴,设立专项资金来支持蜂农,并加大力度,对于采用蜜蜂授粉示范户给予资金补助或惠利制度。

参考文献

[1] 安成立,刘占德,姚春潮,等.美味猕猴桃控制授粉对果实及种子影响的研究[J].种子,2016,35(1):72-73,76.

[2] 熊丙全.猕猴桃授粉方式筛选[J].北方园艺,2019(3):74-77.

[3] 朱友民,周宗旺,毛江平,等.猕猴桃蜜蜂授粉技术研究初报[J].中国南方果树,2003(2):45-46,60.

[4] Matich A J, Young H, Allen J M, et al. *Actinidia arguta*: Volatile compounds in fruit and flowers [J]. Phytochemistry, 2003, 63 (3): 285-301.

[5] Pozo M I, Vendeville J, Kay C, et al. Entomovectoring technology in kiwifruit pollination [J]. Acta Horticulturae, 2018, 1218: 381-390.

[6] 韩胜明,赖康,赵亚周,等.蜜蜂在猕猴桃园的访花行为和授粉效果评估[J].应用昆虫学报,2020,57(5):1131-1138.

蜂农对农药危害的感知及其影响因素研究
——基于全国 7 个省份问卷调查

刘 丰，张社梅

（四川农业大学管理学院 成都 611130）

摘要：基于全国 7 个省份问卷调查结果，本文采用 MPPACC 模型分析蜂农对农药危害的感知，并在此基础上探究影响感知的因素。研究发现，家庭经济条件越好，蜂农对农药危害的感知能力越强；放蜂范围越广，蜂农对农药危害越敏感；蜂业合作社没有提供足够的专业培训；蜂农与同行交流防御措施也有利于提升蜂农对农药危害的感知。为提高蜂农对农药危害的感知，帮助蜂农提高产出和收益，促进蜂业可持续发展，提出合作社应增加对蜂农的专业知识培训、鼓励蜂农之间的合作和交流、拓宽蜂农获取农药喷洒信息的渠道等建议。

关键词：蜂农；农药危害；感知影响因素

1 引言

1.1 研究背景及意义

1.1.1 研究背景

据统计，我国农药使用量大、浪费严重，环境中的农药残留量高达 70%[1]。农药在降低农产品产量损失、保障农产品市场供给和社会稳定等方面起到了极为重要的作用[2]。农户是农业生产经营的微观主体，也是农药使

基金项目：财政部和农业农村部：国家现代农业产业技术体系项目（CARS-44-KXJ18）
作者简介：刘丰，本科生，农林经济管理专业，E-mail：1285888090@qq.com
通信作者：张社梅，E-mail：zhangshemei@163.com

用的决策者和实施者。近年来，农药危害造成农户损失的事件层出不穷。提升农户对农药危害的感知以减少农药危害已成为当务之急。

1.1.2　研究意义

（1）理论意义。蜜蜂在养殖过程中农药中毒风险的发生率仅次于自然灾害风险，低20%左右，居第二位。而关于降低蜜蜂农药中毒风险的发生率以及提高蜂农应对能力的研究还较为薄弱。本文通过分析影响蜂农对农药危害感知水平的因素，据此提出相关建议，以提高蜂农对于农药危害的感知能力，规避农药风险，也可为政府有效进行蜜蜂农药中毒防治工作提供理论依据。

（2）现实意义。我国的养蜂业是农业生产中的重要组成部分，蜜蜂养殖规模大，蜂产品产量高。养蜂业作为农业均衡发展的桥梁，具有维持经济、社会和生态稳定的多重功能，在农业生产、绿色发展、生态平衡、脱贫攻坚等领域有着举足轻重的地位。蜜蜂养殖是一种以农户为主体的小型、分散的产业，其生产模式相对滞后，抗风险能力较差。大部分蜂农长期转地放蜂，流动性强，这就导致养蜂业成为一个风险极大的农业弱势产业[3]。当前农药喷洒问题已严重影响蜜蜂的生存，给蜂农带来巨大损失，严重阻碍了蜂产业的发展。因此，研究蜂农对农药危害的感知，降低农药危害给蜂农带来的损失，具有非常重要的现实意义。

1.2　文献综述

1.2.1　不同主体感知的影响因素研究

已有文献主要从消费者、农户主体角度研究感知的影响因素。

关于消费者主体方面，郭雪松等指出消费者对食品安全风险感知会因食品种类（如米面类、蔬菜水果类、肉类等）及其重要性的不同存在差异[4]。王永强和解强[5]将影响消费者风险感知的因素分为主要因素和次要因素，包括对专业机构检测报告和政府监管措施的信任程度，以及消费者对农药残留相关知识的积累、受教育程度、年龄等维度，因此提高消费者对质检部门的信任，提升质量检测的可靠性和权威性，有利于提升其风险感知程度，有效减少农药残留危害。呼军艳[6]提出消费者对食品安全的风险感知会受到政策与风险自身特征影响。黄桂东、邹晓莹[7]在果蔬表面农药残留的研究中，分析消费者对有机蔬菜的客观认知、是否了解农药危害、是否关注政府相关宣传等，结合研究结果提出提高消费者对果蔬农药残留感知的建议。

关于农户主体方面，研究结果显示性别、年龄、收入、所处地理区域是影响农户农药残留感知的重要因素[8]。一般来说男性农户对农药残留危害性的感知程度比女性要高[9]。侯博等研究发现农户的农药残留风险认知存在省际差异,且均受到个人特征与农药知识与技能掌握程度的影响[10]。蔡键提出受教育程度和地区差异会显著影响农民对农药的感知,其核心指标是农药环境危害性和农药废弃物回收必要性[11]。实际来看,不同地区农户对农药的认知水平会受到该地区经济水平、农业生产结构和病虫害程度的影响[12]。此外,还有一些关于农户对气候变化感知的研究,研究发现农民的文化程度、赶集频率和看电视频率会对农户对天气变化的感知产生影响[13],性别和家庭人均收入等因素会对农户认知气候变化产生影响[14],年龄、与村民的交流频率、距离市场的远近等因素也会影响农户对气候变化的感知[15],且上述影响因素有一些总是相同的。

总的来说,已有文献主要集中在对农户、消费者感知影响因素的探讨,且对农药残留风险和气候感知的研究较多,而关于蜂农这个特色主体感知行为影响因素也鲜有研究,因此蜂农对农药危害感知是本研究的亮点。

1.2.2 风险感知的测量研究

张郁提出当前环境风险感知的研究范式主要包括心理测量范式、社会文化范式、认知范式、风险的社会放大研究范式[16]。风险的发生时间、严重性、可控性、科学性、影响速度、公众的恐惧性、自愿与否、对风险的了解程度等特征是风险认知的基本结构[17]。以公众的风险认知为核心,个体特征、主观价值都可以作为风险认知的测度要素并产生直接影响,并在此基础上构建认知模型[18]。

1.2.3 基于感知及影响因素的对策建议研究

基于感知程度及其影响因素,提出行之有效的建议对策,已有文献主要从政府、社会、行为主体角度进行分析。

谭智心对山东省齐河县的农民进行了调查,发现虽然大多数农民意识到气候变化对农业生产的影响,但相对较少的农民愿意适应气候变化[19]。因此,政府有必要加强教育、宣传等方面的工作。另外,关于中国蜂农在养蜂生产过程中面临的各类灾害和风险,席桂萍和赵芝俊[3]提出加强养蜂业相关保险的完善,有助于积极推进风险救助,为蜂业灾害补偿机制的建设提供有效思路。而结合蜂农自杀事件以及养蜂业目前困境,孙翠清和赵芝俊提出要重视蜜源作物的种植和结构优化、对农药使用进行严格规范和监管、加大蜂业科研投入三方面的对策,促进养蜂业的持续发展[20]。谢宏佐调查分析发现,农民对气候变化的感知越强,就越能自发行动应对气候变化,从而通过对农业气象灾害进行早期观测、建设预警系统、健全农村科技服务体系,可以帮助农村人口适应气候变化[21]。

以上研究为本文开展蜂农对农药的感知及影响因素提供了重要参考,但现有研究多以农户为主要研究对象,对具体某个产业的农民对农药感知研究较少,且将感知与影响感知的因素相联系,有关两者之间关系的研究较少。蜂产业是农业产业中的典型代表,其受农药危害影响大,而蜂产业的发展又直接影响种植业增产增收和生物多样性、生态环境的健康发展。因此,本文以四川省等全国蜂业主产省的养蜂农户作为研究对象,探讨其对当前农药喷洒危害的感知,分析影响其感知程度的因素,据此提出提升蜂农对农药危害的感知能力的应对方法和建议,以减少蜂农经济损失、进而提升蜂产业整体经济效益。

2 理论分析与模型构建

2.1 蜂农对农药危害感知度测量模型

Grothman 和 Patt 提出的个体主动适应气候变化的感知模型分析框架(简称 MPPACC)[22],参考心理学与行为经济学,不仅应用在气候感知领域,也在适应环境变化的研究中得到广泛认可[23]。本文基于 MPPACC 分析框架,结合农药危害情况,将蜂农对农药的风险感知和适应感知作为测度指标。具体测量指标及赋值见表1。

表1 蜂农对农药感知度测量指标及赋值

农药危害感知	测量指标	测度问题	赋值
风险感知	敏感性感知	你认为农药对蜜蜂的影响怎样	有非常大影响=4;影响一般=3;影响较小=2;没有影响=1
	严重性感知	对农药喷洒的态度	非常厌恶=4;比较厌恶=3;一般=2;不厌恶=1
适应感知	适应功效感知	采取的措施是否减弱农药带来的负面影响	效果非常好=5;效果比较好=4;效果一般=3;效果不好=2;没有效果=1
	自我效能感知	自己应对农药危害的能力如何	熟练应对=3;基本应对=2;不能应对=1
	适应成本感知	应对农药喷洒的成本有多高	非常高=5;比较高=4;一般=3;比较低=2;无相应支出=1

2.2 农药危害感知影响因素分析

蜂农对农药危害的感知受到个人及家庭特征因素的影响,还受到从业年限、是否接受过生产技术培训等因素的影响[24]。参考国内外有关文献资料,并根据对蜂农的实地调研,本文提出的假设如下:

蜂农个人特征、家庭特征、获取农药信息的渠道和社会资本都对蜂农的农药危害感知有影响。

蜂农对农药危害的感知与蜂农的个人特征密不可分。蜂农的文化程度是影响蜂农对农药危害感知的重要因素，随着蜂农文化程度的提高，养蜂知识也随之增加，因而对农药危害的感知程度更强。因此，除了性别、年龄、从业年限之外，本文还选择了文化程度作为重要个体指标之一。

养蜂业主要劳动力来自家庭成员，生产大多规模较小，蜂农对农药危害的关注程度可能受到家庭主要特征的影响。家庭经济条件影响家庭对养蜂事业的规划和投入程度，因此可能对蜂农对农药危害的感知产生正向或负向影响。家庭放蜂范围也是影响农药感知的重要因素，一般来说，家庭放蜂范围越广，放蜂过程中遇到的复杂情况越多，处理农药问题有更多经验。因此，本文选择家庭经济条件和家庭放蜂范围作为家庭维度的指标。

蜂农获取农药信息的渠道是影响蜂农对农药危害感知的关键因素。蜂农是否会主动拓展获取农药信息的渠道展现了蜂农对农药危害的重视程度，而多种获取信息的渠道会帮助蜂农了解更多农药相关信息，其怎样影响蜂农对农药危害的感知还有待研究。本文选择是否了解养蜂相关的农业政策和是否有专业或者固定的渠道了解放蜂途中的农药喷洒情况作为自变量。

社会资本理论在环境风险研究具有适用性[25]，因此本文假设社会资本对农药危害感知有影响，并对养蜂业起到至关重要的作用。本文将蜂农是否加入合作社接受相关培训、是否会与其他蜂农交流针对农药喷洒的防御措施、是否信任村集体或农场提供农药检测报告作为蜂农的社会资本。

根据上述分析，本文将蜂农对农药危害的五类感知度作为被解释变量，根据问卷设置，选取1~5个有序值分别定义五类感知度，因此被解释变量属于多分类有序变量，大部分自变量为离散数据，所以采取有序 Probit 模型。模型的基本形式为：

$$y^* = \beta' X + \varepsilon_i, \quad i = 1, 2, 3, \cdots, n \tag{1}$$

式（1）中，β' 为参数向量，$\varepsilon_i \sim N(0, \sigma^2)$，即观测样本相互独立且具有正态误差。

3 数据来源和变量设置

3.1 数据来源

本次研究通过线上与线下相结合的方式发放调查问卷，有效问卷 194 份，回收率83.8%。参与填写问卷的蜂农来自吉林省、河北省、山东省、河南省、湖北省、四川省、浙江省，共7个省份，并具体到江油市、靖宇县、凉山彝族自治州等51个市县和自治区，数据来源范围广泛，具有较强的代表性。

随机填写问卷的蜂农中男性为173人，女性为21人，所占比例分别为89.2%和10.8%。养蜂业存在性别不对等，蜂农以男性居多，这与养蜂业性质吻合（表2）。被调查者的年龄跨度较大，30岁以下有13人，60岁以上有2人，其中40~50年龄段的人数最多为75人，占比为38.7%。被调查者的文化程度集中在高中（包括职高）及以下，占比高达95.4%，其中初中学历的人数最多，为88人，占总人数的45.4%。大部分蜂农从事蜂产业的年限在30年以内。65.98%的蜂农认为自己属于中等条件，但仍有25.26%的蜂农仍处于贫困阶段，养蜂业整体收益有很大成长空间。跨村流动和跨省流动人数相近，分别为67人和64人，总占比为67.5%。跨市流动人数最少为27人，占比为13.9%。

表2 受访蜂农个人及家庭特征

变量	类别	人数	占比（%）
性别	男	173	89.20
	女	21	10.80
年龄	30岁以下	13	6.70
	30~40岁	57	29.40
	40~50岁	75	38.70
	50~60岁	47	24.20
	60岁以上	2	1.00
文化程度	小学及以下	17	8.80
	初中	88	45.40
	高中（包括职高）	80	41.20
	本科及以上	9	4.60
从业年限	0~10年	88	45.36
	10~30年	80	41.24
	30年以上	26	13.40
家庭经济条件	贫困	49	25.26
	中等	128	65.98
	富裕	17	8.76
家庭放蜂范围	跨村流动	67	34.50
	跨县流动	36	18.60
	跨市流动	27	13.90
	跨省流动	64	34.00

3.2 变量设置

根据本研究制定的调查问卷和实地调研获得的数据，本文选取五类不同维度的感知作为本研究的因变量，既覆盖蜂农对农药危害的敏感性、严重性、适应性感知，也包括蜂农自身的效能感知和成本感知。此外，本文选取年龄、家庭经济条件等 10 个自变量，并分为个人、家庭、渠道、社会四个维度，相关分析见表 3。

表 3 解释变量描述

变量	赋值内容	均值	标准差
因变量			
敏感性感知（y1）	你认为农药对蜜蜂的影响怎样	3.81	0.53
严重性感知（y2）	对农药喷洒的态度	3.33	0.76
适应性感知（y3）	认为对农药喷洒现象采取的措施能否减弱农药带来的负面影响	3.48	1.34
自我效能感知（y4）	自己应对农药危害的能力如何	1.84	0.76
适应成本感知（y5）	应对农药喷洒的成本有多高	3.52	1.28
自变量			
1. 蜂农个人特征			
年龄（x1）	30 岁以下 = 1；30~40 岁 = 2；41~50 岁 = 3；51~60 岁 = 4；60 岁以上 = 5	44.15	8.76
文化程度（x2）	小学及以下 = 1；初中 = 2；高中 = 3；专科 = 4；本科及以上 = 5	2.68	1.05
养蜂年限（x3）	0~10 年 = 1；10~20 年 = 2；20~30 年 = 3；30 年以上 = 4	14.44	10.39
2. 蜂农家庭特征			
家庭经济条件（x4）	贫困 = 1；中等偏下 = 2；中等 = 3；中等偏上 = 4；上等 = 5	2.27	0.96
家庭放蜂范围（x5）	跨村流动 = 1；跨县流动 = 2；跨市流动 = 3；跨省流动 = 4	2.45	1.26
3. 了解农药信息的渠道			
是否了解养蜂相关的农业政策（x6）	是 = 1；否 = 0	0.53	0.50
是否有专业或者固定的渠道了解放蜂途中的农药喷洒情况（x7）	是 = 1；否 = 0	0.18	0.38
4. 社会资本			
参与的合作社或农业集体是否提供相应培训以应对农药喷洒（x8）	是 = 1；否 = 0	0.43	0.50
是否会与其他蜂农交流针对农药喷洒的防御措施（x9）	是 = 1；否 = 0	0.85	0.35
是否信任村集体或农场提供农药检测报告（x10）	是 = 1；否 = 0	0.60	0.49

在建立该模型前，对已有的各类解释变量进行多次共线检验，从而确保该模型可信度。利用统计方法分析了不同的解释变量，得出各解释变量的 VIF 值都小于 10（表 4），说明解释变量之间没有明显共线性，因此可选取这 10 个变量来构建模型。

表 4 多重共线性检验

变量	VIF	1/VIF
x2	1.15	0.871 393
x3	1.36	0.736 255
x4	1.25	0.797 611
x5	1.24	0.808 121
x6	1.16	0.862 942
x7	1.06	0.946 291
x8	1.18	0.845 119
x9	1.05	0.950 833
x10	1.14	0.875 381
Mean	1.18	

4 蜂农对农药危害感知的影响因素分析

4.1 蜂农对农药危害的敏感性感知的影响因素

结果表明，蜂农的敏感性感知主要受蜂农的个人特征、家庭特征和社会资本影响。其中，年龄（x1）、文化程度（x2）、放蜂范围（x5）对敏感性感知的影响呈显著正相关，系数分别为 0.264、0.215、0.221（表 5）。是否会与其他蜂农交流针对农药喷洒的防御措施（x9）对蜂农的敏感性感知的影响在 5% 水平上呈显著正相关，是否信任村集体或农场提供农药检测报告（x10）对蜂农的敏感性感知的影响在 1% 水平上呈强显著负相关，其余变量无统计学意义。

这表明，蜂农对农药危害的敏感性感知会随着年龄和文化程度的增加而增加，蜂农的养蜂经验会随着年龄的增长和文化程度的提高而增加，了解农药危害的程度也随之加深。蜂农的放蜂范围越大，对农药危害的敏感性感知越强，随着放蜂范围的增加，生产条件多样化，遇到蜜蜂被农药影响的案例越多，越会注意农药危害问题。与其他蜂农交流针对农药喷洒的防御措施越多，对农药危害越敏感，蜂农在经验交流的过程中会从损失中汲取经验，让蜂农更注意放蜂过程中可能出现的各类问题,包括农药危害。值得注意的是,是否信任村集体或农场提供农药检测报告与蜂农对农药危害的敏感性感知呈显著负相关,越不信任村集体或农场提供农药检测报告,越会留意放蜂过程中的农药问题,因此对农药危害的敏感性感知越强。

4.2 蜂农对农药危害的严重性感知的影响因素

数据显示,严重性感知主要受蜂农个人特征、获取农药信息的渠道、社会资本影响。从业年限(x3)对严重性感知的影响呈显著正相关,系数为0.163(表5)。是否了解养蜂相关的农业政策(x6)对严重性感知的影响呈显著正相关,系数为0.314(表5)。从业年限越长,养蜂经验越充足,对农药越呈现厌恶心理,对农药危害的严重性感知越强。越了解养蜂相关的农业政策,对放蜂环节可能出现的问题越敏感,严重性感知越强。值得注意的是,参与的合作社或农业集体是否提供相应培训以应对农药喷洒(x8)对蜂农的严重性感知的影响在1%水平上呈强显著负相关。在194份问卷中,有110份问卷表示合作社从未提供应对农药喷洒的相关培训,这说明蜂业合作社在提供培训方面存在欠缺,蜂农没有认识到专业培训的重要性,对专业培训缺乏体验感和成就感。

表5 蜂农对农药风险感知影响因素模型回归结果

变量	敏感性感知		严重性感知	
	系数	标准误	系数	标准误
年龄	0.264*	0.145	0.032	0.094
文化程度	0.215*	0.124	0.129	0.085
从业年限	-0.048	0.141	0.163*	0.095
家庭经济条件	-0.120	0.139	-0.085	0.098
放蜂范围	0.221**	0.113	0.027	0.074
是否了解养蜂相关的农业政策	-0.092	0.264	0.314*	0.182
是否有专业或者固定的渠道了解放蜂途中的农药喷洒情况	-0.082	0.300	-0.260	0.219
您参与的合作社或农业集体是否提供相应培训以应对农药喷洒	-0.420	0.277	-0.477***	0.183
是否会与其他蜂农交流针对农药喷洒的防御措施	0.653**	0.331	-0.028	0.241
是否信任村集体或农场提供农药检测报告	-0.941***	0.342	-0.193	0.185
似然对数值	-84.644697		-189.20724	
Pseudo R^2	0.1465		0.0560	
LR chi^2 (10)	29.07		22.44	
Prob>chi^2	0.0012		0.0130	

4.3 蜂农对农药危害的适应性感知的影响因素

适应性感知主要受蜂农的家庭特征影响。家庭经济条件（x4）对蜂农的适应性感知的影响在1%水平上呈强显著正相关。蜂农的家庭经济条件越好，越认为采取措施可以减弱农药的负面影响，这与蜂农家庭能投入的生产成本有关，投入的生产成本越多，蜂农越有应对农药危害的自信，对农药的适应性感知越强。

4.4 蜂农对农药危害的自我效能感知的影响因素

从统计结果看，蜂农对农药的自我效能感知主要受获取农药信息的渠道、社会资本影响。是否有专业或者固定的渠道了解放蜂途中的农药喷洒情况（x7）对自我效能影响呈显著正相关，系数为0.404（表6）。参与的合作社或农业集体是否提供相应培训以应对农药喷洒（x8）对蜂农的自我效能感知的影响在1%水平上呈强显著正相关。这表明，有专业或固定的渠道了解放蜂途中的农药喷洒情况，蜂农在放蜂过程中越有把握，运用相关技能和知识越得心应手，对自我效能感知越强。参与的合作社或农业集体提供相应培训越多，了解并掌握放蜂相关知识越充足，因此蜂农对农药危害的自我效能感知越强。

表6 蜂农对农药适应感知影响因素模型回归结果

变量	适应性感知		自我效能感知		适应成本感知	
	系数	标准误	系数	标准误	系数	标准误
年龄	-0.022	0.086	-0.078	0.092	0.024	0.085
文化程度	0.007	0.078	0.116	0.084	0.021	0.078
从业年限	-0.053	0.086	-0.002	0.093	-0.070	0.085
家庭经济条件	0.287***	0.092	0.037	0.097	-0.107	0.090
家庭放蜂范围	-0.013	0.068	0.002	0.073	0.135**	0.068
是否了解养蜂相关的农业政策	-0.168	0.165	0.192	0.177	0.199	0.164
是否有专业或者固定的渠道了解放蜂途中的农药喷洒情况	0.101	0.204	0.404*	0.217	-0.111	0.203
您参与的合作社或农业集体是否提供相应培训以应对农药喷洒	-0.059	0.168	0.597***	0.180	-0.035	0.167
是否会与其他蜂农交流针对农药喷洒的防御措施	-0.156	0.226	0.202	0.247	0.445**	0.220

(续表)

变量	适应性感知		自我效能感知		适应成本感知	
	系数	标准误	系数	标准误	系数	标准误
是否信任村集体或农场提供农药检测报告	0.070	0.169	-0.150	0.180	0.143	0.166
似然对数值	-291.2260		-192.7754		-294.8969	
Pseudo R^2	0.0228		0.0699		0.0230	
LR chi^2 (10)	13.58		28.97		13.88	
Prob>chi^2	0.1932		0.0013		0.1787	

4.5 蜂农对农药危害的适应成本感知的影响因素

适应成本感知主要受家庭特征和社会资本影响。放蜂范围（x5）对适应成本感知的影响呈显著正相关，系数为0.135（表6）。是否会与其他蜂农交流针对农药喷洒的防御措施（x9）对适应成本感知的影响呈显著正相关，系数为0.445（表6）。放蜂范围越广，放蜂过程中遇到的情况越复杂，应对农药喷洒的成本越高，对农药危害的适应成本感知越强。与其他蜂农交流针对农药喷洒的防御措施越多，了解到的防御措施越多，为应对农药危害所做的准备越多，花费相应增加，因此对农药危害的适应成本感知越强。

5 结论与建议

5.1 结论

通过对各省份蜂农的问卷调查，对影响蜂农对农药危害感知的各项因素指标进行计量分析。本文的分析结论总结如下：蜂农个人特征、家庭特征、获取农药信息的渠道以及社会资本都在一定程度上影响着蜂农对农药危害的感知。具体来看，家庭条件、放蜂范围、合作社是否提供相关培训、是否与其他蜂农交流针对农药喷洒的防御措施等是影响蜂农对农药危害感知最显著的因素。家庭条件越好，蜂农对农药危害的感知能力越强；放蜂范围越广，蜂农对农药危害越敏感；蜂业合作社没有提供足够的专业培训；蜂农与同行交流防御措施也有利于提升蜂农对农药危害的感知。而目前现状来看，蜂农家庭条件尚有很大提升空间，放蜂范围较为分散，没有形成产业集聚，合作社主要作用局限于统一销售蜂蜜等产品，提供的相关培训较少，蜂农之间信息交互仍处于低水平状态。

5.2 建议

提高农户对农药危害的感知程度能帮助其减少损失、增加经济收益，提升蜂产业的发展质量。根据以上问题，本文将针对提升蜂农对农药危害感知等问题提出如下建议：

第一，合作社应增加对蜂农的专业知识培训。专业合作社应定期提供应对农药危害、天气变化等风险的培训。各地合作社同时也应加大农药危害的宣传力度，提高蜂农警惕性。合作社为蜂农举办更多的技术培训，例如清除农药方法、药物解毒、搬迁方式等，帮助蜂农躲避农药喷洒危害。

第二，拓宽蜂农获取农药喷洒信息的渠道。蜂农缺少农药喷洒的信息，放蜂时间具有盲目性。政府应在农户和蜂农之间搭建沟通桥梁，协商农药喷洒时间与放蜂时间，互惠共利。同时，要通过搭建农药信息平台，及时准确地向蜂农提供农药相关信息，加强农民对农药危害的认识，为蜂农制定出更好的对策。

第三，鼓励蜂农与同行进行信息交流。养蜂生产具有特殊性，信息交互对小规模经营的蜂农群体极为重要。搭建蜂农信息交流平台，充分利用社交媒体，组建蜂农交流论坛、微信群、QQ群等平台，共同探讨养蜂过程遇到的问题以及应对农药危害的措施。另外，放蜂路线相似的蜂农转地放蜂时信息共享，在放蜂过程中互帮互助，这样不仅能节约一部分养殖成本，也可以增强对农药危害的应对能力。

第四，加大新型农药研发力度。农药与杀虫剂直接威胁蜜蜂的生存，同时会残留在农产品中对人体造成伤害。政府应加大绿色安全农药的研发成本，减少蜂农放蜂过程中可能遇到的农药危害，推进农药专业化使用，减少其对蜜蜂的危害，维护生态平衡。

参考文献

［1］ 孙鹏，高玉玲，王金梅，等．漂浮固化分散液—液微萃取—气相色谱法测定液态奶中5种拟除虫菊酯类农药残留［J］．农药学学报，2016，18（4）：497-502.

［2］ 仇相玮．减施农药：农户行为及其效应研究［D］．泰安：山东农业大学，2020.

［3］ 席桂萍，赵芝俊，吴丽楠，等．中国蜂农的养蜂生产风险与灾害补偿机制研究［J］．浙江农业学报，2014，26（1）：222-228.

［4］ 郭雪松，陶方易，黄杰．城市居民的食品风险感知研究：以西安市大米消费为例［J］．北京社会科学，2014（11）：19-28.

[5] 王永强, 解强. 消费者对生鲜果蔬农药残留风险感知研究 [J]. 大连理工大学学报 (社会科学版), 2017, 38 (2): 93-97.

[6] 呼军艳. 消费者食品农药残留风险感知影响因素研究 [J]. 甘肃行政学院学报, 2019 (4): 115-123, 128.

[7] 黄桂东, 邹晓莹, 梁清翠, 等. 消费者对果蔬农药残留认知及质检体系的信任度研究 [J]. 安徽农业科学, 2018, 46 (9): 132-133, 145.

[8] Ntow William J, Gijzen Huub J, Kelderman P, et al. Farmer perceptions and pesticide use practices in vegetable production in Ghana [J]. Pest Management Science, 2006, 62 (4): 356-365.

[9] Kishor A. Pesticide use knowledge and practices: A gender differences in Nepal [J]. Environmental Research, 2007, 104 (2): 305-311.

[10] 侯博, 应瑞瑶. 分散农户农药残留认知的省际比较研究 [J]. 统计与信息论坛, 2014, 29 (2): 101-106.

[11] 蔡键. 教育不足、地区差异与农药认知: 基于广东省 11 个县 272 位稻农的实证分析 [J]. 当代经济科学, 2013, 35 (6): 78-85, 125.

[12] 侯博, 山丽杰, 牛亮云. 农药残留认知与主要影响因素研究: 河南省 223 个小麦种植农户的案例 [J]. 江南大学学报 (人文社会科学版), 2012, 11 (2): 121-131.

[13] 魏国茹, 史兴民, 孙立凡, 等. 旱作农业区农户气候变化感知与适应行为的多样性 [J]. 陕西师范大学学报 (自然科学版), 2020, 48 (4): 116-124.

[14] 吕亚荣, 陈淑芬. 农民对气候变化的认知及适应性行为分析 [J]. 中国农村经济, 2010 (7): 75-86.

[15] 朱红根, 周曙东. 南方稻区农户适应气候变化行为实证分析: 基于江西省 36 县 (市) 346 份农户调查数据 [J]. 自然资源学报, 2011, 26 (7): 1119-1128.

[16] 张郁. 环境风险感知、环境规制与环境行为关系的实证研究 [D]. 武汉: 华中农业大学, 2016.

[17] Fischhoff B, Slovic P, Lichtenstein S, et al. How safe is safe enough? A psychometric study of attitudes towards technological risks and benefits [J]. Policy Sciences, 1978 (9): 127-152.

[18] 彭黎明. 气候变化公众风险认知研究 [D]. 武汉: 武汉大学, 2010.

[19] 谭智心. 农民对气候变化的认知及适应行为: 山东证据 [J]. 重庆社会科学, 2011 (3): 56-61.

[20] 孙翠清, 赵芝俊, 刘剑. 蜂农自杀事件折射出的养蜂业困境及对策 [J]. 蜜蜂杂志, 2020, 40 (6): 12-14.

[21] 谢宏佐. 农村人口应对气候变化行动参与意愿影响因素研究: 基于苏、鲁、皖的调查 [J]. 中国人口科学, 2011 (6): 102-108, 112.

[22] Grothmann T, Patt A. Adaptive capacity and human cognition: The process of indi-

vidual adaptation to climate change [J]. Global Environmental Change, 2005, 15 (3): 199-213.
[23] 赵雪雁, 薛冰. 干旱区内陆河流域农户对水资源紧缺的感知及适应: 以石羊河中下游为例 [J]. 地理科学, 2015, 35 (12): 9.
[24] 姚升, 王光宇. 小麦种植户对气候变化的感知与适应性行为分析: 基于安徽省的调查数据 [J]. 农业经济与管理, 2014 (4): 27-34.
[25] 王晓楠. 社会资本, 雾霾风险感知与公众应对行为 [J]. 中国地质大学学报 (社会科学版), 2020, 20 (6): 75-87.

我国蜜蜂授粉产业发展研究

张洪瑞[1]，辛德树[1]，李敬锁[1]，赵芝俊[2]

(1. 青岛农业大学管理学院　青岛　266109；
2. 中国农业科学院农业经济与发展研究所　北京　100081)

蜂产业作为现代农业中"小"而"精"的产业，被誉为"农业之翼"[1]，是我国现代农业发展的"甜蜜"事业[2]。作为具有多种效益属性的现代农业产业，蜂产业发展不仅能有效提升经济效益，增加农民的收入，并且对改善农作物产量与质量，实现更高的社会与生态效益同样作用显著[3]。根据联合国粮食及农业组织数据显示，全球约85%的开花植物和90%的果树都需要蜜蜂进行授粉[4]。这其中，种植的107种主要农作物中有91种农作物需要通过蜜蜂授粉实现。还有国外研究指出，蜜蜂授粉带来的社会价值和生态效益是蜂蜜等经济产品总价值的143倍[5]。因此，研究蜜蜂的授粉对于维护全球生态平衡，改善农产品产量和质量，实现现代农业绿色高质量发展意义重大。

本文从蜜源、蜂群等供给角度与蜂农蜜蜂授粉收入以及潜在的市场需求等需求角度出发，阐述我国当前蜜蜂授粉产业的发展状况，准确分析目前蜜蜂授粉产业存在的问题，以提出促进我国蜜蜂授粉产业转型发展的对策建议。

1　我国蜜蜂授粉产业发展状况

1.1　蜜蜂授粉产业供给状况

1.1.1　我国蜜源植物主要分布区域

我国幅员辽阔，蜜源植物十分丰富，除了高海拔的极端气候区域外，全

基金项目：财政部和农业农村部：国家现代农业产业技术体系专项资金（CARS-44-KXJ18）；山东省现代农业产业技术体系蜂业技术体系专项资金（SDAIT-24-06）
作者简介：张洪瑞，讲师，管理学博士，主要研究方向为农业经济
通信作者：赵芝俊，E-mail：zhaozhijun@caas.cn

国各地都有蜜蜂饲养。在蜜源植物地域分布方面，我国主要包括七大蜜源植物地区，分别为：以荞麦、牧草为主的西北地区，以椴树、向日葵分布为主的东北地区，以枣树、荆条分布为主的华北地区，以油菜为主的西南地区，以油菜、荔枝分布为主的华南地区，以刺槐为主的黄河中下游地区，以紫云英、油菜为主的长江中下游地区[6]。在不同地区，蜜源植物也存在差异，作物蜜源主要由粮食、油料以及蔬菜作物等组成；果树蜜源包括柑橘、苹果、龙眼和枇杷等；牧草蜜源包括苜蓿、苕子与紫云英等[7]；树木蜜源则主要由荆条、刺槐和椴树等组成；药材蜜源，如丹参、枸杞、野菊花以及五倍子等。

不同蜜源植物的花期也有明显的区别，油菜广泛栽培，1—8月花期，棉花主要在7—9月集中开放，向日葵则多分布于我国东北、内蒙古和山西等地，花粉多。对于广泛分布于河南、山东、山西等地的枣树来说，花期集中于每年的5—6月，流蜜较多，花粉少。紫云英的花期1—5月，流蜜多。椴树主要分布于东北地区，花期6—7月，流蜜少，营养丰富。河南、河北、山西等地的荆条，花期在6—8月，花粉不多。

不同地区、不同蜜源植物以及花期的差异，均会对蜜蜂授粉的供给产生影响，这就要求蜂农充分了解不同地区实际情况，掌握不同蜜源植物的分布、花期、天气以及病虫害情况等，针对具体情况来计划和制定具体的放蜂授粉路线。

1.1.2 蜂群数量与品种

我国在2013年时，蜂群总量达到了902万群，2018年约为925万群。从2013—2018年数据不难看出，我国蜂群的数量一直保持稳中增长的态势，年均增长0.5%。

在蜂群品种选择上，我国以意蜂为主。意蜂是外来蜂种，群势大、繁殖能力强，与本地中蜂生产蜂蜜和蜂蜡相比，意蜂善于采集大宗蜜源植物，产蜜周期短，且会生产更多的蜂胶、蜂花粉以及蜂王浆，这也是意蜂受到蜂农喜爱的重要原因，缺点是相比中蜂抗病性弱[8]。但近年来国家大力实施精准扶贫政策，利用中蜂进行产业扶贫的模式和理念得以推广，使我国各地区的中蜂数量明显增加，尤其是中蜂保护区的建立，确保了中蜂数量的显著提升。

作为世界上最大的养蜂国家，目前我国仍面临一个问题，即用于专业授粉的蜂群数量较少，总规模不足我国蜂群数量的5%。与世界上一些农业发达国家相比，专业授粉蜂群数量差距较大。例如：美国、澳大利亚等国家，专业授粉蜂群数量占各自国家蜂群数量的一半以上，已形成了较为完善和规范的特色蜂业授粉产业，为农户和农场主提供专业的授粉服务，并已成为养蜂者的主要收入来源。这就要求我国尽快提升蜜蜂授粉产业水平，发展有偿授

授粉篇

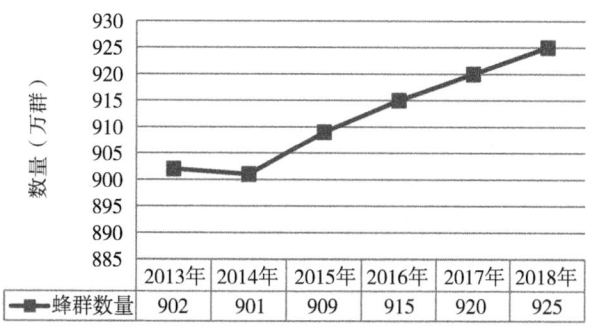

图1　2013—2018年我国蜂群数量变化趋势

数据来源：《2014—2019年中国农业年鉴》《2014—2019年中国统计年鉴》《联合国粮食及农业组织数据库》。

粉产业，完善蜜蜂授粉供给能力与效率，更好地带动我国蜂产品的质量，丰富蜂产品种类。

1.2　蜜蜂授粉产业需求状况

1.2.1　蜂农有偿授粉收入不高

我国作为养蜂大国，但多数种植者对于接受蜜蜂授粉问题还持观望和怀疑的态度，大部分普通农户并不清楚蜜蜂授粉对于增收的提高程度[9]。因此，多数的农户只是凭借野生蜜蜂授粉或者在养蜂人进行蜜蜂放养时提供的随机授粉进行判断，目前还没有具体的国家蜜蜂授粉增收数据，也未出现提供授粉服务的收费标准，也就导致很少有人愿意主动进行租售蜜蜂授粉。在农业生产中，一般来说，设施农业的农作物主动采用蜜蜂授粉的比例较高。对于非蜜源露天的经济作物而言，选择人工辅助授粉是目前较为流行的做法，由于近年来劳动力成本增长较快，使采用人工辅助授粉的成本增加明显，这就对农户收益产生了较大影响。

1.2.2　蜜蜂授粉潜在需求巨大

我国2014年的蜜源植物共计56 000万亩，据调查推算能够至少承载1 500万群的蜜蜂授粉[10]，截至2018年，我国饲养的蜂群数量只有约925万群，仅占全球蜂群总数的1/13，因此，我国蜜蜂授粉产业发展潜力巨大。近年来国家通过实施农业供给侧结构性改革，大力推动农业现代化与绿色化发展，设施农业增长迅速，截至2019年，我国设施农业总面积已达6 150万亩，实现总产出9 800亿元。设施农业的推广不仅优化了农业种植结构，还有效增加了蔬菜与草本水果等经济作物的种植，直接和间接地产生了4 000多万个就业岗位。农民人均增收接近2 000元。有研究指出，目前我国设施农业采用生物授粉约 20% 左右，多数设施农业种植户表示授粉蜂群不足以及有偿授粉认知不足是阻碍蜜蜂授粉产业发展的关键。

我国政府逐渐重视蜜蜂授粉产业，制定、实施了一系列的制度和政策与应用示范工作，绿色、生态、设施农业的方兴未艾，国家的教育、科技大大提升了种植农户的农艺水平，同时伴随农业技术推广服务体系的逐步完善，科研单位与养蜂工作者的加入，对于种植农户提升蜜蜂授粉需求意愿，积极采用授粉行为，对于建立蜜蜂有偿授粉产业均起到了促进作用。

2 我国蜜蜂授粉产业发展存在的问题

蜜蜂授粉作为一项公益事业，提供惠及全社会的准公共品。在我国，虽然蜜蜂授粉事业在经济、社会与生态效益方面均取得了一定成绩，但与国外发达国家蜜蜂授粉事业相比，仍有诸多问题需要明确和改进。

2.1 对蜜蜂授粉重要性认识亟须深化

全球主要国家对蜜蜂授粉能提升种植作物的质量和效益已经达成共识，并主动把蜜蜂授粉事业纳入各国农业发展战略体系，制定农业发展的增收措施。其中，我国对于发展蜜蜂授粉事业还仅处于起步阶段，总体上认识到蜜蜂授粉对农作物的重要性，但这种重要性认知并未显著影响蜂农，尤其是农户主动采用蜜蜂授粉的意愿与行为，甚至有些种植业农户对蜜蜂授粉存在一定的怀疑心理[11]。即使现代设施农业得到有效普及，蜂农利用蜜蜂授粉取得了一些收益，也得到了种植农户的认可，但对于那些外部的大田作物而言，主动采用蜜蜂授粉的行为还较少，多数农户仍采用传统的农药、化肥、人工授粉等生产方式，因此亟需深化种植农户对蜜蜂授粉的重要性认知。

2.2 平衡蜜蜂授粉产业发展生产要素

蜂群和蜜源方面，我国蜂群数量一直保持稳中有进、低速增长态势，蜂群整体基数大，以养殖意蜂为主，中蜂其次，这需要地区分布广泛、总量足够的不同蜜源植物。然而，近年来受到种植结构调整的影响，大块集中的油菜与紫云英等植物种植面积不断缩减，取而代之的是种植不同经济果树植物，这对蜜蜂采蜜产生了困难，生产效率下降，获得蜂产品收入减少，进而抑制蜂农养蜂积极性。可以说，大块的蜜源植物种植面积的减少是影响蜜蜂授粉产业发展的主要因素。

转地信息资源获取方面，无论是"小转地"还是"大转地"的生产方式，由于仍以家庭经营为主，客观上导致蜂农在获取转地蜜源信息和蜜蜂授粉信息方面难度较大。再加上蜜源很容易受到"转地"地区的气候、种植结构以及蜂群数量等因素影响，如果缺少有效的信息支持，会对"转地"蜂农的放蜂路线选择造成影响，甚至出现争夺蜜源的情况，对蜜蜂授粉会产生不利影响[12]。

2.3 蜜蜂授粉组织化程度不高

近年来我国加快农业经营主体建设，农民合作组织得到发展迅速，一些蜂农加入了蜂业合作社。但蜂业合作社多数由企业进行领办，主要关注蜂产品的生产和质量，而对促进蜜蜂授粉事业发展作用较小。蜂农授粉工作多数为自发和无序情况，使得某些地方因抢占蜜蜂授粉业务，而出现不正当价格竞争的问题。所以蜂农从事蜜蜂授粉业务时，只进行接蜂和送蜂工作，导致蜂农与种植农户间的合作行为连接不紧密。大部分蜂农只能依据最终回收蜜蜂的状况来分析蜜蜂授粉情况，普通种植农户只在蜜蜂授粉前期能获得一些用蜂技术指导。这一过程蜂农积极性不强，彼此缺少深层交流与合作，需要种植农户主动和蜂农联系[13]。

2.4 蜜蜂授粉产业的政策支持缺乏

目前我国蜜蜂授粉工作，多数还是蜂农在放蜂过程中进行的蜜源采集后的义务授粉，这对蜜源较为密集、分布区域集中的地区而言授粉效果较好，但对蜜源分散、分布区域不集中且蜜源植物缺乏的地区来说授粉效果就较差。在满足蜜源采集时间后，蜂农缺乏足够的蜜蜂授粉动力，这会造成当地农作物授粉不全面和不完善，进而降低了农作物的产量与质量。现阶段，我国养蜂业若干政策仍以行业的行为规范为主，缺乏对于蜜蜂授粉行为的直接支持政策。此外，许多种植农户接受蜜蜂有偿授粉的观念和意识不强，也是造成蜜蜂授粉技术推广工作困难的重要方面。

3 促进我国蜜蜂授粉产业转型的对策建议

3.1 积极宣传蜜蜂授粉重要作用

积极宣传蜜蜂授粉在提升农作物产量和质量，维护、改善生物的多样性，以及平衡生态环境等方面的重要效果，引起全社会对从事蜂业的重视和尊重。颁布、实施促进蜜蜂授粉的政策建议，并制定有效的实施方案和措施，提升蜜蜂授粉工作的宣传力度，推广示范区域的蜜蜂授粉方式，实行蜜蜂有偿授粉服务，并逐步形成产业化的蜜蜂授粉工作。

3.2 提升蜜蜂授粉产业要素配置水平

3.2.1 根据蜜源植物基地科学养蜂

蜂群总体数量的持续增加，需要相应地提升蜜源数量和质量，确保蜜蜂授粉产业的发展。因此，针对蜜源植物地差异性和特殊性，有效规划、建立不同的蜜源植物基地。根据已有蜜源分布，进行有效实地论证，制定出符合市场化授粉前景，并符合当地发展的特有蜜源植物，编制蜜源植物名录，更好地保护蜜源植物，促进蜜蜂授粉和生态保护，实现科学养蜂与蜜蜂授粉的共同发展。

3.2.2 构建蜜蜂授粉产业信息平台

信息匮乏和不对称会严重影响授粉产业发展。为此，在互联网手段下，借助5G通信技术，构建跨地区、跨省域的授粉产业信息平台，通过物联网、大数据与云计算技术，对蜜源、蜂种、蜂群、蜂场信息以及蜜蜂授粉流通路线进行互联和采集，打造智慧授粉蜂业。并建立有偿授粉机制，把与蜜蜂授粉有关的各类信息通过互联网，导入蜂农的移动终端。通过数字技术，促进信息供给与需求的双向流动，提升蜜蜂授粉的效率，更好地实现蜂农的效益。

3.2.3 加强蜂农授粉社会化服务

根据我国发达地区蜂业合作组织建设经验和时间观察，不难发现，蜂农规模化、组织化较高的地区，主要生产蜂产品，对基础的蜜蜂授粉工作关注较少。因此，需要通过社会化服务帮助蜂农实现蜜蜂授粉，更好地实现"以蜂促农，以农养蜂"的产业化道路。当前，中介服务机构作为农村产业化发展的关键，蜜蜂授粉工作同样要实现产业化。通过蜜蜂授粉中介机构服务，使得提供蜜蜂授粉服务的蜂农与接受蜜蜂授粉的作物种植农户间达到有效的合作。

3.2.4 强化蜜蜂授粉工作技术体系建设

各级政府积极出台政策措施，对进行蜜蜂授粉的蜂农与蜜源植物种植的农户采取合理补贴，以更好地提升养蜂者与种植农户的积极性。各级政府、农业部门应强化蜜蜂授粉监督与管理力度，借助政策的扶持，在我国主要粮食和经济生产基地以及生态环境保护地区，建设蜜蜂授粉基地，强化蜜蜂授粉技术体系建设，积极推广蜜蜂授粉增产、增效相关措施。同时加强与养蜂科研、育种部门攻关合作，建立蜜蜂授粉技术推广站与技术推广示范基地，向种植农户宣传、推广蜜蜂授粉对农作物的增产、增收效果，提升专业授粉蜂群数量，实现我国蜜蜂授粉产业的良性发展。

参考文献

[1] 陈永朋，高芸，赵芝俊.养蜂业可持续发展在美国的实践及对我国的启示［J］.黑龙江畜牧兽医，2021（18）：14-18，25.

[2] 杨帆，周黎明，杨汉卿，等.陕西省蜂产业发展现状及对策［J］.畜牧兽医杂志，2020，39（4）：32-35.

[3] Shrestha A J, Partap U, Islam N, et al. Strengthening horizontal and vertical linkages for honey value chain development in the Hindu Kush Himalayan region［J］. Indian Journal of Labour Economics，2015，58（2）：281-297.

[4] 我国启动蜂业提质专项工程［J］.甘肃畜牧兽医，2018，48（5）：8-9.

[5] 王勇.蜂业与生态［M］.北京：中国农业科学技术出版社，2009.

[6] 陈玛琳.中国蜂产业发展的技术经济分析［D］.北京：中国农业科学院，2013.

[7] 曾蜜，曾志将.江西省养蜂产业扶贫的主要模式、成效及对策分析［J］.黑龙江畜牧兽医，2021（12）：7-10.

[8] 余艳锋，赵芝俊，邓仁根.江西典型区域中蜂养殖收益对比分析［J］.中国农业资源与区划，2012，33（6）：96-100.

[9] 方柯钰，孙战利，张社梅.美、德、中三国蜜蜂授粉实施状况比较与启示［J］.中国蜂业，2021，72（3）：48-53.

[10] 吴杰，郭军，黄家兴.蜜蜂授粉产业的发展现状［J］.中国蜂业，2014，65（12）：51-55.

[11] 杜夏，曾志将，吴杰.2020年蜂产业现状、发展趋势与建议［J］.中国畜牧杂志，2021，57（3）：252-257.

[12] 张洪瑞，辛德树，李敬锁，等.山东省蜂业三次产业融合发展的路径分析［J］.中国蜂业，2021，72（2）：44-45.

[13] 熊伟，李树超.山东省蜜蜂授粉产业发展问题研究［J］.青岛农业大学学报（社会科学版），2012，24（1）：50-55.

技 术 篇

强群多箱体成熟蜜生产技术经济评价及推广研究
——以密云区荆条成熟蜜生产为例

高 芸[1]，李瑞珍[2]，赵芝俊[1]，刘 剑[1]

(1. 中国农业科学院农业经济与发展研究所 北京 100081；
2. 中国农业科学院蜜蜂研究所 北京 100093)

摘要：本文以北京市密云区蜂农为样本，对强群多箱体成熟蜜生产技术进行了经济效益评价。从技术经济视角总结了成熟蜜生产技术要点，通过对多箱体成熟蜜与两箱体非成熟蜜生产成本收益对比分析发现：成熟蜜生产模式可以促进蜂农扩大养殖规模，大幅提高户均净收益，单群净收益增长明显，但生产成熟蜜蜂机具一次性投入较大。考虑到多箱体成熟蜜推广的蜜源和气候等条件，成熟蜜与非成熟蜜收购价差等问题，应利用政策、技术和机制等多措并举助推成熟蜜市场优质优价。

关键词：成熟蜜；技术经济评价；推广

我国是世界养蜂大国，蜂群数量、蜂蜜和蜂王浆产量出口量均居世界首位，养蜂业在打赢脱贫攻坚战和促进农民增收中发挥了重要作用。21世纪初，新西兰、德国、澳大利亚、美国政府着力推进特色蜂蜜品质创建、品牌营销和生产技术提升，出口蜂蜜单价快速上升，对我国出口和国内市场造成了一定程度冲击。蜂产品企业为寻求低价竞争优势，压低收购成本，将38~39波美度的蜂蜜浓缩加工为42波美度以上的成品蜜，导致高浓度原蜜收购价下跌、卖难。蜂农生产低浓度蜂蜜获得高产更划算，"两箱体、勤取蜜、取稀蜜"的生产模式随之流行。近年，这种生产和出口态势的弊端愈加凸显，2022年蜂蜜出口均价（1.78美元/kg）不及同期世界蜂蜜出口均价（3.61美元/kg）的一半，出口蜂产品面临的技术性贸易壁垒和突发性贸易事件的风险

基金项目：国家现代农业产业技术体系专项资金（CARS-44-KXJ18）

增加。此外，国际蜂联于 2019 年 1 月发布了《针对伪劣蜂蜜的声明》，将浓缩蜜归为伪劣产品加以抵制，不得称作天然蜂蜜或混合蜂蜜。因此，生产成熟蜜是养蜂业发展大势所趋，亟须为蜂农创制一套成熟蜜生产实用技术方案，支撑养蜂生产模式变革[1]。

中国农业科学院蜜蜂研究所经过多年研究和试验，形成强群多箱体成熟蜜生产技术，并在北京市密云区示范推广，改变了蜂农生产习惯和理念。在密云区推广的新技术分为单王繁殖复壮、组建双王群强群、单王加继箱采蜜三个生产阶段，有计划繁殖强大采蜜群，精准匹配蜜源花期，流蜜期结束后一次性取成熟蜜，保障了蜂蜜产量和质量。本文从技术经济研究视角对蜂农生产成本收益进行调查和分析，总结新技术推广应用的关键因素和问题，并对该技术扩大推广进行探讨。

1 多箱体成熟蜂蜜生产技术要点

成熟蜂蜜一般是指经过在蜂巢中充分酿造、脱水并封盖，含水量 ≤ 18%，葡萄糖和果糖总含量 ≥ 60%，且不添加或去除任何物质的蜂蜜。由于蜜蜂采集和酿蜜过程存在复杂化学反应，经过充分酿造的天然封盖成熟蜂蜜的营养品质和功能均优于未经充分酿造的非成熟蜂蜜和热加工浓缩蜂蜜[2]。而目前使用两箱体饲养蜂群，整个蜂箱最多不超过 15 张巢脾，储蜜空间有限[3]，加之蜜源、天气和蜂群群势等因素，养蜂人不得不在产量和质量之间寻求平衡点。多箱体成熟蜂蜜利用蜜蜂生物学特性，可同时提高蜂蜜产量和质量，其技术要点主要包括以下三点。

（1）采蜜期增加继箱，为蜂群储蜜提供空间，延长蜂蜜在蜂箱内成熟时间。多箱体技术在蜂群达到 8 框以上，哺育能力过剩时，移虫养王，加继箱形成双王群繁殖。在采蜜期加继箱采蜜，继箱储蜜满八成再添加新继箱。这种做法可以为蜂群栖息和储蜜提供足够空间，同时延长蜂蜜在蜂箱内成熟时间，生产过程不取蜜，流蜜期结束后一次性收取成熟封盖蜜脾。

（2）根据大蜜源花期，精准控制蜂群扩繁，保证流蜜期与蜂群强采集期匹配。多箱体技术基于意蜂孵化率、羽化率、蜂王产卵量和群势数量，推算出蜂群由早春单王复壮到 10 框蜂群势建双王群，再到蜂群数量达到顶峰所需的时间。根据流蜜期倒推，制订精准的蜂群扩繁计划，保证流蜜期到来时，适宜采集的工蜂数量最多，即流蜜期与蜂群强采集期精准匹配。

（3）根据蜂群复壮、早育新王、双王群繁殖、单新王采蜜四个阶段的不同目标进行精准管理。多箱体技术统筹考虑蜂群健康、群势、生产和繁育能力，在不同阶段进行精准管理。综合利用奖励饲喂、箱外观察防止分蜂、早春饲喂白糖蜜脾取出留作饲料、扣老劣蜂王控制产卵等多种管理措施，实现蜜源、饲料和蜂群采集能力综合高效利用。

2 多箱体成熟蜜与两箱体非成熟蜜生产成本收益对比分析

考虑到蜂农生产毛收入以所有产品出售收入为准，本研究选取了密云区15户蜂农（其中生产成熟蜜蜂农7户，生产非成熟蜜蜂农8户，生产蜂群总数分别为980群和860群），对其2022年成本收益进行对比分析。养蜂生产成本主要包括饲料、蜂机具、蜂群和蜂王购置、雇工、蜂群运输等，其中摇蜜机等耐用蜂机具成本按照使用年限折旧为当年投入成本。单群生产总成本以两种方法计算：一种包括了自雇佣劳动力成本，即蜂农劳动力投入成本按照北京市2022年单位工日价格进行折算，再加上生产中所有的物质与服务投入成本；另一种成本计算方法，只计算蜂农生产中需要以资金形式支付的各项成本。

2.1 生产成熟蜜物质与服务投入成本高于非成熟蜜，但单群净收益增长明显

成熟蜜和非成熟蜜两种生产模式的物质与服务投入成本对比结果显示：成熟蜜单位蜂群生产成本为364.2元，非成熟蜜成本为186.9元。成熟蜜生产成本较非成熟蜜成本每群高177.3元（表1），主要来自雇工、饲料、蜂群购置、包装材料和蜂机具购置这五项成本。从成本构成来看，生产非成熟蜜物质与服务投入成本以饲料支出为主，每群成本166元，占总成本的88.8%；生产成熟蜜物质与服务投入成本中饲料成本也较高，但低于非成熟蜜占比，为56.3%，其他主要支出还包括雇工、蜂群购置和包装材料费用，分别占18.7%、10.1%和6.8%。

表1 两种养蜂生产模式成本对比

项目	多箱体生产成熟蜜		两箱体生产非成熟蜜	
	成本（元/群）	占总成本比例	成本（元/群）	占总成本比例
蜂王	0.7	0.2%	0.2	0.1%
蜂群购置	36.7	10.1%	1.5	0.8%
蜂机具	17.6	4.8%	8.6	4.6%
饲料	205.1	56.3%	166.0	88.8%

(续表)

项目	多箱体生产成熟蜜		两箱体生产非成熟蜜	
	成本（元/群）	占总成本比例	成本（元/群）	占总成本比例
蜂药	7.2	2.0%	4.8	2.6%
雇工	68.1	18.7%	0.0	0.0%
蜂群运输	0.4	0.1%	2.3	1.2%
占地费	3.8	1.0%	1.3	0.7%
包装材料	24.7	6.8%	2.4	1.3%
物质与服务投入成本	364.2	100%	186.9	100%

2022年密云区成熟蜜和非成熟蜜收购价格分别为16元/kg和8元/kg，蜂农自销成熟蜜价格为30~40元/kg，再加上蜂胶和蜂蜡等副产品收入，成熟蜜每群毛收入为734元，非成熟蜜为368.5元。除去物质与服务投入成本后，成熟蜜每群净收益为369.9元，非成熟蜜每群净收益为181.5元（表2）。总体来看，生产成熟蜜物质与服务投入成本虽然高于非成熟蜜，但其单群净收益是非成熟蜜的2倍。

表2 两种养蜂生产模式收益对比

项目	多箱体成熟蜜生产	两箱体非成熟蜜生产
物质与服务投入成本（元/群）	364.2	186.9
毛收入（元/群）	734	368.5
净收益（元/群）	369.9	181.5
平均养殖规模（群）	140	107.5
蜂蜜产量（kg/群）	27.8	27.3
户均净收益（万元）	5.18	1.89

2.2 成熟蜜生产模式促进蜂农扩大养殖规模，大幅提高户均净收益

调研发现，非成熟蜜生产过程中摇蜜次数为5~6次，成熟蜜是在生产季结束后，一次性摇蜜。成熟蜜生产中蜂群管理工作主要包括春繁蜂群复壮后移虫养王，新王产卵后加继箱和空脾，大流蜜前期防控分蜂和降温等技术管理工作，而非成熟蜜生产的劳动投入主要为多次摇蜜。因此，成熟蜜生产大幅降低了蜂农劳动强度，只有2个劳动力的一户蜂农，从以往60~120群养殖规模，可以增加到100~150群。本调研样本成熟蜜养殖平均规模为140群，

非成熟蜜为 107.5 群。因此，成熟蜜生产的户均净收益为 5.18 万元，非成熟蜜为 1.89 万元（表 2）。

2.3 两种生产模式劳动投入差异较大，非成熟蜜生产自雇佣成本较高

非成熟蜜生产劳动强度高，但劳动时间分布均匀，加之平均养殖规模小于成熟蜜规模，无雇工费用发生。成熟蜜摇蜜仅一次，短时间劳动强度大。调查样本中有三位生产规模为 100 群、200 群和 190 群的蜂农都产生了雇工费用，这三位蜂农支出的雇工平均费用为 143.8 元/群，因此所有生产成熟蜜蜂农雇工平均费用为 68.1 元/群（表 1），占物质与服务投入成本的 18.7%。若将自雇佣劳动力成本计算在内，成熟蜜和非成熟蜜每群自雇佣投入工日分别为 2.67 工日和 3.55 工日，成本分别为 195.5 元和 279.8 元。因此，考虑自雇佣成本的单群净收益，成熟蜜为 174.4 元/群，非成熟蜜为 -98.3 元/群（表 3），非成熟蜜生产显然不划算、不经济。

表 3　包括自雇佣劳动成本的两种养蜂生产模式收益对比　　　　单位：元/群

项目	多箱体成熟蜜生产	两箱体非成熟蜜生产
物质与服务投入成本	364.2	186.9
自雇佣成本	195.5	279.8
每群毛收入	734	368.5
包括自雇佣成本的单群净收益	174.4	-98.3

注：自雇佣成本按照蜂农自雇佣工日数乘以单位工日工价计算，由于缺少单位工日工价数据，本研究使用《全国农产品成本收益汇编资料》2022 年北京市苹果生产单位工日工价 95.3 元/工日计算。

2.4 两种生产模式蜂机具投入占比相当，但成熟蜜生产蜂机具一次性投入较大

基于成本收益测算方法，蜂机具这类耐用品投入应采取年限平均法计入成本。两种生产模式购买蜂箱、巢础巢框、隔王板、脱粉和脱蜂工具、摇蜜机、储蜜桶等蜂机具投入占比相当，但实际花费差距较大。按照蜂机具可以使用 5 年来计算成本，成熟蜜生产蜂机具投入成本为 17.6 元/群，非成熟蜜为 8.6 元/群（表 1），成本高出部分主要来自继箱和电动摇蜜机购置费用。购买继箱用来增加蜂群生产和储蜜空间，成熟蜜浓度高，手工摇蜜机费工费力，因此蜂农新添置电动摇蜜机，提高取蜜效率。虽然成本测算采取年限平均计入成本，但蜂农需要一次性蜂机具投入，成熟蜜生产每群蜂机具一次性

投入为 87.7 元（表4），非成熟蜜为 43 元。乘以成熟蜜生产的平均规模 140 群，密云区初次采纳成熟蜜生产方式的蜂机具一次性平均投入为 1.23 万元。

表4　两种养蜂生产模式蜂机具一次性投入　　　　　　　单位：元/群

项目	一次性投入成本	当年折算成本
成熟蜜蜂机具成本	87.7	17.6
其中蜂箱（继箱）购置成本	85	17
非成熟蜜蜂机具成本	43	8.6
其中蜂箱（继箱）购置成本	42	8.4

3　多箱体成熟蜜生产技术下一步推广工作的探讨

3.1　多箱体成熟蜜推广的蜜源和气候等条件

多箱体生产成熟蜂蜜不但降低了劳动强度，减少干扰蜂群，提高了蜂群动物福利和健康水平，还采用精准化繁育措施，保证蜂群强采集期与流蜜期匹配，实现蜂蜜产量和质量同时提高。该技术通过增加继箱的方法，扩大了蜂群栖息、生产和储蜜空间，延长了蜂蜜在蜂箱内转化酿造时间，保障产出品均为高波美度封盖蜜脾。由于蜜脾在蜂箱内需储存 2~4 个月，环境湿度不宜过高，在我国南方地区推广该技术，可适当调整摇蜜工作流程，建立模拟蜂箱温度和湿度的封闭房间进行蜜脾干燥和转化酿造，防止未封盖蜜脾在蜂箱内发酵。根据该项技术在北京、甘肃、山西和陕西的推广应用情况，多箱体成熟蜜生产模式适宜在我国北方地区的定地蜂场推广。同时，成熟蜜生产蜂群整个繁殖期超过 3 个月，在大流蜜期之前应以人工饲喂和小蜜源相结合的方法进行蜂群春繁和复壮。下一步，可继续探索单花成熟蜜生产技术，提高单花成熟蜜纯度，为特色成熟蜜生产提供技术支撑。因此，在我国北方荆条、椴树、洋槐等主要产地应用该技术，都可以取得较好的经济效益。此外，成熟蜜生产单位蜂群投入高于非成熟蜜生产，但成熟蜜生产节约人工成本，可促进蜂农扩大养殖规模，成熟蜜高收益也可以基本覆盖当年购买继箱、电动摇蜜机等蜂机具的一次性投入。在收入水平较低的地区，可利用支农贷款、财政补贴、信用贷款等方式，帮助蜂农迈过投资门槛。

3.2　成熟蜜与非成熟蜜收购价差是蜂农采纳新技术的关键因素

根据此次调研数据，成熟蜜和非成熟蜜平均单产分别为 27.8kg/群和

27.3kg/群。2022年密云区成熟蜜和非成熟蜜收购价格分别为16元/kg和8元/kg，蜂农自销成熟蜜价格为30~40元/kg。因此，成熟蜜生产净收益高的主要原因是两种蜂蜜的价格差异。成熟蜜波美度高，可长期保存不会变质，在当前物流和网上支付便利的条件下，蜂农更愿意通过自销方式获得更多收入，但蜂农自销量有限，且销量不稳定。当前，企业收购非成熟蜜后，通过浓缩加工后，成品成本为原蜜收购价格的120%~125%。考虑到低价蜂蜜更易大量出货的因素，成熟蜜和非成熟蜜最终成品的价格差异应覆盖原蜜收购差价和营销成本，蜂产品企业才有动力收购成熟蜜。从技术掌握情况来看，通过授课和成熟蜜生产典型蜂农示范引领，大多数蜂农都能掌握该新技术。调研中，蜂农反映因2023年蜂蜜市场价格低迷消费不振，密云区某合作社告知蜂农不收购成熟蜜。这种收购方掌握原料蜜定价话语权的情况长期存在，其背后的原因是消费市场供求关系传导至生产端，决定了成熟原料蜜和非成熟原料蜜的收购价格。因此，蜂农采纳多箱体成熟蜜生产技术，取决于消费市场对成熟蜜的认可，成熟原料蜜与非成熟原料蜜的收购价格差异是关键因素。

3.3 应利用政策、技术和机制等多措并举助推成熟蜜市场优质优价

当前，蜂农采取"两箱体、勤取蜜、取稀蜜"模式生产低浓度蜂蜜，是对蜂产品"劣币驱逐良币"和国际进口商压低价格的适应性行为。其背后的原因是我国蜂蜜行业标准与国际不接轨，企业为提高出口市场份额收购非成熟蜜后浓缩加工生产"指标蜜"，采取"低价竞销"策略，蜂产品在国内外市场的"信任危机"日益严重。要解决上述问题，仅依靠技术创新还不行，可以以技术创新为突破口，利用政策、技术和机制等多措并举助推成熟蜜市场优质优价。首先，要尽快推进《成熟蜂蜜》农业行业标准制定工作，与国际"天然蜂蜜"的概念和标准接轨，使用理化指标明确其天然属性。对成熟蜜分等分级，强化产品生产过程控制和追溯，规范生产方式、原料蜜产地、产品包装地、蜜源植物等标注标示信息，帮助消费者鉴别蜂蜜真伪和等级。其次，在《成熟蜂蜜》农业行业标准基础上，可推进地方地理标识证明特色成熟蜂蜜标准创建，打造地方特色成熟蜜品牌，实现品质溢价。加大对消费者的宣传和引导，向消费者传播成熟蜂蜜的生产过程及营养保健科学知识，培育健康科学消费观。此外，政府相关部门还需加大监管力度，拿出严紧硬的措施持续打击假冒伪劣蜂产品，共同净化蜂业生态，逐步建立优质优价蜂蜜市场。

参考文献

[1] 彭文君,刘富海,吴黎明,等.成熟蜂蜜:中国蜂业发展必由之路[J].中国蜂业,2019,70(6):14-17.

[2] 吴黎明,彭文君,刘富海,等.成熟蜂蜜生产蜂群组织新方法[J].中国蜂业,2020,71(8):13-15.

[3] 韩胜明,赵亚周,刘金良,等.强群多箱体成熟蜂蜜生产技术:巢继箱双王繁殖,强群多箱体取蜜[J].中国蜂业,2021,72(1):11-14.

浙江蜜蜂良种繁育与推广体系研究
——基于对种蜂场的调研分析

张 柳，毛小报

（浙江省农业科学院农村发展研究所 杭州 310021）

摘要：蜂业是浙江传统特色农业的重要组成部分，也是浙江畜牧业转型升级的一道靓丽风景线。作为蜂种资源保护利用的关键载体，种蜂场在良种繁育与推广中具有承上启下的作用，经营状况关乎蜂业发展。对浙江6家代表性种蜂场分析发现，种蜂场面临繁种经济效益低、省内蜂农需求不高、人才供给短缺、科技创新不足、管理体系有待优化的问题，需从强化人才支撑、重视种质创新、提升财政资金使用效率、优化管理体制机制4个维度促进种蜂业发展。

关键词：种质资源；良种繁育与推广；蜂产业

浙江省是全国传统蜂业主产区，养蜂业历史悠久，全省蜜蜂饲养量、蜂产品产量、产值和出口量连续多年居全国前列，在中国养蜂业中占有重要地位。全省饲养的蜜蜂主要集中在江山、兰溪、慈溪、桐庐、宁海等地，江山养蜂数量和蜂业规模连续多年居全国各县（市）首列，被农业农村部命名为"中国蜜蜂之乡"，获得"国家级出口食品农产品质量安全示范区"称号。桐庐县的蜂产品加工优势明显，被中国养蜂学会命名为"中国蜂产品之乡""全国蜂业优秀蜂产品之乡"，获得"国家级出口食品农产品质量安全示范区"称号。慈溪市蜂机具制造独占鳌头，全市塑料蜂机具产量约占全国的2/3，已成为国内最大的蜂机具制造与销售集散地[1]。

养蜂业作为浙江传统特色农业的重要组成部分，对于促进农民增收、农作物增产和维护生态平衡具有重要意义[2]。浙江省一直高度重视蜂业发展，自2015年启动全省蜜蜂产业振兴计划以来，将发展壮大蜜蜂产业作为全省畜牧业供给侧结构性改革的重要抓手，按照延伸产业链、提升价值链、做优生

基金项目：国家蜂产业技术体系"技术经济研究子项"

态链的总体思路，大力实施蜜蜂产业提升项目，在产业层次提升、精准扶贫、产业融合发展等方面取得显著成效[3]。蜜蜂产业已成为促进农业增效、农民增收的新引擎，成为浙江省畜牧业转型升级的一道靓丽风景线。种子是推动农业发展最活跃、最重要的生产要素。为促进蜂产业提质与发展，必须通过完善良种繁育推广体系，有效解决当前良种繁育过程中存在的各项问题。

1 种蜂场发展现状

浙江省已形成由国家行政机构引导管理，由农业科研单位、有关高等院校、检测机构、农技推广机构、农业良种企业（良种繁育企业、蜂种经营企业）、其他社会组织（专业合作社、群众性科技组织等）等组成的蜜蜂良种繁育与推广主体。其中，种蜂场是重要组成部分，具有承上启下的作用。

目前，浙江省培育出以高产王浆著称的国家级"浙江浆蜂"地方品种和"浙农大1号"意蜂新品系各1个，拥有一级种蜂场8家，其中意蜂种蜂场6家、中蜂种蜂场2家，省级遗传资源保种场3家，每年向省外提供"浙江浆蜂""浙农大1号"等种蜂上万只。作为蜂种资源保护和利用的载体，种蜂场也是浙江蜜蜂良种繁育与推广体系的重要组成部分[4]。因此，笔者调研走访了省内6个具有代表性的种蜂场，以了解种蜂业的现状和遇到的困难。

1.1 萧山区德兴种蜂场

萧山区德兴种蜂场是省一级种蜂场、省畜禽遗传资源（浙江浆蜂）保种场，集保护、选育、扩繁、供种等功能为一体。主要蜂种由场长洪德兴个人选育而成，曾获浙江省人民政府科技进步三等奖、浙江省农业系统科技成果一等奖。建场30年来，已向全国养蜂业推广浙江浆蜂（萧山）蜂种4万余只。此外，该场还先后承担了多项省市级科研项目，制定的《萧山金蜂王育种操作规程》被杭州市政府采纳为地方农业标准。

种蜂场现有以场长为首的技术人员4名，与浙江大学动物科学学院、福建农林大学蜂学学院、国家级重点种蜂场吉林种蜂场均有交流合作。2019年8月底，拥有浙江（萧山）浆蜂核心种蜂群124群，群体规模超过保种协议计划24群，通过在养蜂杂志上投放广告进行宣传销售，共向全国各地（不含西藏、澳门）销售种蜂王1 179只，售价300元/只，种蜂购买量最大的省份是湖北、安徽、四川。由于种蜂年销售量从3 000只下滑至不足2 000只，成本却并未随收入同步下降，种蜂业务总体盈利困难，近年来转为育种推广、蜂产品加工销售以及蜂疗服务等多元化经营模式。

1.2 桐庐县洋州种蜂场

桐庐县洋洲蜂场创建于20世纪60年代初，其核心种质资源是从国外引种后经改良选育而成的王浆高产地方意蜂品种。该场是市级农业龙头企业，并参与制定了2014年杭州市质量技术监督局发布的《浙江浆蜂蜂种繁育技术规程》，现有2名种蜂技术人员，买主均为本地经验蜂农，年销售蜂王不足百只，单价300~500元不等，种蜂业务处于亏损状态。出于种蜂培育对蜂产品销售具有品牌效应的考量，蜂场保留了种蜂业务，但保种规模已经缩小，也不再开展新品种选育工作，现主要盈利点为蜂产品销售，并开设有专营店。

1.3 兰溪市鸿香源种蜂场

兰溪市鸿香源种蜂场成立于2007年，是兰溪市鸿香生物科技有限公司旗下的省一级种蜂场。该场采用营养杂交、配子选育、蜂王人工授精和分子生物技术，选育出优质、抗螨、高产的种蜂品种鸿香源"浆蜂1号"，通过开展意蜂育种、授粉、保护以及蜂病防治、饲养技术等应用研究，推广种蜂6万余群，拥有国家发明专利（蜂种选育），多项国家级、省级种蜂技术项目通过审核验收。

该场常态放置意大利蜂、中华蜜蜂、法国黑蜂等育种蜂群350余群，培植蜜、粉、胶源植物300余亩，配套设施1 000多 m^2，现有自主培养技术人员4名，与浙江大学有技术合作，常年邀请江西农业大学蜂学教授莅临指导。鸿香源种蜂场与红之乡生态蜜蜂专业合作社同在兰溪市鸿香生物科技有限公司旗下，在"公司+合作社+农户"的模式下，合作社成员蜂农可来种蜂场免费领取蜂种。该种蜂场为公司产业链中的一环，不以盈利为目的，实现成本内部化。

1.4 江山市福赐德种蜂场

福赐德中蜂种蜂场地处浙、闽、赣三省交界，建立于2008年，是省一级中蜂种蜂场、省畜禽遗传资源（浙江中蜂）保种场，集中华蜜蜂标准化繁育、养殖、技术推广服务于一体。现有2名常驻专业技术员，数名养蜂员，其中高级职称2名，配备有性能检测设备，与浙江大学动物科学学院、福建农林大学蜂学学院有技术合作。该场以单王和蜂群的形式出售隔离交尾种王、自然交尾种王、当年新育开产王，定价30~550元/只（群）不等，年销售种蜂上千只，每年略有盈利。买主大多来自浙江省内、安徽等，通过远程视频指导和上门服务（收费）为蜂农提供养殖技术咨询。常年免费为合作社蜂农提供技术培训，省一级保种场部分保种经费用于培训开支。

1.5 江山市健康种蜂场

健康种蜂场初建于 2002 年的浙江省科技厅星火计划，由原江山市健康食品有限公司创办，成立的主要目的是蜂种培育，向蜂农提供优良蜂种、饲料、技术及信息等服务，并为蜂农提供标准化养蜂生产示范。2004 年，健康种蜂场被评为浙江省一级种蜂场，获得种畜禽生产经营许可证，培育的"江山一号"王浆优质高产蜂种获得江山市 2007 年科技进步二等奖，"江山二号"蜂胶高产蜂种获得衢州市 2008 年科技进步三等奖。种蜂场于 2017 年被转让，独立于健康食品有限公司之外，现有技术人员 3 名，其中 1 人为近年聘用，与福建农林大学技术交流合作较为密切。种蜂场现有蜂群 150 群，主要有本地意蜂、江山一号、江山二号、法意 4 个品系，年出售蜂王 800~1 000 只，按照蜂种和繁育技术的差异，单价为 380 元、480 元、680 元，可实现少许盈利。种蜂买主均非本地人，其中以四川、湖北、江西的经验蜂农居多，主要交付方式为快递邮寄，换王周期一般为 2 年。因购买种蜂的蜂农具有养蜂经验，对后续技术服务的需求不大，故种蜂场只是偶尔进行远程技术指导。

1.6 长兴县意蜂种蜂场

长兴意蜂蜂业科技有限公司旗下的长兴县意蜂种蜂场是国家意蜂良种基地、浙江省一级种蜂场、浙江省农业标准化推广示范基地和浙江省种子种苗工程基地，其核心种质资源是由场长邱汝民选育而成，拥有发明专利 16 项，已连续向全国 28 个省（市、自治区）提供"长兴意蜂"蜂种和生产用王 2 万余只。

该场与浙江大学、浙江省农科院、福建农林大学、扬州大学等均有技术合作。为进一步深化科技合作，加强蜜蜂育种研究，提高蜂产品科技含量和市场竞争力，促进养蜂产业的可持续发展，该公司以全省特色畜牧业振兴计划实施为契机，与湖州市农业科学研究院合作建立了湖州市首家蜜蜂研究所，与浙江大学动物科学学院合作成立优质高产意蜂及蜂产品研发中心，探索创新以高校和科研单位为依托、蜂业企业为平台的产学研相结合的新型农业科技创新与技术推广体系。该场实行培育一个蜂王奖励 100 元的激励制度，蜂场现有高级畜牧师 1 名，助理畜牧师 1 名，助理农艺师 1 名，并拥有多名技术人员和经验丰富的蜜蜂育种员。年销售意蜂 2 000 余只，单只定价 258~880 元不等，以来场自选及快递发送的方式将蜂王销往全国各地甚至国外，利润较为可观,也为蜂农提供免费电话视频咨询和付费上门技术指导服务。

2 存在的问题

2.1 繁种经济效益偏低

近年来蜂农换种比例稳中有降[5]。浙江省主要种蜂场蜂王的买主多为省外蜂农,而省内蜂农对于种蜂的购买需求不强,或许与浙江蜂产业发展较早、蜂农经验丰富技术水平较高有关。20世纪60、70年代起,萧山、平湖、长兴等地的蜂农就有意识地对蜂种进行选育和推广,蜂农间自主交流的情况很常见,大多数蜂场都存在自行引种换种繁育的现象。加之繁种效益越来越低,尽管省一级种蜂场每年能获得补助资金,但仍然难以做到种蜂业务收支平衡,种蜂场提升发展的积极性不高、发展动力不足。

2.2 专业人才供给短缺

由于工资待遇不高、专业技术要求高、社会地位不够高、工作环境复杂等因素,蜂业人才流失较为严重,导致专业技术人才短缺、人才结构老龄化、后续接力不足。调研走访的几家种蜂场都存在技术人员老龄化的问题,如桐庐县种蜂场的一位育种技术人员已年近80岁。蜂农普遍文化水平不高,且缺乏"懂农业爱农村爱农民"的年轻三农从业人员加入。如何提高蜂业整体从业水平、如何吸引年轻人才进入、如何让养蜂成为一项体面、有奔头的职业,是摆在蜂业发展面前的一道难题。

2.3 科技创新力度不足

一方面,近年来受生产消费习惯变化的影响,对蜂蜜产量高的蜜种需求增大,而大多数种蜂场规模较小,且缺少人才、资金、科技的支撑,研发实力弱、创新力度不足,难以换种培育或兼顾多品种保种,种质品牌优势正在逐步减弱。另一方面,存在部分空壳种蜂场,这些种蜂场大多只进行选育工作,缺乏自主培育蜂种的能力。

2.4 管理体系有待优化

有部分为争取补助资金而成立的空壳种蜂场,并未真正开展种蜂业务,降低了财政资金使用效果。中蜂与意蜂养殖过程中,产生冲突纠纷的情况时有发生,解决纠纷关系到养蜂业持续健康发展和社会和谐,而蜂业协会调解能力有限。

3 对策建议

一是强化高质量发展人才支撑。一方面深化新型农民职称评审改革,拓宽新型职业农民职称评审通道,增强蜂农的职业自豪感,引导有高级职称的蜂农利用自身技能专长,成为多元化农技推广队伍中的生力军。另一方面,推进养蜂业信息化,利用网络新媒体等渠道,加大对蜂业的宣传,举办各类蜂旅活动,推广休闲养蜂、宠物式养蜂,培养大众尤其是年轻人对养蜂的爱好,挖掘蜂业发展的人才新动力[6]。

二是重视种质创新和科技研发。从良种繁育基地建设专项补助项目总经费中划出一定比例作为科研单位技术指导经费,确保所有良种繁育基地均有科技支撑,促进蜜蜂良种繁育基地良性运行,提升品种选育的自主创新能力,重点培育抗病品系,并加强对外合作与交流,依靠科技创新驱动发展,提升浙江种蜂业核心竞争力。

三是优化蜂业管理体制机制。首先,进一步明确中蜂与意蜂的放蜂安全间距和盗蜂损失责任承担,划定种蜂保护区域,以加强对中蜂遗传资源的保护。其次,严格把关蜜蜂种蜂场、良种繁育基地申报工作,推进种蜂场专业化、规模化、规范化的同时鼓励多元化经营,以企业为主体促进育种的商业化进程。最后,优化资金支出结构,激发种蜂业主体发展产业的积极性和热情。优化蜂业培训体系,针对蜂农的培训应重点围绕蜂药使用、新标准新细则学习、职业农民职称评审等,提高培训实用性。

参考文献

[1] 李奎,王海燕.浙江省养蜂产业现状存在问题及对策建议 [J].浙江畜牧兽医,2018,43(6):16-18.

[2] 张柳,孙战利,张社梅.供给侧背景下推进特色农业转型发展的思考:以蜂产业为例 [J].农业现代化研究,2019,40(1):63-71.

[3] 施金虎,杨金勇,李奎,等.浙江省蜂产业发展情况分析与建议 [J].中国蜂业,2019,70(12):54-56.

[4] 张社梅,毛小报,刘剑.浙江省种蜂场经营模式比较及经验启示 [J].农业科技管理,2013,32(6):71-75.

[5] 刘剑,赵芝俊.我国2012—2017年养蜂成本收益情况与产业展望 [J].蜜蜂杂志,2019,39(9):10-14.

[6] 代君君,舒蕊,刘健,等."互联网+"助推现代蜂业发展 [J].中国蜂业,2016,67(10):54-56,59.

浙江省蜜蜂种业发展现状及对策研究

王 瑾，毛小报

（浙江省农业科学院农村发展研究所 杭州 310021）

摘要：浙江是全国养蜂大省，蜜蜂种业优势显著，良种繁育体系较为健全。本文对浙江蜜蜂种业主要蜂种、良种繁育与推广、种业市场、各地支持政策等现状进行分析，了解到育种技术落后、种业市场发展滞后、育种人才缺乏和商业化育种体系尚待健全等因素制约了浙江蜜蜂种业发展，并针对性提出相应的对策建议。

关键词：蜜蜂种业；制约因素；对策建议

1 引言

粮安天下，种铸基石。种业是国家战略性、基础性核心产业，是农业稳定发展的根本。近年来，各级政府高度重视种业发展，《国务院办公厅关于加强农业种质资源保护与利用的意见》《"十四五"现代种业发展规划》一系列推进种业振兴的政策措施相继出台，习近平总书记特别指出，"要下决心把我国种业搞上去，抓紧培育具有自主知识产权的优良品种，从源头上保障国家种业安全"。作为种业的重要组成部分，畜禽良种是畜牧业发展的基础和关键。《国家畜禽遗传资源品种名录（2021年版）》公布，全国现有畜禽地方品种、培育品种、引入品种及配套系948个。作为世界第一养蜂大国，我国蜂遗传资源十分丰富，品种数量多、种质多样性广、性能优异。

浙江是全国养蜂大省，拥有"全国第一养蜂大县"江山、"中国蜂产品之乡"桐庐和"中华蜜蜂之乡"丽水等一批产业优势明显的金字招牌，以及蜂

基金项目：财政部和农业农村部：国家现代农业产业技术体系资助
作者简介：王瑾，助理研究员，主要从事农业资源与区划工作，E-mail：2421280552@qq.com
通信作者：毛小报，副研究员，主要从事农业资源区划与农村发展、农业现代化和"三农"问题研究，E-mail：80391671@qq.com

之语、鸿香园等全国知名、实力雄厚的企业主体。2020年，全省饲养蜜蜂100.61万箱（年末），蜂蜜产量5.02万t，蜂王浆产量1 977万t，蜂业总产值超40亿元，已成为浙江畜牧业的"金名片"。浙江蜜蜂种业优势显著，良种繁育体系较为健全，培育了"浙江浆蜂"地方品种和"浙农大1号"意蜂新品系。

2 发展现状

2.1 主要蜂种

浙江饲养的蜜蜂主要以意大利蜜蜂（简称"意蜂"）和中华蜜蜂（简称"中蜂"）为主，意蜂养殖主要分布在江山、兰溪、慈溪、桐庐等地，中蜂养殖主要分布在永嘉县、开化县、遂昌县、龙泉市、淳安县等地。全省蜂业种业优势明显，蜂业种源基本实现省内全面自给，并对省外供种。先后培育出平湖意蜂、浙农大1号意蜂、华中中蜂、萧山王浆高产意蜂（浙江浆蜂）、太湖中蜂等特色品种，其中以高产王浆著称的"浙江浆蜂"地方品种被列入国家畜禽遗传资源目录，"浙农大1号"意蜂被农业农村部畜禽遗传资源委员会认定为人工培育的蜜蜂新品系，"浙江浆蜂""浙农大1号"意蜂每年向省外供种数万只。

平湖意蜂（China pinghu Italian Bee，CpIB），又称平湖王浆高产意蜂，是意大利蜜蜂经浙江平湖养蜂者几十年大规模定地饲养、定向选择形成的具有平湖地方特征的王浆高产型意蜂，其蜂王浆平均单产高达3kg以上。平湖浆蜂不但对大面积油菜花蜜源采集力强，而且能充分利用零星蜜粉源，可持久表现出极好的产浆性能，目前已成为我国蜂业推广应用的著名地方品种[1]。

浙农大1号意蜂（*Apis mellifera* ZND No.1），是我国自主培育的世界上第一个王浆、蜂蜜双高产的意大利蜜蜂新品种，也是我国第一个通过专家鉴定的蜜蜂新品种。该品种首次于1993年6月30日通过浙江省科委的技术鉴定，先后获国家发明二等奖、农业农村部科技进步一等奖等诸多奖项，具有繁殖速度快、采集能力强、性情温驯、抗病力强等优异品性，而且其王浆、蜂蜜、花粉产量高，平均每千克越冬蜂（浙4框蜂）生产蜂王浆高达4kg，远远高于同期世界上其他品种。目前已经推广到我国各养蜂省份[2]。

华中中蜂（Central Chinese bee），是在长江中下游流域丘陵、山区生态条件下，经长期自然选择形成的中华蜜蜂的一个类型。一般呈黑灰色，少数呈棕红色。主要流蜜期群势为6~8框蜂，传统饲养的蜂群年均群产蜂蜜5~

20kg，活框饲养的蜂群年均群产蜂蜜20~40kg。育虫节律陡，早春繁殖早，在-20℃的环境里仍能自然越冬。飞行敏捷，采集勤奋，能利用零星蜜源。温驯，易于管理，主要分布于浙江西部等地[3]。

浙江浆蜂（Zhejiang Royal Jellybee），是在浙江特定气候、环境和蜜粉源条件下，经过蜂农数十年对王浆高产性状的定向选择逐步形成的具有王浆高产突出特征的蜜蜂遗传资源。分蜂性弱、泌浆能力和适应性强，可持久表现出良好的产浆性能，是我国20世纪初引进西方蜜蜂后在国内形成的规模最大的具有地方特色的蜂种。2010年浙江浆蜂被列入《国家畜禽遗传资源目录》，产浆量比原种意大利蜂平均高出2.19倍。原产地在嘉兴、平湖和萧山一带，中心产区为嘉兴、杭州、宁波等地。除舟山外，浙江省10个地级市的91个县（市、区）都有饲养。

太湖中蜂（*Apis cerana cerana* Fabricius），是中华蜜蜂在浙江省长兴山区长期适应形成的生态类型，是一个优良的地方品种，已被列入《国家畜禽遗传资源名录》。主要分布在浙北和浙西山区，中心产区在长兴县太湖流域一带山区。该品种适应于冬冷夏热、蜜源种类多但比较分散的生态环境，善于利用晚秋、早春蜜源，抗美洲幼虫腐臭病，抗蜂螨及胡蜂能力强，分蜂性弱。

华南中蜂（Southern China Chinese bee），是在华南地区生态条件下，经长期自然选择而形成的中华蜜蜂的一个类型。该品种体型一般比北方中蜂要小，蜂王基本呈黑灰色。育虫节律较陡，受气候、蜜源等外界条件影响较明显。春季繁殖较快，夏季繁殖缓慢，秋季有些地方停止产卵，冬季繁殖中等。维持群势能力较弱，一般群势为3~4框蜂，分蜂性较强。

2.2 良种繁育与推广体系

浙江是国内较早开展蜂学研究的省份，育种水平国内领先。全省已形成由国家行政机构、农业科研院校、检测机构、农技推广机构、农业良种企业（良种繁育企业、蜂种经营企业）、其他社会组织等组成的蜜蜂良种繁育与推广体系。蜂种研发主体主要涉及浙江大学动物科学学院、浙江省农业科学院畜牧兽医研究所及县一级（市、区）种蜂场。2020年全省拥有种蜂场18家，其中中蜂种蜂场9家（一级种蜂场3家、二级种蜂场6家），意蜂种蜂场9家（一级种蜂场6家、二级种蜂场3家），种蜂场供种能力和种蜂质量保持全国领先地位。拥有省级中华蜜蜂保种场1家，省级良种繁育基地（蜜蜂）2家。示范推广体系健全，成功建立省市县三级新品种展示示范体系。省一级浆蜂场实现种畜禽质量监测全覆盖。

2.3 种业市场

浙江省每年由政府部门出面搭台举办种博会，发布一批畜禽主导品种，加快优良品种推广应用。目前，浙江蜜蜂种业主要采取线下、线上两种方式销售蜂种。线下销售主要包括种蜂场购买和蜂友交流购买两种方式。线上销售依托电商平台、微信朋友圈等载体，实现"云端交易"。由于疫情等因素影响，线上交易省时省力，占比显著增加。如绍兴市顾家蜂场，主要以电商邮政专递的方式将养殖抗螨虫中蜂销往全国各地。浙江省销售的蜂种分为生产王、蜂群和蜂种王三种，常采用"蜂种王+脾蜂+蜂箱""蜂种王+脾蜂+蜂笼"等方式进行销售，其中蜂种王价格为 100~380 元/只，生产王价格为 17~220 元/只，1 脾蜂价格为 130~170 元。

2.4 政策支撑力度

浙江省委省政府高度重视蜜蜂种业发展，先后制订出台《浙江省实施〈种子法〉办法》《浙江省种畜禽管理办法》等配套管理办法，设立农业新品种选育重大科技专项、现代种业发展资金，2015—2018 年省财政累计安排资金 3 928 万元，主要用于蜜蜂标准化蜂场改造提升和种蜂场建设等。各县市针对蜜蜂种业发展，出台了一系列蜜蜂良种补贴政策，详情如表 1 所示。

表 1　浙江省重点养蜂县蜂产业扶持政策

县（市、区）	扶持政策	文件名称
开化县	对取得省种畜禽生产经营许可证的蜂场，经申报和验收合格的，按投资额的 50% 给予补助，最多不超过 10 万元	《中蜂产业扶持政策》
江山市	2018—2020 年安排县财政专项资金 1 650 万元，分别用于基地建设、风险防控等方面	《江山市蜜蜂产业振兴行动实施方案》
泰顺县	对新获得一级、二级种蜂场资质的，县财政分别按每场 10 万元、3 万元的标准给予补助	泰顺县强农惠农助推共同富裕"直通车"若干政策（泰政办〔2021〕58 号）
丽水市	丽水市各县（市、区）蜂产业扶持政策，每年安排不少于 1 000 万元资金，用于支持发展中蜂产业	《丽水市蜜蜂产业振兴计划》《缙云县蜜蜂产业振兴计划》
桐庐县	围绕"产业强县"目标，每年安排 400 万元产业发展资金，用于推进蜂业等主导产业和新型产业适度规模经营	《关于实施乡村振兴战略实现农村产业高质量发展的意见》

3　制约因素

尽管浙江省蜜蜂种业研究起步较早，取得了长足发展，但也存在一些制约因素。一是育种技术落后，目前浙江省蜜蜂育种技术主要是人工授精技术，远远落后于当前高水平的现代作物分子育种技术，育种效率低，这也导致蜂产业发展步伐缓慢。同时人工授精技术操作难度大，成本高，市场普及率低，多数育种场还是以自然交尾为主，种王质量大打折扣。二是种业市场发展滞后，虽然浙江省种蜂场数量多，但是目前没有统一的蜜蜂种业交易市场，全靠蜂农和蜂企私下交易，价格、质量等没有统一监督和管理，难免会出现交易混乱、质量不均等现象。此外，浙江省蜂农养蜂技术水平较好，从外地种蜂场引进蜂种生产性能不如自己交叉选育选出蜂王生产性能好，所以大多数蜂农不会购买种蜂王，对种业市场需求不大。三是育种人才缺乏，浙江省蜂农老龄化严重，养蜂人员平均年龄已上升到50岁，其中30岁以下的养蜂人员不足5%，从事蜂业育种的人更加少，这导致蜂业品种创新缺乏动力，具有自主知识产权的品种少。四是商业化育种体系尚待健全，虽然浙江省种畜禽企业较早引入市场机制，基本上以民营企业为主开展保种工作，但多数企业整体规模不大，研发创新能力及市场竞争力不够，难以和国内外现代大型种业企业集团竞争。目前，大部分企业也没有和科研院校建立有效的利益联结机制，影响企业品种选育，导致蜂业品种无法实行商品化、产业化开发利用。

4 对策建议

4.1 加强优势品种保护

围绕产业需求，加强对"浙江浆蜂""浙农大1号"等优势特色种质资源保护和利用力度，实现应保尽保。加快建设蜜蜂保种场，完善保种场、种蜂场等基础设施建设，逐步健全以保种场为主，繁育场、种蜂场为辅的蜜蜂遗传资源保护利用体系。加大科技创新力度，依托科研单位，加强对浙江浆蜂精子冷冻保存与复苏技术、浙江中蜂资源保存等关键技术的研究、推广与应用，开展重要疫病的种源净化，不断提高蜜蜂资源保护水平。

4.2 积极培育新品种

坚持优质高产、高效生态等品种选育方向，加快新品种选育和更新换代，培育出具有自主知识产权的新品种。加快构建以市场为导向、育繁推一体化的现代种业产业体系，形成布局合理、大中小各具特色的种业企业发展格局。布局良种繁育基地，提高核心种源竞争力。积极开展浙江浆蜂抗逆新品系选育，重点提升蜂群抗螨能力和越冬性能。加大培训力度，提升种蜂场专业技术人员技能。

4.3 构建商业化育种体系

以高产、优质、高效为目标，推进品种选育，构建完善"以企业为主体、以市场为导向"的商业化育种体系，促进传统种业向现代种业过渡。培育壮大蜜蜂种业企业，提高研发创新能力及市场竞争力。通过政策引导带动企业，充分发挥企业在商业化育种、成果转化与应用等方面的主导作用。完善种业企业与科研院校的利益联结机制，依托科研院校提高企业育种水平和自主创新能力，能更多分享种业创新收益。

4.4 规范种业市场

完善蜜蜂种业经营行为，规范蜜蜂种业市场，加强种子市场监管力度，营造良好法治环境，增强种业规范管理水平。建立从业人员、种子质量、种子企业三方面的市场准入制度，保障蜂业种子安全。探索建立品种的分子指纹数据库，构建相应的标准，保护蜜蜂种业知识产权，促进自主创新。加大中蜂保护力度，促进育种标准化进程，推进种业技能发展。

4.5 加强蜂种补贴

实施蜜蜂良种补贴政策，有利于提高养蜂者引种积极性，推动良种改良步伐，提升蜜蜂整体质量和饲养量。各级政府应加大政策支持与资金支持，对通过认证有资质的蜜蜂种业部门、核心蜜蜂育种场进行良种补贴。建立蜂产业育种专项基金，加大对中蜂蜂种的补贴力度，将繁殖蜂王纳入蜂种补贴，保持中蜂优势。

参考文献

[1] 金水华，郑火青. 平湖意蜂地方品系（种）选育的技术路线［C］//国家蜂产业技术体系蜜蜂育种与授粉功能研究室学术研讨会暨中国养蜂学会蜜蜂育种专业委员会第四届第一次会议暨中国养蜂学会蜜源与蜜蜂授粉专业委员会第五届第一次会议论文汇编，2012：184-188.

[2] "浙农大1号意蜂"品种培育获国家发明二等奖［J］. 浙江农业大学学报，1996（3）：89.

[3] 王顺海. 四川省中蜂资源保护利用与产业发展情况［C］//二十一世纪第二届全国蜂业科技与蜂产业发展大会论文集摘要，2016：221-228.

浙江省主要蜜源植物发展变化调查及动因分析

王 瑾，毛小报 毛晓红

(浙江省农业科学院农村发展研究所 杭州 310021)

摘要：浙江是全国养蜂大省，蜜源植物十分丰富。通过实地调研，了解浙江省油菜、紫云英、柑橘、枇杷等主要蜜源植物面积增减、区域分布等变化情况，总结政策驱动、产业结构调整、美丽大花园建设等影响因素，并提出相应的对策建议。

关键词：蜜源植物；发展变化；动因分析

0 引言

蜜源植物是指具有蜜腺而且能分泌甜液并被蜜蜂采集酿造成蜂蜜的植物或能产生较多能被蜜蜂采集利用花粉的植物，它是蜜蜂赖以生存与生产的主要条件，也是发展养蜂业的物质基础[1]。浙江是全国养蜂大省，养蜂业历史悠久，蜜源植物十分丰富，全省人工栽培与野生蜜源植物约有 300 种，分属于 70 科、189 属，总面积 3 000 多万亩。以浙江省主要蜜源植物为研究对象，在全省范围内开展主要蜜源植物分布及变化情况调查工作，摸清主要蜜源植物面积增减、区域分布等变化情况，分析影响因素，提出对策建议。

1 发展现状

浙江省是全国传统养蜂大省，蜜蜂饲养量、蜂产品产量、产值和出口量

基金项目：国家现代农业产业技术体系专项资金（CARS-44-KXJ18）
作者简介：王瑾，助理研究员，主要从事农业资源与区划工作，E-mail: 2421280552@qq.com
通信作者：毛小报，副研究员，主要从事农业资源区划与农村发展、农业现代化和"三农"问题研究，E-mail: 80391671@qq.com

连续20多年居全国前列，在中国养蜂业中占有十分重要的位置[2]。2020年，全省饲养蜜蜂100.61万箱，蜂蜜产量5.02万t，养殖户3.96万户。浙江省地处亚热带中部，属季风性湿润气候，气温适中，四季分明，光照充足，雨量丰沛，非常适合植物生长，素有"东南植物宝库"之称。全省蜜源植物资源丰富、种类繁多。据《浙江省蜜粉源植物名录》记载，浙江省蜜源植物共计300种，包括70科，189属，总面积达3 000多万亩，分属粮食、油料、纤维、果蔬、花卉、林木、饲料、香料、饮料、药材等十大农业植物资源。在陈纪涵[3]关于浙江省主要蜜源植物研究基础上，通过查阅文献、现场调研等方法，初步得出浙江省主要蜜源植物为油菜、紫云英、柑橘、枣树、山茶、枇杷、乌桕（山乌桕）、大豆、玉米、杨梅、柿树、荆条、西瓜、桉树、野桂花等，面积近2 000万亩，为全省蜂产业发展提供了坚实基础。

2 主要蜜源植物分布

2.1 油菜

一或二年生草本，高35~80 cm，是高产稳产的蜜源植物。3—4月开花，花期30~35 d，一个花期每个采集群可产油菜花蜜40~50 kg。蜜易结晶，呈猪油色，有菜花香味。浙江省是全国油菜主产区之一，主要分布在衢州、杭州、金华、湖州、宁波等地（表1）。2020年种植面积为170.6万亩[4]，重点分布在江山、建德、兰溪、长兴和慈溪等县。

2.2 紫云英

二年生草本，高20~25 cm，是浙江省重要的冬季蜜源植物，花期较长，多在2—6月开花，花期持续可达30~40 d，整个流蜜期约为25~35 d，正常年份每群蜂可产蜜约20~30 kg，高产时每群蜂的产蜜量可达40 kg以上。通常栽于稻田中，间或散生于山坡溪畔、林缘、路旁。产于全省各地，2019年种植面积达55.47万亩，主要分布在宁波、绍兴、金华、温州、台州等地。

表1 浙江省主要蜜源植物资源情况

种名	科名	花期月份	蜜粉源类型	蜜质	主要分布
油菜 (*Brassica campestris* L.)	十字花科 (Cruciferae)	3—4	蜜粉源	优	衢州、杭州、金华、湖州、宁波等地
紫云英 (*Astragalus sinicus* Linn.)	豆科 (Leguminosae)	2—6	蜜粉源	优	宁波、绍兴、金华、温州、台州等地

(续表)

种名	科名	花期月份	蜜粉源类型	蜜质	主要分布
柑橘 (*Citrus reticulata* Blanco)	芸香科 (Rutaceae)	4~5	蜜粉源	优	台州、衢州、宁波、温州、杭州、丽水等地
枣树 (*Ziziphus jujuba* Mill.)	鼠李科 (Rhamnaceae)	4—5	蜜源	优	淳安、兰溪、金华、东阳等地
枇杷 [*Eriobotrya japonica* (Thunb.) Lindl.]	蔷薇科 (Rosaceae)	10—12	蜜粉源	优	台州、杭州、宁波、金华、温州等地
乌桕 (*Sapium sebiferum* (Linn.) Roxb.)	大戟科 (Euphorbiaceae)	4~8	蜜粉源	优	杭州、金华、台州、丽水等地
大豆 [*Glycine max* (Linn.) Merr.]	豆科 (Leguminosae)	6—7	蜜源	优	丽水、衢州、金华、嘉兴等地
玉米 (*Zea mays* L.)	禾本科 (Gramineae Zea)	7—9	粉源	优	杭州、丽水、衢州、温州等地
杨梅 (*Myrica rubra* Sieb. et Zucc.)	杨梅科 (Myricaceae)	4	蜜粉源	优	台州、温州、宁波、丽水等地
柿树 (*Diospyros kaki* Thunb.)	柿树科 (Ebenaceae)	5—6	蜜源	优	金华、温州、杭州、台州等地
桉树 (*Eucalyptus robusta* Smith)	桃金娘科 (Myrtaceae)	4—9	蜜源	良	全省各地
荆条 [*Vitex negundo* Linn. var. *heteroplylla* (Franch.) Rehd.]	马鞭草科 (Verbenaceae)	7—8	蜜源	优	全省山区、半山区
柃木 (*Eurya japonica* Thunb.)	山茶科 (Theaceae)	4—5	蜜源	优	宁波、台州、舟山等地

2.3 柑橘

常绿小乔木或灌木,是浙江省主要蜜源植物之一。花期4—5月,一般为15~20 d左右,大流蜜期一个强群可产柑橘蜜15~20 kg,蜜呈浅琥珀色。柑橘是浙江省第一大水果,在全省大部分地区均有分布,主要分布在台州、衢州、宁波、温州、杭州、丽水等地。2020年全省面积133.28万亩,重点分布在临海、常山、象山、永嘉、淳安和莲都等县(市、区)。

2.4 枇杷

常绿小乔木,高达10 m,是南方地区重要的蜜源植物。花期10—12月,一个花期平均可产蜜5~10 kg,丰产时每群蜂可产蜜15 kg以上。全省各地有零散栽培，主要分布在台州、杭州、宁波、金华、温州等地。2020年全省栽培面积133.3万亩，重点分布在黄岩、余杭、象山、兰溪和永嘉等县（市、区）。

2.5 乌桕

落叶乔木，高达15 m，是泌蜜量较大的蜜源植物。花期4—8月，一般可持续约30 d左右。一个花期每群蜂可产蜜约20~30 kg，高产时一个生产群可产蜜50 kg以上。主要分布在杭州、金华、台州、丽水等地。

2.6 桉树

密荫大乔木，高20 m，桉树枝繁叶茂，终年常绿，是南方沿海地区的主要蜜源植物。花期4—9月，流蜜期长且泌蜜量大，一个花期一般产蜜约10~20 kg，高产时每群蜂产蜜可达30 kg以上。蜜呈琥珀色，有刺激气味，日久渐轻，有特殊的桉树花香味，口感独特，酸中带甜。主要分布在浙南沿海地区。

2.7 荆条

灌木或小乔木，高1~2.5 m。6月开花，花期长达2个多月，花期长，且含蜜量大，是优良的蜜源植物。荆条蜜乳白细腻，气味芳香，甜而不腻，为优质蜜，是我国四大名蜜之一。主要分布在全省山区、半山区等地。

2.8 柃木

又名野桂花，灌木，是冬季主要的蜜源植物之一，开花时间多集中在10月至翌年2月，群体花期持续约10~15 d左右。野桂花蜜是商品蜜中的稀有蜜种，素有"蜜中之王"的美誉。多野生于山坡、沟坎、溪谷等阴湿处，主要分布在普陀、镇海、鄞州、洞头等县（市、区）。

3 主要蜜源植物变化情况

近年来，由于政策导向、气候变化、产业结构调整等多种因素影响，浙江省蜜源植物面积发生了一定变化。主要为紫云英等面积有所减少；杭白菊、白术、铁皮石斛、覆盆子等中药材类的蜜源植物面积和产量增加，棉花、络麻处于减少状态；以柑橘为主的果树蜜源植物如柑橘、梨树、柿树等面积有所减少，但同时杨梅等的树种面积增加；乌桕、桉树等绿化树种面积增加。

具体原因如下：

3.1 油菜种植面积先减后增

油菜是浙江省主要蜜源植物，2011—2020年种植面积呈现先减后增的态势。2011—2017年，由于产业效益低、农村劳动力用工成本高等影响，浙江省油菜种植面积持续减少，由257.3万亩缩减至144.2万亩，下降43.96%。2018年开始，全省高度重视油料作物生产，设立油菜种植补贴政策，农民生产积极性得到调动，油菜种植面积连续增长，由2018年的157.3万亩增至2020年的170.6万亩，增长15.46%。

3.2 绿肥和棉麻类持续减少

以紫云英为代表的绿肥植物面积逐年减少，2011年全省种植面积达76.26万亩，此后每年逐年减少，2019年降至55.47万亩。由于与粮争地、成本上升、管理复杂、用工多等因素，棉花面积大幅度减少，2011—2020年逐年减少，从32.6万亩缩减至7.2亩，减少77.92%。其中2018年出现短暂回升，种植面积达8.6万亩。由于麻纺织产业污染严重，生产效益不高，劳动力成本上升，麻类作物面积连续下滑，从2011年的0.15万亩降至2020年的0.03万亩。

3.3 中药材类大幅增长

浙江是全国中药材重点产区之一，中药材资源总量和道地药材种数均位于全国前列，"浙八味""新浙八味"名闻全国。2011年全省中药材为45.9万亩。随着人们对健康越来越重视，中药材经济价值高、销路好、政策重视，全省中药材种植面积大幅增长，2020年达到125.23万亩，增长172.8%。

3.4 果树类蜜源植物有增有减

近十年，浙江省水果面积保持平稳、有增有减，2011—2015年果树面积稳中有升，由481.3万亩扩大至498.8万亩[5]，2015—2020年逐步减少，由491.5万亩缩减至478.3万亩。水果种类以杨梅、葡萄、桃、柑橘等水果居多，其中柑橘面积逐年下降，由2011年168.3万亩降至133.3万亩；杨梅面积稳步增长，由2011年126.8万亩增至132.0万亩。

3.5 绿化类树种持续增加

浙江省坚持"两山"理念，以满足人民日益增长的优美生态环境需要为目标，不断推进国土绿化美化，优化人居环境。先后开展珍贵彩色森林、"一村万树"行动、百万亩国土绿化行动、"六大森林"等建设行动，全省完成造林更新面积 543 万亩，新建和提升平原绿化面积 79.05 万亩。乌桕、女贞、无患子、银杏等木本蜜源植物面积不断增加。

4 动因分析

4.1 政策驱动因素是蜜源植物变化的基本因素

当今世界正处于新冠疫情常态化背景下，粮食安全和重要农产品供给不足问题依然存在。2022 年"中央一号"文件强调全力抓好粮食生产和重要农产品供给。浙江省政府高度重视谷类作物和油料作物生产工作，出台了一系列政策措施和种植补贴政策，如对油菜播种面积 50 亩以上的规模生产主体，给予每亩 120 元的直接补贴；对稻麦复种面积达到 50 亩以上的规模经营主体每亩补贴 100 元。江山、平湖、泰顺等县（市、区）也相继出台政策措施，支持谷物和油料作物生产。2020 年，全省油菜面积达 170.6 万亩，面积创近 6 年来新高，极大地丰富了蜜源植物。

4.2 产业结构调整是蜜源植物变化的关键因素

2021 年，浙江省被赋予高质量发展建设共同富裕示范区的历史重任。全省以乡村振兴为抓手，发挥资源禀赋，大力发展富民强村产业，不断优化区域布局和产业结构。产业效益高的经济类作物如杨梅、桃等瓜果种植面积不断增大。以杨梅为例，余姚杨梅亩产 5 000 元以上。效益高极大地调动农户种植积极性，杨梅规模面积分别排全省首位。果树蜜源植物花期相近，可满足定地及小转地饲养的蜂群采集利用。但同时随着产业结构调整，络麻、棉花等传统优势产业种植面积随之减少。

4.3 美丽大花园建设是蜜源植物变化的主要因素

浙江省作为"两山"理论发源地，一直以来高度重视生态文明建设，努力打造美丽大花园。扎实开展森林城市（城镇）创建、新植 1 亿株珍贵树、珍贵彩色森林建设、"一村万树"三年行动、新增百万亩国土绿化行动、千万亩森林质量精准提升工程等国土绿化行动，加快发展乌桕、女贞、无患子等彩色森林树种，银杏、浙江樟等珍贵树种和桂花、桉树等乡土树种。蜜源植物被广泛使用，既提高了国土绿化水平，又为蜜蜂提供了生产资料。

4.4 多种用途是蜜源植物变化的重要因素

浙江省蜜源植物丰富，部分蜜源植物具有多种用途，具有很大的经济价值，促使蜜源植物种植面积不断增加。中药材类蜜源植物由于自身巨大的药用价值，以及推行不向农田抢地的生态种植模式，全省杭白菊、白术、白芍、元胡等"浙八味"和铁皮石斛、覆盆子、西红花等新"浙八味"中药材类的蜜源植物面积和产量增加，2020年，全省中药材种植面积达75.6万亩。

4.5 土地要素制约是蜜源植物变化的核心因素

浙江是个多山、少地的省份，素有"七山一水二分田"之说，土地面积只有全国国土面积的1%，土地资源十分有限。有限的土地资源严重制约了蜜源植物发展，尤其是全省要求落实最严格的耕地保护制度，推进耕地"非农化""非粮化"整治，使蜜源植物种植受到限制。非谷物作物、蔬菜等类蜜源植物，尤其是浙江省种植面积较大的水果蜜源植物在未来几年将明显减少。随着耕地面积减少，农作物复种指数不断增加，作为绿肥的紫云英面积有所减少。

5 若干对策建议

5.1 做好蜜源植物顶层设计

强化规划引领，做好顶层设计。浙江是蜂业大省，蜜源植物对于养蜂业发展至关重要。尤其当前处于新冠疫情常态化背景下，地区突发性、经常性封锁情况频发，转地养蜂受到很大影响。基于此，要将蜜源植物发展融入国土空间绿化、林业生态、美丽乡村、现代农业等规划中，综合考虑蜜源植物布局、种植面积、位置等变化情况，做好蜜源树种配置，统筹蜜源树种花期的时空布局，做到四季有蜜源植物。江山市、桐庐县等传统养蜂大县可编制县域蜜源植物发展专项规划，促进县域蜜源植物合理布局、健康发展，推动蜂产业进一步发展。

5.2 加大蜜源植物保护力度

浙江省蜜源植物丰富、种类繁多、分布面广，但由于保护意识不够、耕作制度变化、肥药泛滥、乱砍滥伐等原因，全省蜜源植物面积正在逐渐缩小。应加大宣传引导，积极利用传统媒介和微博、微信公众号等新媒体，提高广大人民群众对于蜜源植物保护意识，制定相关保护制度、合理开发利用，避免乱砍乱伐。开展全省现有蜜源植物的种类、数量、分布范围资源调查，进一步摸清蜜源植物资源底数，加大力度，有效保护现有蜜源植物存量。加大执法力度，做好蜜源植物破坏处罚工作。

5.3　扩大蜜源植物种植面积

在保存量基础上，积极拓增量，继续扩大蜜源植物种植面积。在城市绿化、乡村绿化建设中积极配置可泌蜜观花、观果的乔灌木，在农田绿色防控中使用显花作物，既实现美丽景观、绿色环境，又能为蜜蜂提供生产物资，提高全省蜜源植物丰富度，维护生态平衡。引导重点县、镇、村开展蜜源植物示范基地建设，以乡土蜜源植物为主，合理引进外来蜜源植物，扩大蜜源植物面积。深化低产低效林改造，提高蜜源植物泌蜜量。推行林下经济、立体种植等多种种植模式，让有限的土地种出更多的蜜源植物。

5.4　强化蜜源植物政策支撑

加大政策支持，把蜜源植物当做农民致富产业来发展，加大资金投入力度，给予蜜源植物大县、蜜源植物示范基地财政补贴、用地倾斜，提高农民积极性。强化科技支撑，搭建公共平台，引导蜜源植物、蜂业专家到基层开展蜜源植物栽培技术指导。加大蜜量多、蜜质优的蜜源植物种质资源保护力度，提升蜜源植物发展科技含量。制定全省蜜源植物名录，并全省推广种植。规范农作物花期的农药使用，改进传统的农作物病虫害防控方式，避免花期喷施农药，加大生物防治、生态控制、安全用药等绿色植保技术的推广普及力度。

参考文献

[1]　董霞. 蜜粉源植物学 [M]. 北京：中国农业出版社，2009.

[2]　李奎，王海燕. 浙江省养蜂产业现状存在问题及对策建议 [J]. 浙江畜牧兽医，2018，43（6）：13-15.

[3]　孙宏宇. 浙江省蜜粉源植物名录 [J]. 浙江农业大学学报，1982（2）：105-114.

[4]　浙江省农业农村厅. 浙江省农业农村统计资料 [R]. 2021.

[5]　浙江省统计局. 浙江统计年鉴 [M]. 北京：中国统计出版社，2021.